심미학적 음악치료의 아키텍처

Colin Andrew Lee 저

심성용 역

학지사

역자 서문

유학 시절에, 교내 서점에서 이 책을 처음으로 구입했던 날이 기억난다. 나는 그 당시 캐나다 동부 온타리오주의 워털루시에 소재하는 윌프리드 로리에 대학교(Wilfrid Laurier University)에서 음악치료 전공 학부 4학년생이었고, 학사의 마지막 학기가 막 시작됐을 때였다. 이 책을 최초로 구매한 것은 2003년 1월이었지만, 사실 책 내용의 대부분은 이미 학부 과정을 통하여, 나의 은사님이시며 이 책의 저자인 콜린 앤드루 리 박사(Dr. Colin Andrew Lee)의 수업과 임상 슈퍼비전을 통하여 익히 알고 있었다. 나는 그해 학부를 음악치료 우등학사(Honours Bachelor of Music Therapy)로 졸업하고, 9월에 같은 대학의 음악치료 석사과정(Master of Music Therapy)에 입학하여 모든 과정을 성공적으로 끝내고 졸업하였다. 그 후에, 온타리오주의 몇 개의 도시에서 그리고 마지막으로는 중부인 앨버타주의 캘거리에서 전일제 선임 음악치료사로서 몇 년간의 직장 생활을 하다가 귀국하였다.

이 책의 저자인 콜린은 나의 학부 1학년 시절부터 대학원 졸업할 때까지 나의 지도교수이자, 슈퍼바이저, 그리고 삶의 멘토였다(지금까지도 그러하다). 물론, 학부 3 & 4학년과 학부 졸업 후의 인턴십, 그리고 대학원 졸업할 때까지 다양한 음악치료 접근 방식을 가진 다른 슈퍼바이저들로부터의 슈퍼비전을 경험하며 성장했다. 그러나 지금까지 나의 음악치료 철학, 모델, 그리고 접근 방식에 가장 큰 영향을 준 사람은 바로 콜린이며, 그가 주창한 심미학적 음악치료(Aesthetic Music therapy: AeMT)는 나의 음악치료 전문성의 근간을 이루고 있다. 특히, 음악학 및 음악 이론들을 음악치료의 치료 이론으로 재해석하고 적용하려는 그의 접근 방식은 내게 큰 영감을 주었을 뿐만 아니라, 최초에 음악치료 입문 이후, 지금까지도 나의 임상적 역량 발달에 있어서 탄탄한 토대를 갖출 수 있게 해 주었다. 박사과정을 특수교육 전공으로 졸업한 후, 지금은 내담자의 요구에 따라 융합적이면서도 절충적인 접근 및 중재를 제공하는 나만의 고유한 임상 스타일을 가지고 있다. 그렇지만 음악치료에 집중해야 하는 순간에는 여전히 지금까지도, 인본주의와 음악 중심을 기반으로 하는 심미학적 음악치료를 나의 치료적 접근 방식으로 사용하고 있다.

임상적 즉흥연주(Clinical improvisation)는 심미학적 음악치료의 핵심 기술이다. 내담자와의 즉흥연주 속에서 생성되는 음악적 형식 및 관계를 치료적 형식 및 관계로 받아들이고, 그 내용을 분석, 연구, 그리고 실제에 대한 적용을 통하여, 치료 및 임상적 구조를 설계 그리고 구축해 나가는 것과 관련이 있다. 그 밖에도, 이 책은 많은 성찰 및 반성을 통하여, 음악치료에서의 음악의 정체성을 고찰해 볼 수 있는 다양하고 흥미로운 제안들을 포함하고 있다. 독자들이 이 책을 처음부터 끝까지 숙독하고 그 내용을 이해하게 되면, 음악치료에 있어서 음악을 중심으로 하여 무엇을 더 보완, 확장, 그리고 창조할 수 있는지에 관한 무한한 정보를 얻을 수 있을 것이라 믿어 의심치 않는다.

콜린은 영국 출신의 음악치료사로서, 앞에서 언급한 로리에 대학교에서 정년으로 퇴임할 때까지, 음악치료 교수로 재직했었다. 그리고 콜린은 처음에는 영국에서 Nordoff-Robbins Music Therapy(NRMT) 교육 및 임상 훈련을 받은 음악치료사였기에, 그의 음악치료의 주요한 배경은 NRMT가 맞다. 그러나 이 책이 만들어지기 전부터, 그의 다양한 임상 경력을 통하여 새롭게 정립된 콜린의 음악치료 철학 및 접근 방식은 심미학적 음악치료에 기반하고 있다. 책의 본문에서도 저자가 직접 밝혔듯이, NRMT와 AeMT 사이에 두드러진 공통분모가 존재하기는 하나, 차별화된 점은 분명히 있다(이것에 관한 상세한 내용은 독자들이 이 책을 통하여 직접 확인하기를 바란다). 그런데 이러한 차이를 두고 그것이

맞고, 이것은 틀렸다는 식의 이분법적인 접근을 통하여 구분하려 함과 동시에, 아니라고 생각하는 것에 무조건적인 비판을 가하는 것은 옳지 않을 뿐만 아니라, 결론적으로 음악치료 발전에 있어서 도움이 되지 않는 소모적인 것이라고 생각한다. 지금까지 대략 25년 정도의 나의 음악치료 여정에서 이러한 주장을 펼치는 사람들을 여럿 만났었다. 신념과 선택 그리고 비판은 각자의 권리이자 자유이지만, 비교적 역사가 짧은 현대 음악치료의 발전을 위해서는 좀 더 성숙하고, 발전적인 소통과 협력이 무조건적인 비판보다는 더 기능해야 한다고 믿는다. 더불어 현대 음악치료는 음악 내부의 이론을 좀 더 확고한 치료 이론으로 정립하기 위해서 혁신적이지만, 도전적일 수 있는 아이디어와 그에 적절한 연구를 진행함에 있어서 포용적으로 받아들이고, 다양한 의견을 존중하며 협력을 통하여 진화할 필요가 있다.

지금까지 콜린이 제안하고, 나 또한 공감, 옹호, 그리고 연구하고 있는 심미학적 음악치료가 지향하는 것은 음악치료가 융합적인 학문임은 맞지만, 정체성 측면에서 음악치료사들이 음악 고유의 이론들을 치료 이론으로써 연구하고, 적용하며, 그리고 실제화를 구현하기 위하여 부단히 노력해야 하는 것을 간과하는 부분에 대한 새로운 방향성을 제시하는 것이다. 즉, 음악치료 발전에 있어서 혼란을 일으키려는 것이 아니라, 오히려 도움이 되고자 한다는 것이 핵심이다. 음악중심 음악치료 접근 방식뿐만 아니라, 전반적인 음악치료의 다양한 접근 방식에서 음악과 관련된 고유한 이론들을 음악치료 이론으로 더 고려하고, 임상적으로 적용해 보자는 것이 심미학적 음악치료가 제안하고 있는 것이다. 나는 음악치료가 더 안정적이고 역동적으로 성장하기 위해서는 음악 및 그 요소들을 더 포함하며, 여러 이론적 논쟁을 포용적으로 넘어서야 한다고 믿는다. 이는 콜린의 철학이기도 하다.

이 책은 다분히 음악 중심적인 내용을 담고 있다. 그리고 방법론에 있어서는 고전음악뿐만 아니라, 세계 민족음악을 포함하여 다양한 음악 장르에 관하여 제한 및 차별 없이 포괄적이며 통합적인 자세로 관련 이론, 음악 자원, 그리고 기술까지 음악치료적 중재로 적용하며 연구와 실제를 이루자는 것과 관계가 있다. 콜린은 이 책에서 만약 외과 의사가 인체의 난해한 생물학적 작용에 대해서 잘 모르고 치료행위를 한다며, 윤리적인 문제뿐만 아니라, 전문성에서도 분명한 어려움을 겪으리라는 것을 예로 들고 있다. 같은 맥락에서, 나는 여기에 추가로 그 외과 의사가 관련 수술 도구의 명확한 사용 방법 및 치료에 필요한 약물의 작용기전에 관한 지식과 실제를 모르고 집도할 때의 경우도 예로 들고 싶다. 물론, 이러한 것들이 다소 과장되게, 혹은 비약적으로 들릴 수도 있겠지만, 한 가지 확실한 것은 음악치료사들이 음악치료에 있어서, 음악의 의미와 그 치료적 적용을 그 어느 다른 전문가들보다 더 명확히, 그리고 고유함을 기반으로 설득력 있게 알고 있어야 한다는 것이다. 다시 말해서, 음악치료사는 음악과 (악기들 포함) 음악적 요소들이 사람에게 어떤 영향을 미치는지에 관해서 음악의 내부 이론과 실제를 기반으로, 다른 전문가들과 차별화되는 고유한 전문성을 갖기 위해 끊임없이 노력해야 한다는 주장을 하는 바이다. 나는 개인적으로 이 고유함을 치료 이론으로 정립 및 발전시켜야 하는 것은 우리 음악치료사들의 궁극적인 책무라고 굳게 믿는다.

이 서문을 마치기 전에, 독자들을 위한 이 책 원서에서 사용한 두 가지 용어인 아키텍처(Architecture) 그리고 심미학(Aesthetics)에 관한 보완 설명을 하려 한다.

첫째로, 아키텍처를 단순히 구조라고 번역할 수도 있다. 그러나 영어의 아키텍처가 현대의 다양한 학문에서 원어 그대로 사용되어야 하는 이유는 구조라는 단일 의미가 아닌, 구조와 설계, 동작 원리, 외부 환경과의 관계 등을 포함하는 포괄적인 의미를 내포하고 있기 때문이다. 즉, 나는 이 책을 읽는 독자들이 심미학적 음악치료가 대내외적으로 어떻게 설계 및 구성되어 있으며, 더불어 어떻게 관계에 영향을 미치는지에 관한 전방위적인 측면에서 '심미학적 음악치료의 아키텍처'의 아키텍처 의미를 고려하기를 바란다.

둘째는 이 책 처음부터 끝까지의 내용을 관통하는 미학(美學)이란 용어와 개념이 그것이다. 우리나라에서 미학이라는 것은 공식적으로 사용되는 용어이며, 영어로는 Aesthetics이다. 나 또한 캐나다로부터 귀국하여, AeMT에 관한 특강, 워크숍, 혹은 대학의 정규 강좌에서 가르칠 때, 초기에는 미학이라는 용어를 사용하여 '미적 음악치료'라고 소개했었다. 그러나 시간이 지나면서, 사람들이 보통 미학이라는 것에 관한 첫인상으로서 사회적으로나 통념적으로 이쁘고, 아름다운 것을, 특히 음악에서는 '듣기 좋은 음악'으로 협의적이며 국한된 관점을 갖는다는 것을 알게 되었다. 더불어 국내에서 초기에 제안했던 '미적 음악치료'에 관하여 '듣기 좋은/아름다운 음악을 기반으로 하는 음악치료'라는 편견을 자연스럽게 갖는 것을 보고, 용어 변경을 결정하였다. 이 책에서도 소개되고 있지만, 미학이라는 것은 그 '아름다운 것'만을 의미하는 것이 아니며, 더 광의적이며 포괄적인 의미를 내포하고 있다. 이러한 이유로, 관련 고정관념에서 좀 더 자유롭게 이 책의 내용을 독자들이 접할 수 있도록, 같은 의미인 심미학(審美學)이라는 용어를 사용하게 되었다. 참고로, 국립국어원 표준국어대사전에서는 심미학을 미학과 같은 의미로 소개하며, 그 의미를 "자연이나 인생 및 예술 따위에 담긴 미의 본질과 구조를 해명하는 학문"이라고 제시하고 있다. 이 책을 읽게 되는 독자들에게 먼저 미학/심미학에 관한 본질적인 의미를 학습하고, 저자가 제안하는 심미학적 음악치료의 여정을 함께 떠나 보는 것을 권고하는 바이다.

처음에 이 책을 우리말로 번역하고자 했던 동기는 나의 은사님의 음악치료 접근 방식의 핵심을 집대성한 책을 우리말로 번역해서 국내에 소개하고자 했던 나의 개인적인 바람에서 시작되었다. 그러나 이러한 개인적인 동기는 음악치료 경력을 쌓아 감에 따라서, 음악이 음악치료에서 중요하다는 것을 인지하며 인정하고 있지만, 그 음악의 치료적 적용에 관한 불안, 혼란, 그리고 정체성 문제를 경험하는 모든 음악치료 학생들 및 음악치료사들을 위하여, 그들의 임상에서 새로운 방향성 및 방법론을 탐색할 수 있는 정보를 제공하면 좋겠다는 전문적인 바람으로 자연스럽게 확장되었다. 음악 전공을 한 사람들만이 음악치료사의 길을 가는 것은 아니다. 그러나 음악치료 입문 전에 음악을 전공한 사람들은 이 여정에서 거의 모두가 전문적 정체성의 혼란을 경험하게 된다. 이 책은 음악을 전공하고 음악치료에 입문한 사람들에게 음악가로서, 더 나아가서는 임상적 음악가로서의 새로운 지평을 열어 줄 개연성이 매우 큰 제안들로 가득 차 있기에, 해당 독자들에게 특별히 더 강하게 추천하고 싶다. 아무래도 이 책의 내용을 학부부터 대학원까지 학습하였고, 지금까지의 실제 임상에 적용해 왔으며, 더불어 관련 내용으로 학술지에 아티클을 기고해 왔을 뿐만 아니라, 이 책의 저자인 콜린이 집필한 또 다른 책에서 장(chapter) 저자로서도 직접 참여하여 글을 쓴 적이 있기에, 최대한 원서에서 공유하고자 하는 본질적인 의미에 걸맞은 정보들을 우리말로 번역하고자 노력하였다.

끝으로, 이 책의 곳곳에서 제시하고 있는 오디오 자료(발췌곡)를 듣는 방법에 관한 설명을 하고자 한다. 최초 외국에서 발행한 원서에는 CD가 포함되어 있었지만, 세계적으로 더 이상 이 방법은 사용되지 않는다. 그 대신, 책을 구매한 독자들은 학지사 홈페이지의 자료실에서 해당 곡들을 자유롭게 다운로드받아 청취할 수 있으니, 이 점 참고하기를 바란다.

오늘 오전, 간만에 이 책의 저자인 콜린과 앞으로 예정된 공동 프로젝트를 위한 줌(Zoom) 회의를 가졌다. 이때 콜린은 당신 책의 한국어 번역본 출간을 기뻐하며 축하해 주었으며, 이 책의 내용이 한국의 독자들에게 조금이라도 도움이 되기를 바란다는 말을 전해 주었다.

2024년 4월 12일
나의 연구실에서
심성용

추천의 글

음악치료 역사 속에서 수십 년을 살아온 저도 여전히, 우리에게 새롭게 제공되는 출판물의 방대함에 압도되곤 합니다. 그러나 저는 계속해서 늘어나는 문헌 속에서도『심미학적 음악치료의 아키텍처』가 우리 전문 분야의 미래에 중요하고도 광범위한 기여를 할 것이라고 진심으로 믿습니다. 이 책은 한 사람의 개인적인 여정에 관한 책이며, 저는 이 책에서 추천의 글을 작성하게 된 것을 매우 영광스럽게 생각합니다.

『심미학적 음악치료의 아키텍처』는 단순히 '어떻게 해야 하는가'에 관한 책도 아니며, 또한 우리가 하는 일을 기분 좋게 만들어 주는 책도 아닙니다. 오히려 이 책은 독자에게 도전적이며, 생각을 뒤흔들고, 심지어 일부 사람들에게는 논란의 대상이 될 수도 있습니다. 그러나 독자가 콜린 리 박사의 모든 아이디어에 동의하지 않더라도, 이 획기적인 책은 토론과 논쟁을 위한 풍부한 소재를 제공할 것입니다. 이 책을 주의 깊게 숙독한다면, 우리가 안주하며 스스로 설정한 한계의 장막을 걷어내고 21세기를 위한 새로운 통찰력과 창조적인 잠재력을 가질 수 있도록 해 줄 것입니다.

음악치료에서 우리가 하는 일의 상당 부분은 다른 전문 분야에서 차용한 것이며, 특히 심리학, 의학 그리고 교육과 같은 음악 외적인 이론에 기반을 두고 있습니다. 이것이 잘못된 것은 아닙니다. 그러나 우리는 주로 의사, 정신분석가 또는 교사가 아니라는 사실을 기억해야 합니다. 우리는 무엇보다도 먼저 음악가들입니다. 음악은 우리의 기본 도구이며, 우리는 음악 중심 치료를 제공합니다. 이것이 과학적 엄밀성과 책임의 필요를 부정하는 것은 아니지만, 콜린 리 박사가 언급한 것처럼, "다른 분야로부터 인정받기 위한 당연한 노력 속에서 우리는 음악의 이론과 실제를 연결하는 것을 잊고 있다"라는 사실입니다.

무엇보다도 이 책은 음악의 무결성에 대하여 타협하지 않는 태도를 보입니다. 이는 마치 콜린 리 박사가 작곡가이며 피아니스트이자 치료사인 폴 노르도프(Paul Nordoff)의 시대로 거슬러 올라가서, 그의 음악치료의 근본 및 출처를 통하여 자기 자신이 직접 작곡가 그리고 피아니스트이자 치료사로서 활동하고 있는 것과 거의 같습니다. 폴 노르도프와 클라이브 로빈스(Clive Robbins)의 작업과 마찬가지로 콜린 리 박사의 심미학적 음악치료(AeMT)는 즉흥연주를 통한 음악적 대화가 음악치료 과정의 핵심에 있다는 개념에 뿌리를 두고 있습니다. 이 책의 목적은 임상적 음악성을 개발하여 이러한 음악적 대화가 번성할 수 있도록 하는 것입니다.

이 책은 매우 생동감 있고 명확하면서도 독창적입니다. 또한 학문적 자만심이나 전문용어로 가득하지 않으며, 완전히 진실하고 진정성을 갖고 있습니다. 콜린 리 박사의 작업에 대한 열정과 그의 내담자에 대한 깊은 존경심, 그리고 그의 인간성이 책 전반에 나타나며, 이러한 것들은 그의 많은 임상적 예시로 인해서 더욱 주목받고 드러나고 있습니다.

예를 들어, 콜린 리 박사가 바흐, 베토벤 및 케이지의 세 가지 중요한 작품에 대해 논의한 것은 특히 명쾌했으며, 나에게 새롭게 생각하는 방법을 제시해 주었습니다. 바흐의 나단조 미사에서 크레도의 대위법이 내담자와의 사이에서 만들어지는 음악적 관계의 복잡성과 관련이 있을 수 있는 것일까요? 베토벤이 청력을 상실한 후에 만든 음악이 질병에 직면한 내담자의 창조력에 어떤 영감을 줄 수 있을까요? 존 케이지와 다른 실험적인 작곡가들의 음악이 우리에게 치료사로서 실험적인 음악 제작을 통해 임상적 관계를 강화할 가능성에 대해 해답을 줄 수 있을까요? 트리스탄 코드에 임상적인 함의가 있을까요? 전문적인 현악 사중주 연주자들과 함께하는 임상적 즉흥연주는 음악치료 그룹과 같은 방식으로 구현될 수 있을까요? 이러한 질문들은 이 책에서 제시된 매우 창조적인 사고의 몇 가지 예시에 불과합니다.

저를 포함하여 많은 사람들은 이 수준에 도달하지 못할 수 있습니다. 그러나 그 높은 곳에 도달하지 못할 것 같다는 생각을 하는 것이 시도하지도 못할 이유가 되지는 않습니다. 저는 그것을 추구해야 할 가치가 있는 목표라고 생각합니다. 고무적인 점은 가능성이 존재한다는 사실을 알고 있다는 것입니다.

개인적으로 저는 바이올리니스트인 남편을 위한 반주자로서 음악 분야에 몸담게 되었습니다. 비교적 늦은 나이에 음악치료로 전향한 후에도, 항상 저의 음악적 자기(Self)와 음악치료사로서의 자기(Self)를 분리했습니다. 저의 음악치료사로서의 자기가 가장 잘 작동하는 것은 제 음악적 자기가 최상의 상태일 때임을 알고 있었지만, 두 가지 사이에 직접적인 연결을 만들지는 않았습니다. 지난 몇 년간, 콜린 리 박사와 그의 '지금까지 가장 나이 많은' 학생, 동료, 그리고 친구로서 함께 일하면서, 저의 작업을 보는 방식은 변화했습니다. 저는 나 자신의 음악 중심 음악치료사로서의 자기를 발견하고, 그 안정감에서 오는 자신감을 통하여 새로운 여정에서 생기는 흥분과 취약함을 다루었습니다. 콜린 리 박사는 우리 모두에게 열정을 되살려서 최종 목표에 도달하지 못하더라도, 미래를 향해 돛을 올려 항해하라고 권고합니다. 저에게 이러한 도전은 진행 중이며, 저는 "내 돛을 올렸다"라고 말합니다.

Rosemary G. Fischer

Professor Emeritus of Music Therapy

Wilfrid Laurier University

Waterloo, Ontario

Canada

저자 서문

음악은 신비로운 존재다. 음악이 인간의 존재에 미치는 영향력은 확실하지만 일시적이다. 우리는 음악의 특성과 변화를 일으킬 수 있는 능력에 대해 거의 알지 못한다. 의사가 인체의 복잡한 생물학적 작용에 대해 알지 못하면 수술이 가능할까? 그런데 음악치료사들은 음악의 구조적 구성에 대해 거의 알지 못한 채 음악을 사용한다. 우리는 음악을 사용하지만, 그 복잡성에 대해 잘 모른다. 우리는 음악의 무형성이 어떻게든 유형화될 수 있기를 바라며, 음악 외적인 이론을 통해 해석한다. 그러나 음악 자체의 특성, 즉 그 '생물학적 구조'를 살펴보지 않는 한 그 결과는 미스터리로 남을 것이다. 게리 안스델(Gary Ansdell, 2001)은 다음과 같이 썼다.

> 나는 음악치료사로서 '음악 자체'라는 현상이 내 일상적인 임상 작업에서 작용한다는 것을 경험한다. 그렇다면 왜 현재의 음악치료 문헌에서는 음악 자체의 본질과 기능에 관하여 심도 있게 주목하는 예시를 찾아볼 수 없을까?(p. 2)

이 질문은 아마도 21세기에 들어선 음악치료에 가장 적절한 질문일 것이다. 우리는 음악의 결과를 측정하고 소리가 몸에 어떤 영향을 미치는지 추측할 수 있지만, 음악의 구성을 이해하지 못한다면 결과는 전체의 한 부분만 보여 줄 것이다. 음악치료의 결과에 대한 이론을 세우기 전에 먼저 그 과정의 과학을 이해해야 한다.

음악치료는 현재의 음악 흐름에 영향을 받아야 한다. 현대 음악은 창조적인 르네상스의 시대에 접어들었다. 스타일과 장르의 장벽은 덜 중요해졌다. 클래식, 재즈, 팝, 그리고 월드 뮤직과 같은 융통성 없는 용어의 제한은 보편적인 음악적 표현을 위해 빠르게 사라지고 있다. 고레키(Gorecki)와 같은 작곡가의 애절하고 과도하게 단순한 음색의 풍경은 이제 아데스(Ades), 마틀랜드(Martland)와 같은 젊은 세대의 작곡가들의 현실적이고 강렬한 표현과 카터(Carter)와 불레즈(Boulez)의 더 성숙한 작품으로 균형을 이루게 되었다. 음악은 이제 모든 가능성을 펼치게 되었다. 음악치료는 이러한 최근의 혁신을 반영해야 한다. 음악치료는 이러한 최근의 혁신을 반영해야 한다. 우리의 음악적 표현을 대중음악의 좁은 스펙트럼 안에 두는 것만으로는 충분하지 않다. 우리는 현대 음악의 전체 스펙트럼을 이해하고, 영감을 받으며, 또한 임상 작업에서 직접적인 영향을 받아야 한다.

음악치료가 직면하는 딜레마 중 하나는 음악적 접근성이다. 임상 실습에서 오늘날의 음악만을 영향받는 것은 종종 내담자에게 쉽게 직접적으로 접근할 수 있는 음악을 포기하는 것을 의미한다. 선호하는 음악과 추상적인 음악 사이의 균형을 찾는 것은 치료사와 내담자에게 유형적으로 보일 수는 있으나, 깨지기 쉬운 선택이다. 잠재적으로 덜 명확한 대화와 관계 때문에 음악적 접근성을 포기한다는 것은 무엇을 의미하는가? 우리는 내담자와 음악적 선택을 할 때 어떤 감정적 그리고 치료적인 측면을 고려하게 되며, 더불어 이 접근성이 낮다는 것은 강력한 과정이 아니라는 것을 의미하는 것일까? 작곡가이자 지휘자인 피에르 불레즈(Pierre Boulez)는 자신의 75세 생일 인터뷰에서 다음과 같은 자신의 견해를 밝혔다.

> 접근성의 개념은 나에게 피상적이며, 전혀 흥미롭지 않다.
> 접근성은 즉각적인 반향을 불러일으킬 수는 있지만 오랫동안 지속되지는 않는다(Gervasoni: Guardian Weekly, 2000년 4월 13일~4월 19일).

앞의 글은 음악치료에 어떤 의미를 전달하고 있는가?

만약 음악치료가 다가오는 새천년기에 더 많은 신뢰를 얻으려면, 우리는 개인의 삶을 넘어서는 목표를 세워야 한다. 음악 중심적 임상과 음악치료 모두 결과의 힘을 입증하기 위한 임무를 수행한다. 각각은 실로 현대의 임상적 실제 범위를 확대했다. 두 가지의 가능한 접점이 매력적인 결과를 낳을 수 있다고 믿는다. 음악치료는 복잡한 현상이며, 따라서 우리는 전체를 구성하는 데 들어가는 음악적 및 치료적 기준을 깊이 들여다봐야 한다.

나는 이 책의 음악적 범위를 가능한 한 넓게 만들고자 한다. 음악의 모든 영역과 음악치료에 미치는 영향을 충분히 다룰 수는 없겠지만, 미래의 집필과 연구를 위한 가능성을 제시할 것이다. 음악치료사는 사용하는 음악에 제한을 두어서는 안 된다. 음악적 선호도 중요하지만, 치료과정을 더욱 균형 있게 하고, 효과적이며 심미적으로 강력하게 만드는 다른 음악적 길을 제공할 수 있는 잠재력도 있어야 한다. 이는 우리가 경험에서 벗어날 수 있는 음악적 범위를 탐구하고 인식해야 한다는 것을 의미한다. 모든 스타일의 음악에 접근할 수 있도록 시도하지 않는다면, 내담자의 요구를 제대로 충족시키지 못하게 되는 것은 아닐까? 우리가 음악적 기여에 끊임없이 도전하지 않는다면, 이것이 불가능한 일처럼 보일 수도 있다. 더불어, 이는 바로 음악치료에서 음악을 제외하는 위험에 처하게 될 수도 있다.

나는 음악치료사이자 작곡가다. 지난 10년 동안 음악 중심의 인본주의적인 음악치료 접근 방식을 개발해 왔다. 어떤 측면에서 보면, 심미학적 음악치료(AeMT)는 음악과 인간 상태에 대한 나의 아이디어, 경험, 그리고 철학에 관한 개인적인 이야기이다. 이는 순간적인 영감의 절정이자, 평생의 작업을 통한 결실이다. 이것은 음악에 대한 경외심과 음악치료가 앞으로 나아가고 새로운 길을 열어야 한다는 결심을 대변한다.

음악치료에는 혁신과 통합이 모두 필요하다. 이 책은 음악과 인간의 표현 사이의 관계를 이해하고, 음악치료에 대한 새로운 접근 방식의 청사진을 찾고자 한다. 내 자신의 신념을 표현하는 위험에도 불구하고, AeMT는 내가 함께 일했던 내담자들의 음악적 흐름에 대한 증거이다. 그들의 존재 없이는 이 작업은 존재하지 않았을 것이다. 음악은 인간의 허약함과 자유의 본질인 취약성을 허용한다. 책의 각 장에서 이론과 실제가 나란히 배치되어 실용적이고 철학적이며, 또한 정서적 대화를 형성한다. AeMT에서 제시된 아이디어는 새로우며, 여전히 변화하고 있다. 제기된 질문은 나의 작업이 진행됨에 따라 계속될 것이며, 어떤 견해도 절대적인 진실을 지닐 수는 없다. 이 작업은 나의 성장 과정에서 필수적이었던 음악치료사, 작곡가, 그리고 음악가로서의 도전에 관해 이야기하고 있다. 제시된 정의는 새로운 음악치료 이론을 제공하려고 하지 않으며, 오히려 이는 음악 중심의 임상적 실제를 정의하는 데 필요한 주제를 다루는 철학적 성찰과 사례 연구 모음이라고 말하고 싶다.

---

*본문에 삽입되는 오디오 자료는 학지사 홈페이지(hakjisa.co.kr) 자료실에서 다운로드 받아 사용하실 수 있습니다.

차례

제 1 장

시작: 음악에 관하여

음악이 어떻게 단지 지적인 추측이거나,
또는 분류될 수 있는 일련의 호기심 어린
소리의 조합일 수 있을까? 음악은 영혼의 분출이다.

－Frederik Delius,

Watson(1994)에서 인용된 Fenby의

『내가 알았던 델리우스(Delius as I Knew)』라는 회고록(1936) 중에서

음악 작품의 시작은 주제와 대주제(Counter themes)가 발전 구조의 기반을 제시하기에 기대감과 잠재력으로 가득 차 있다. 임상적 즉흥연주는 미리 작곡된 음악을 펼치는 것과 같다. 구조는 내담자의 의도와 균형을 이루게 된다. 주제가 제시됨에 따라 내담자와 치료사 사이의 대화는 치료의 관계와 목표를 모두 반영한다. 교향곡이 그 형태를 드러내듯이, 임상적 즉흥연주는 내담자의 자유와 치료사의 음악적 반응을 통합한다. 즉흥연주가 전개되면서 음악적 관계의 본질이 드러나고 치료 의도와도 통합된다. 그리하여 임상적 교향곡이 등장하게 된다.

심미학적 음악치료의 정의

심미학적 음악치료(AeMT)는 음악학 및 작곡 관점에서 음악치료를 고려한다. 치료 이론을 알리기 위해 음악 이론을 살펴보면서 임상의 실제를 탐색하는 새로운 방법을 제안한다. 심미학적 음악치료는 부분적으로 폴 노르도프(Paul Nordoff)의 음악, 심미학 및 음악치료 철학의 자연스러운 연속이다. 심미학적 음악치료는 또한 내 개인적인 철학과 삶의 경험, 그리고 다른 이론가들의 글을 반영한다.

심미학적 음악치료는 음악적 대화를 핵심으로 보는 즉흥적 접근 방식으로 정의할 수 있다. 이 과정에 대한 해석은 음악적 구조에 대한 이해와 그 구조가 내담자와 치료사 사이의 임상적 관계와 어떻게 균형을 이루는지에서 기인한다. 따라서 치료사는 임상 음악가여야 한다. 임상적 음악성에는 다음이 포함된다.

- 임상적 청취
- 심미학, 음악 분석 및 음악학의 임상 적용
- 임상 형식 및 음악 형식
- 주요 작품에 대한 임상적 이해
- 임상적 관계와 심미학
- 작곡가의 관점에서 본 임상 분석

음악치료에서 우리는 항상 음악가로서, 그리고 치료사로서 생각해야 한다. 둘 중 하나를 다른 하나보다 우선시하거나 무시한다면, 우리는 비음악적인 건조함 또는 치료적이지 않거나, 방향성을 잃은 음악적 경험을 제공하는 위험에 처하게 될 것이다. 따라서 이 책의 목적은 임상적 음악성의 발전을 촉진하는 것이다. 이 책의 모든 논제는 이 중심 주제와 관련이 있다.

1980년대에 존 케이지(John Cage)는 20세기 음악에 대한 사운드, 음악, 표기법의 인식을 재정의하도록 도전했고, 그의 음악에 대한 기여가 정확히 평가되기 시작한 것은 지금에 와서이다. 그는 수 세기 동안 음악에서 누락되었던 새로운 사운드, 즉흥적인 연주, 그리고 '기회'의 새로운 경험들을 제공했다. 케이지의 음악은 제한이 없고 신선하며 창의적인 생각과 표현을 드러낸다. 음악치료도 이와 같은 새로운 자유 감각이 필요한 것이 아닐까? 우리는 음악 외 이론에 음악치료 임상의 실제를 맞추는 안전함보다 현대적이고 논쟁적인 아이디어가 필요한 것은 아닐까?

배경

브루시아(Bruscia)는 그의 책 『음악치료의 정의』(Bruscia, 1998)에서 "음악치료의 모든 정의는 이 분야의 경계를 설정한다"라고 말하고 있다. 그는 또한 새로운 정의들이 음악치료를 정의하고 확장하는 데 도움이 된다는 믿음을 표현하며, 새롭고 논란의 여지가 있는 이론들이 없다면 이 직업은 정체될 것이라고 주장한다. 음악치료는 절대 '고정'되어 있으면 안 되며, 새로운 정의는 다른 것들을 배제하는 것에 관련되면 안 된다. 음악과 사람들 사이의 관계는 너무나 많은 질문들을 야기하고, 특정한 믿음에 국한되기에는 너무나 광범위하다. 이 책에서 표현된 아이디어들은 음악치료에 대한 새로운 관점을 설정하고, 결코 단일 출판물의 범위 내에서 다 답변할 수 없는 더 많은 질문을 제기한다.

정의가 한번 이루어지면 가치가 없어지는가? 하나의 정의가 권위적일 수 있을까? 서로 다른 정의는 배타적이어야 하는가?

해석은 우리가 아는 것이라고 생각하는 것과 우리가 확실히 모르는 것 사이의 균형을 맞추는 끝없는 과정이다. 심미학적 음악치료는 음악치료 분야를 찬양하고 비판하며, 현대적 사고에 대한 대안을 제시한다. 임상의 실제에서는 항상 실험적인 감각을 인정해야 하지만, 이론적 지식과 발전을 희생해서는 안 된다. 임상적 음악은 새로운 의미, 경계 및 임상적 실제의 정의를 이해하기 위해 혁신적인 심미학적 음악치료 원형을 활용한다.

심미학을 '아름다움 이상'으로 바라보는 것은 심미학적 음악치료의 시작에 있어 큰 영향을 준 성찰을 제공했다. 지펠러(Gfeller)는 심미적인 경험과 유희적인 경험을 같은 선상에 놓고 바라본다(Davis, Gfeller, & Thaut, 1999). 한편으로 이것은 심미학이 지엽적이라는 것을 암시하며, 또 다른 한편으로 저자들은 쉰베르크(Schoenberg)의 '바르샤바의 생존자(A Survivor from Warsaw)'라는 작품이 인간 상태에 대한 불안한 메시지를 전달하면서도 심미적 성격을 지닌 것으로 설명한다. 심미적 경험의 힘은 임의의 순간(Ansdell, 1995)에서 나타날 수도 있고, 신중하게 평가된 과정의 한 부분으로도 나타날 수 있다는 것이다. 아름다움은 여러 가지 형태를 취하며, 치료에서 불협화의 요소를 부인한다는 것은 작업 자체의 본질을 부인하는 것이다. 심미학에 대한 우리의 견해를 확장함으로써 우리는 치료 자체에 대한 우리의 견해를 확대할 것이다.

『Music for Life』(1995)의 마지막 구절에서 앤스델(Ansdell)은 베이트슨(Bateson, 1980)에 대해서 다음과 같이 말했다.

심미학이 모차르트 교향곡이든, 나뭇잎의 구조이든, 인간의 의사소통의 복잡성이든 간에, 모든 것들 사이의 통일성과 근본적인 연결성에 대한 직관을 제공한다는 것을 보여 주려 했다. 그는 자연과 인간 세계, 사고와 감정, 창조와 인식 사이의 연결고리로서 반복적으로 심미학이라는 (패턴, 은유, 상징, 창조성, 꿈, 신화를 포함) 개념으로 돌아왔다. 이것은 결코 '예쁜' 이론이 아니라, 세계에서 공유된 의미와 가치에 대한 이해다(pp. 216-217).

릴케(Rilke)의 '끔찍한 아름다움'에 대한 담론은 이 개념을 더욱 명확히 한다. 예쁨은 심미학에 대한 제한된 이해만을 보여 준다. '끔찍한 아름다움'의 힘은 치료과정에서 '매력적인 아름다움'의 힘만큼이나 필수적이다.

『Music at the Edge』(Lee, 1996)의 내담자인 프랜시스(Francis)는 음악 안에서 아름다움과 고통 사이의 가능한 연결을 표현하려고 시도하였다.

나는 내가 세상을 어떻게 정제하거나 객관화할지를 표현하고 있다. 그것은 내 영혼에 영향을 미친 다양한 요소에서 나오는 노래이다. 그것은 부분적으로 자신의 내면의 조화와 아름다움을 표현하려는 노력이라고 생각한다. 이 표현은 기본적인 생명을 부여하는 확장감, 주변에서 일어나는 일을 느끼는 능력을 왜곡하는 충격, 파괴, 그리고 고통을 반영한다. 내면의 조화를 위해 노력하는 것이 있는가? 외부의 현실과 조화를 이룰 수 있는가? 그것이 때때로 고민의 일부인가? 우리는 [원문 그대로: sic] …… 외부와 내부 사이의 격차가 너무 크다. 상속받은 가치의 세계와의 차이는 생명을 부여하는 힘으로부터 너무나 멀리 떨어져 있다. 그 힘은 당신 안에서 솟아나는 것이다. 이것은 불협화음, 파괴, 그리고 폭력을 초래한다. 나는 창조의 흐름, 예술 속 생명의 흐름과 연결되어 있을 때…… 창조는 보상이나 깨어나는 형태가 아니라…… 내가 사용 가능한 언어 도구 내에서 환경을 해석하는 유전적인 의미, 거의 내적 메시지에 연결할 수 있다고 생각한다. 이것은 단지 보상하는 형태가 아니라, 아직 가공되지 않았으며, 거기에 없던 것이다(pp. 115-116).

이는 심미학적인 음악적 창조성이 수많은 감정적 수준을 포함한다는 아이디어를 표현한다. 프랜시스는 그의 신체적·감정적 쇠퇴와 진정한 평행을 보여 주는 표현의 통로를 찾는 데 고군분투했고, 이것은 복잡한 음악적 표현에 갇혀 있었다. 모든 것이 심미적인 내용에서 나온 것임에는 의심의 여지가 없다. 그러나 신비한 것은 그의 불협화음과 조화로운 표현 사이의 균형, 그리고 그것들이 임상 환경 내에서 어떻게 배치되었는가에 관한 것이다.

에이건(Aigen, 1995a, 1995b, 1998)은 음악치료가 심미학에 대해 더 관심을 가지거나 연구하거나 검토하지 않았던 이유는 그것이 경험적 분석을 초월하기 때문이라고 설명한다. 그러나 질적 연구의 출현으로 인한 인정받는 연구의 형태가 되면서, 음악치료의 심미학은 이제 인정을 받고 있다. 에이건은 존 듀이(John Dewey, 1934, 1958)의 철학을 음악치료와 연관시킨다. 듀이는 심미학이 모든 수준의 인간적 존재를 관통하고 생명에 의미를 부여하며, 그것은 결과뿐만 아니라 과정에서 심미적인 충족감을 가지고 있다고 주장한다. 에이건 (Aigen, 1995a)은 자유에 대한 저항이 심미적 표현의 수단이 되는 방법을 설명한다.

> 제한 없는 정서 표출은 더 발전된 표현 능력의 선구적인 조건 역할을 하고, 이를 통해 자기 인식을 방해하지 않는 한 치료적 가치가 있다. 심미적 고려 사항은 단순한 표출을 표현으로 전환한다. 이러한 심미적 고려 사항의 조작은 음악치료의 유일한 합리적 근거를 제공한다. 예술 매체를 사용하는 다른 이유가 있다면, 그것을 예술 매체로 정의하는 요소들이 그 적용에 필수적인 부분이 아니라는 말이 되지 않을까?(p. 247)

'예술'과 관련하여 에이건(Aigen, 1995b)은 다음과 같은 질문을 제시한다.

> 예술의 본질은 무엇인가? 심미적 판단은 객관적인가? 이러한 판단은 보편적일까, 아니면 문화적으로 상대적일까? 아름다움이란 무엇이며 예술과의 관계는 무엇인가?(p. 468)

그리고 음악치료에 관해서

> 임상의 중재 또는 치료 결과를 결정하는 데 심미적 고려가 관련이 있는 것일까? 어떻게 언제 시작되는 것인가? 임상 이론 또는 임상 실제와 일치하는 심미학적 개념은 무엇인가? 심미적 경험의 치료적 속성은 무엇인가? 그것들은 임상적 음악치료 과정에 필수적인가, 아니면 부수적인가?(p. 468)

이러한 질문들은 '임상적'과 '심미적' 사이의 균형과 연결을 이해하려는 시도의 복잡성을 강조한다. 음악치료의 창조적 본질을 객관화하면 현상 자체의 본질을 오해할 위험이 있다. 이 딜레마는 미래 연구의 핵심이다. 에이건(Aigen,

1998)은 노르도프-로빈스(Nordoff-Robbins) 음악치료가 음악의 역할에 대한 그들의 밝혀진 연구에서 이러한 양극성을 받아들이고 있다고 말한다. 그는 결과에 영향을 미치는 음악 경험적 특성의 필요성뿐만 아니라, 창조성, 자유 및 심미적 내용의 잠재력 안에 두 가지가 모두 포함되어 있다는 개념을 검토한다.

루드(Ruud, 1998)의 심미학적 이론에 관한 연구는 음악치료에서 음악의 역할을 고려하는 이론의 발전을 정당화하는 데 기반을 두고 있다.

> 음악에 의해 생성된 심미적 경험은 새로운 범주의 경험을 창출할 가능성을 내포하며, 이는 세상을 새로운 방식으로 경험하는 것을 의미한다(p. 79).

언어적 성찰과 해석은 음악적 관계에 대한 한정된 양의 정보만 제공할 수 있다. 우리가 그 과정을 진정으로 이해할 수 있는 것은 음악적 구조 자체를 통해서만 가능하다. 어떤 음악적 표현이 하나의 특정적인 의미만을 지닌다고 정확하게 말할 수 있을까? 음악의 일시적인 특성으로 인한 단일 해석은 결정적이거나 영구적일 수 없다. 음악을 설계하는 과정에 인간의 존재를 배치함으로써 우리는 언어적 특이성의 범위에 속하지 않는 새로운 가치를 창조하게 된다.

Harvard 음악 사전은 음악적 심미학을 "음악과 인간의 감각 및 지성의 관계를 연구하는 학문"이라고 설명한다. 이 정의는 심미학의 고전적인 개념이 아름다움과만 관련된 것으로 보는 것을 넘어서도록 영감을 주었다. 이후 나는 심미적 경험을 설명하는 단어들을 발견하고 임상 작업과 관련하여 분류하기 시작했다:

- 임상적 명확성: 유한한-정확한-공감적-표현적-차별적-세련된
- 화음: 섬세한-아름다운-부드러운-정교한-강렬한
- 불협화음: 잔혹한-불안정한-강렬한-심오한-강력한

에이건(Aigen, 1995a)은 심미적 기반의 진화하는 임상 이론에 관한 그의 작

업을 발표하면서 다음과 같은 분석을 지지한다.

나는 모든 음악이 심미적 고려에서 생성된다고 추론하는 것이 '심미적'이라
는 용어를 무의미하게 만들 거라는 것을 알고 있으며, 이것은 확실히 내 경험의
본질이 아니다. 오히려 나는 음악치료 실제를 통해 내가 이전에 단조롭고, 추악
하며, 불협화음이 있고, 충돌하고, 무질서하며, 정제되지 않고, 공격적이라고
생각했던 것들을 포함하도록 심미적 경험에 대한 나의 능력이 확장되었다고
말하고 싶다. 이것은 내가 더 이상 음악에서 이러한 속성을 인식하지 않는 것이
아니라, 그것들이 개인의 존재의 진실과 이 존재에 의미를 부여하려는 투쟁을
삶에 가져옴으로써 나에게 심미적 가치를 부여하게 되었다는 것이다(p. 255).

그렇다면 심미학과 음악치료 사이에는 어떤 연결이 있을 수 있을까? 그리고
임상 실제와 관련하여 심미학의 정확한 본질은 무엇일까? 아래의 단어들이 초
기에 이러한 연결을 고려하는 데 있어서 중요했다. 심미적인:

- 청취
- 연주하기
- 장애와 병리학
- 만남
- 존재
- 표현
- 통찰력
- 해방
- 감정
- 형태
- 음
- 의식

- 직관
- 능력
- 결과
- 과정

노르도프 로빈스와 심미학적 음악치료

음악치료에 대한 이해를 위하여 심미성을 기반으로 음악을 사용하는 것은 새로운 개념이 아니다. 노르도프-로빈스 접근법으로 교육받은 치료사에게 음악은 임상 과정과 치료적 관계의 필수적인 핵심이자 확장이다. 심미학적 음악치료의 근본적인 지식은 음악이 본질적으로 치유적이라는 것이다. 따라서 교육과정에서 배워야 할 것은 내담자와 치료과정 모두에 임상적, 예술적, 그리고 심미적으로 적합한 자원을 개발하기 위해 자신의 음악적 기술을 적응시키는 방법이다. 에이건(Aigen, 1998)은 다음과 같이 설명하고 있다.

노르도프-로빈스 접근법은 아마도 음악의 객관성과 심미적으로 실현되는 것에 따라 그 치료적 가치를 강조하는 데 있어서 유일할 것이다(p. 249).

음악의 심미학적 실현은 노르도프-로빈스를 매우 강력하고, 예술적으로 역동적이며, 그리고 다른 음악치료 접근법과 명확하게 차별화하는 특징을 가지고 있다. 노르도프-로빈스는 음악치료 분야에 입문하기 전에 폴 노르도프(Paul Nordoff)의 교향곡 같은 즉흥연주와 그의 광범위한 작곡에서 크게 영향을 받았다. 작곡가로서의 그의 이전 경험은 그의 음악적 편견에 강한 영향을 미쳤다. 작곡, 연주 그리고 음악치료의 균형은 항상 음악치료사로서의 나의 실현의 근간이었다. 폴 노르도프의 가르침, 특히 『치유적 유산(Healing Heritage)』을 통해(Robbins & Robbins, 1998) 나에게 동기부여를 주었고, 클래식 작곡 음악과 더불어 현대적인 임상적 연결을 구축할 수 있는 원동력을 제공했다. 내 음악의 역사와 경험은 폴 노르도프의 경험과 사뭇 다르지만, 우리는 임상적 즉흥연주의 구조적 내용에 강한 영향을 미치는 작곡 형식에 대한 감각을 공유했다. 음악 형식과 임상 형식의 이러한 변형이 심미학적 음악치료의 시작점이 되었다. 심미학적 음악치료는 원래의 노르도프-로빈스 접근법과 작곡가 그리고 음악치료사로서, 나의 개인적 경험의 연속이라고 말할 수 있다. 노르도프-로빈스의 대안으로 제시되는 것이 아니며, 한 명의 음악치료사의 견해와 음악, 치료 및 심미학에 대한 질문을 통합하는 것으로 제안된다.

아래에서 논의되는 심미학적 음악치료의 차별화된 특징은 노르도프-로빈스의 영향을 받았으며, 두 접근법 간의 상관관계와 차이를 보여 주는 데 도움이 될 것이다.

선구적인 작품의 임상적 적용

폴 노르도프의 사전에 작곡된 음악 연구는 그의 음악과 치료에 대한 탐구의 초석이었다. 심미학적 음악치료(AeMT)는 이 철학을 계속해서 발전시켜, 서양 고전의 중요한 작품들과 그것들이 음악치료 임상의 발전에 미치는 영향을 고려한다. 특정 작품과 전체 장르를 모두 연구함으로써, 심미학적 음악치료는 음악치료에서 임상 및 예술적 측면의 균형을 삽을 수 있는 질적 기법을 공식화하기를 희망한다.

관현악기의 임상적 적용

노르도프-로빈스의 악기 중심은 원래 치료사의 피아노 연주에 기반하고 있었다. 현대의 추세는 기타와 다른 관현악기의 사용을 포함하는 것으로 확장되었다. 심미학적 음악치료는 모든 악기를 음악적 대화 안에서 필수적인 임상 도구로 받아들인다. 모든 악기를 포함한 음악적 자원의 임상적 적용은 각 악기의 기법, 음색, 범위, 그리고 음질에 따라 달라진다.

음악 자원 확장을 위한 새로운 현대적 구성 요소

노르도프–로빈스의 임상적 즉흥연주는 임상 환경을 위한 음악 자원을 구축하고, 발전시키며, 또한 적응시키는 것이다. 심미학적 음악치료는 클래식, 팝, 재즈, 댄스, 그리고 월드 뮤직의 현대적인 추세를 포함하여 자원을 확장하는 것을 제안한다.

아키텍처적으로 생각하기

음악치료의 전반적인 구성을 아키텍처적으로 고려하는 것은 폴 노르도프의 즉흥연주에 대한 작곡적 접근법에서 영향을 받았다. 이를 심미학적 음악치료에서는 한 단계 더 나아가, 음악치료 과정/세션/즉흥연주를 그것의 보편적인 음악적 구성에 따라 이해하려고 시도한다. 전체 구성을 평가한 다음, 각 구성 요소를 전체 아키텍처의 측면에서 분석하는 것은 즉흥연주에서 치료적 관계의 여러 계층을 이해하려는 시도이다.

작곡과 작곡가로서의 임상적 즉흥연주

폴 노르도프는 작곡가로서 음악치료에 접근했다. 작곡적으로 생각하며 작곡가/음악치료사로서 활동하는 것은 임상적 즉흥연주자로서의 사고방식에 영향을 주게 된다. 심미학적 음악치료는 작곡 형식에 대한 이해가 치료사의 음악적이고 치료적인 반응에 영향을 미칠 것이라고 제시한다. 따라서 음악 작곡과 임상 과정은 자연스럽게 제휴가 된다.

음악 형식과 임상 형식

일반적으로 음악치료에서 임상 형식은 음악 형식에 영향을 미친다. 그러나 심미학적 음악치료는 음악 형식이 임상 형식에 영향을 미친다는 철학에 기반하고 있다. 노르도프-로빈스의 음악 형식에 대한 이해는 이 관점과 일치하며, 차이점이란 심미학적 음악치료가 먼저 음악 분석과 작곡적 기초에서 음악 형식을 검토한다는 것이다. 임상적 즉흥연주의 음악적 복잡성을 더욱 깊게 조사함으로써, 우리의 임상적 균형에 대한 이해를 풍부하게 한다.

장애를 창조성으로

노르도프-로빈스의 인본주의적 철학은 모든 인간이 음악적으로 창조적일 수 있다는 가능성을 믿는 것이다. 심미학적 음악치료는 이 믿음을 확장하여, 장애를 잠재적으로 창조적인 힘으로 간주한다. 건강함을 강조하는 사회에서 강요되는, 부정적인 단어 자체인, 장애는 인간의 장애가 긍정적일 수 있음을 부인하고 있다. 심미학적 음악치료에서 장애와 창조성은 서로 배타적이지 않다. 각각은 음악적이고 인본적으로 영향을 받으며, 그 어느 것도 다른 쪽을 희생시키지 않는다.

노르도프-로빈스 음악치료의 심미학적 음악치료는 많은 유사성을 가지고 있다. 그러나 심미학적 음악치료를 단순하게 노르도프-로빈스의 확장으로만 고려하는 것은 그것의 본질을 이해하지 못하고, 핵심에서 어긋나게 되는 것이다. 새로운 음악치료 접근법을 정의하는 것은 임상적 명확성의 필요성을 끊임없이 상기시키게 된다. 노르도프-로빈스 음악치료와 심미학적 음악치료는 불가분의 관계로 연결되어 있다. 그러나 이 두 철학을 구분하는 주요한 초점은 음악 자체의 관점에서 음악치료를 이해하는 것이다. 음악적 사례들을 살펴보고, 서양 고전 레퍼토리의 위대한 음악 작품의 임상적 영향을 누리는 것이 심미학적 음악치료의 핵심이다. 심미학적 음악치료에서 작곡과 임상적 즉흥연주는 동맹이며, 각각은 그것들의 예술적이고 분석적인 과정에 의해 영향을 받는 것뿐만 아니라, 동시에 영향을 주게 된다.『치유적 유산(Healing Heritage)』으로부터(Robbins & Robbins, 1998) 시작된 작업을 계승하고, 더불어 역사적으로 풍요한 음악 자원을 탐구해 나가는 것은 미래의 영향과 학습에 있어 음악치료의 전례 없는 발전을 가져올 수 있을 것이다.

세션 설계: 소나타 형식을 임상적 구조로 사용하기

심미학적 음악치료 세션은 어떻게 발전하는가? 심미학적 음악치료의 구조는 음악의 구성에 의해 영향을 받는다. 피셔(Fischer, 출판일 미상)는 소나타 형식을 기반으로 임상적 즉흥연주의 기초를 가르치는 방법을 개발했다. 피셔의 작업과 마찬가지로, 세션의 구조를 클래식 소나타 형식의 관점에서 고려하는 것은 음악과 치료의 이념과 학습을 연결하는 자연스러운 진행이다.

제시부

제시부의 목적은 주요 음악적 줄거리를 소개하는 것이다. 대조적인 감정적 내용을 가진 두 개의 중심 주제가 변조되는 경과구 악절과 함께 소개된다. 더 많은 해당 주제를 추가하여 제시부의 복잡성을 정교하게 만들고 확장할 수 있다.

음악치료 세션의 시작은 보편적인 음악 및 임상적 논거의 배경을 설정하는 데 있어서 매우 중요하다. 내담자가 방으로 들어올 때 음악으로 환영해야 한다. 내담자가 방으로 들어올 때 임의의 음정으로 즉흥연주하고, 내담자가 방에 들어올 때 소리, 음높이, 그리고 음색을 듣는 것은 세션의 화음 및 으뜸음에 영향을 미칠 수 있다. 세션의 아키텍처적인 으뜸음을 찾는 것은 내담자의 개시 및 반응에 내재된 임상 및 음악적 인프라를 결정할 수 있다. 아키텍처적 으뜸음은 미리 결정되어서는 안 되며, 세션을 시작하는 내담자에 대한 직접적인 대응으로 생성되어야 한다. 아키텍처적 으뜸음을 발견하는 것은 심미학적 음악치료 세션의 근간이다. 치료사는 아키텍처적 으뜸음을 발전시키면서 세션을 음악적이며 구조적으로 안내하는 데 유연해야 한다. 이전 세션에서 개발되고 정의된 활동은 아키텍처적 으뜸음이 균형을 찾고 영향을 미치는 대로, 이에 따라 변환되어야 한다. 이는 음악에 색을 입히고, 내담자의 요구를 반영하며, 진행 중인 목적과 목표를 정의할 뿐만 아니라, 세션의 일반적인 임상적 방향과 진행 중인 음악적 중심 사이의 균형을 찾는다. 음악치료에서 공식적인 원칙인 인사를 전하는 노래는 신중하게 사용해야 한다. 이전 세션에서 인사 노래를 사용한 경우, 같은 노래를 반복하는 것이 확실하게 임상적 이점이 있을 수 있다. 그러나 이것이 심미학적 음악치료에서도 인사 노래의 반복이 필수적이라는 의미는 아니다. 또 다른 대안은 그 주제를 발전시키는 모티브로 사용하는 것이다. 인사 노래의 음악적 내용이 비음악적/임상적 목적만큼 중요하다면 세션 도입부에서 그 잠재력이 훨씬 더 넓어지고 포괄적으로 전개될 수 있다.

제시부에서는 주요 음악적 줄거리가 소개된다. 내담자에게 안전함을 느낄 수 있으면서도 세션의 창조적인 잠재력 안에서 앞으로 나아갈 수 있는 명확한 음악적 구조를 제공하는 것이 필수적이다. 제시부는 일반적으로 세션의 구조화된 부분이 소개되는 곳이다. 아이들과 함께 작업할 때는 드럼 활동이나 노래 제목을 지정하는 것이 포함될 수 있다. 더 자유로운 즉흥연주 스타일에서 음악은 더 간단하고 직접적인 내용이 될 것이며, 잠재적으로 더 복잡한 발전의 구조에 대한 음악적 기초를 마련할 것이다. 제시부는 한정된 청취와 반응이 필요하다. 그것은 중요한 임상적인 창작을 위한 열쇠를 가지고 있으며, 내담자와 치료사 모두에게 헌신적인 강도를 요구하게 된다.

발전부

클래식 소나타 형식에서 발전부 악절은 핵심적인 역할을 한다. 이는 작곡가가 완전한 창작의 자유를 가지고 음악적 아이디어를 발전시킬 기회를 제공한다. 주제를 가져와서 세분화하고, 반전시키며, 또한 자유롭게 통합함으로써 발전부 악절에는 전체적인 작품 구성에서 중요한 위치를 차지하는 본질적인 요소가 더해지게 된다.

심미학적 음악치료 세션의 발전부 악절은 목적과 목표의 자세한 설명뿐만 아니라, 전반적인 작품 구성을 위한 형식을 제공하기 때문에 중요하다. 음악적으로, 아키텍처적 으뜸음이 확립된 후에는 치료사가 중요한 음에 관련된 다른 아이디어를 제공할 수 있다. 발전부 악절에서 내담자와 치료사는 제시부에서 표현된 내용을 항상 인식하면서 자유롭게 아이디어를 발전시킨다. 제시부에서의 활동 및 또는 아이디어를 결합하고 연결함으로써 발전 중인 치료적 관계의 본질을 촉진할 수 있는 자유로움을 제공할 수 있다.

재현부

재현부는 제시부의 주제를 반복하고 변형시킨다. 이 악장은 으뜸조로 돌아가면서 끝난다. 재현부는 주요 줄거리와 치료과정의 발전을 확고히 하기에 중요하다. 이것은 내담자에게 완성감을 경험하게 해 준다. 제시부의 주제와 아이디어로 돌아가는 것은 활동의 재개 또는 시작 지점 테마로의 복귀를 의미할 수 있다. 심미학적 음악치료에서 결론 부분에는 시작 부분의 주조음과 또는 아키텍처적 으뜸음으로의 복귀가 포함되어야 하는 것이 필수적이다. 이를 통해 내담자, 치료과정, 그리고 세션 자체에 대한 안정감을 제공할 수 있다.

치료사는 세션의 마지막 부분은 이미 발생한 것을 수용하되, 내담자가 음악 경험에서 완전히 돌아올 수 있는 출구를 제공하는 수단으로 고려해야 한다. 내담자는 재현부에서 완성감을 느낄 수 있어야 한다. 여기서 완성감이란 세션의 임상적 효과성과 음악적 대화 그리고 그 안에서의 그들 자신의 역할에 관한 것이다. 이미 확립되고 이해된 음악적 창작으로 돌아가면 내담자에게 완성감을 주고 앞으로의 세션에서 지속적인 치료과정의 가능성을 열어 줄 것이다.

코다

코다는 세션의 마무리에 작은 장식처럼 추가될 수도 있고, 앞의 섹션들과 동등한 중요성을 지닌 구성으로 발전될 수도 있다. 심미학적 음악치료에서는 코다에 이어 내담자가 방을 떠날 때 음악적 아이디어로 이어질 수 있는 작별 노래를 포함할 수 있다. 작별 노래는 세션을 마무리하는 데 필수적이라고 판단되고, 내담자의 개별적인 요구에 부합할 경우에만 사용해야 한다. 코다는 본질적으로 향후 작업의 가능성을 불러일으키는 마지막 음악적 진술을 제공하게 된다.

소나타 형식은 음악치료 세션의 구조를 고려하는 한 가지 방법일 뿐이다. 심미학적 음악치료 세션은 다양한 방향으로 진행될 수 있으며, 치료과정에서 치료사가 내담자의 음악을 수용하고 반영할 수 있는 능력의 수준만큼 유연하다. 심미학적 음악치료의 핵심은 순간순간의 즉흥연주 창조에 있다. 그리고 그 구조는 창의적인 자연스러움에서 드러난다. 일반적인 심미학적 음악치료 세션에는 만남 인사와 작별 노래, 악기 연주 활동, 작곡 기술이 포함될 수 있다. 이러한 구성은 시작, 중간, 그리고 끝을 포함하는 다른 접근 방식과 유사할 수 있다. 심미학적 음악치료를 차별화하는 것은 모든 음악 기술이 미리 결정된 것이 아닌 즉흥연주에서 시작된다는 점이다. 따라서 즉흥연주의 테마는 노래와 구조화된 활동으로 귀결될 수도 있고, 또한 지속적인 대화에서 주제로 남을 수도 있다. 치료사는 세션의 치료적 목적을 명확하게 하고 초점을 맞추는 방식으로 내담자의 음악을 듣고, 이해하며 반영할 책임이 있다. 노래, 악기 연주 활동 및 기타 구조화된 형식은 음악적 순간들과의 만남의 관계에서 기인하게 된다. 치료적 중요성은 모든 순간, 세션 및 치료과정에 대한 고유한 음악적 독창성으로부터 생겨난다. 심미학적 음악치료 세션을 차별화하는 것은 작곡 내용이 아니라, 오히려 아키텍처적인 음악적 구성이다. 각 즉흥연주를 위한 조성, 화음, 선율 및 음의 질감에 대한 선택과 더불어, 이 구성 요소 간의 관계와 또 있을 수 있는 다른 요소들과의 관계를 판별하는 것이 가장 중요하다. 즉흥연주가 발전함에 따라, 음악적 연결을 고려하며 시도하는 것은 즉흥연주 진행 과정에 대한 치료사의 이해도를 반영하게 된다. 따라서 세션의 각 부분/활동은 다른 부분/활동과 음악적으로 관련이 있어야 한다. 심미학적 음악치료 세션에서는 생각 없이 마음대로 그리고 무작위로 음악을 선택하는 일은 없다.

음악 중심이 되는 것에 관하여

음악 중심의 음악치료에서 음악 중심이 되는 것은 무엇을 의미하는가? 음악에 대한 이해는 얼마나 중요한 것일까? 음악 중심이라는 것은 고도의 음악적 수준을 요구하는가? 음악치료사는 무엇보다 먼저 음악가인가 아니면 임상가인가? 음악 구성 요소에 대한 이해를 통해 음악치료 과정에 대해 무엇을 알 수 있을까? 음악 중심이 되면 치료적으로 부족하고 균형을 잃게 되는가? 음악은 음악치료의 본질이어야 하는가, 아니면 부산물이어야 하는가?

음악 중심이 되는 것은 음악을 치료의 핵심으로 여기는 것이다. 이는 우리의 이해에 있어서 음악 외적인 추론이 중요하지 않다고 부정하는 것이 아니라, 음악을 기본적이고 영감을 주는 본질로 인정하는 것이다. 역사적으로 음악치료는 음악 외적인 출처에서 임상 이론을 도출해 왔다. 특히, 나는 다른 음악적인 철학과 이론을 배제한다면 지금 계속되고 있는 관련 대화에서 결함이 생길 수밖에 없다고 믿는다. 우리의 연구를 다른 관련 개념들에만 맞게 조율하려 한다면, 음악 자체의 미묘한 성질을 수용할 수 없게 된다. 음악 외적인 이론은 숫자의 경험적 성질과 단어의 해석적 가정만 고려하기 때문에 결함이 있다. 음악 분석 연구에 대한 반론이 음악성에 관한 것처럼, 음악 외적 이론에 대한 반론 또한 음악이 아닌 역설에 있다고 제시될 수 있다. 우리는 하나의 필수적인 연관성, 즉 음악 이론 그 자체를 놓치고 있는 것은 아닐까? 지금까지 직업으로서 우리가 하는 임상의 '예술'과 '과학' 사이의 균형에 대해 논의하고 토론해 왔지만, 음악학이나 작곡 이론을 인정한 적은 거의 없다. 더 많은 분류와 하위 세분화된 분류가 나타날수록 음악치료는 더욱 강력하고 풍부해진다. 이러한 현재 이론의 핵심이 무엇이든 간에 음악의 중요성은 항상 일정 수준에서 역할을 해야 한다. 가장 간단한 음악조차도 상세한 조사와 해석이 필요하다. 음악은 결코 종속되는 처지가 되면 안 되며, 항상 변화하는 음악과 치료의 균형을 유지하면서 존경과 지식으로 통합되어야 한다. 음악으로부터 영감을 받으면, 지속해서 혁신적인 임상에 필요한 창조성을 유지할 수 있다. 여기서는 쉽거나 직접적인 답변을 제공하지는 않지만, 인간의 성장에 영향을 미치는 도구로서의 음악에 대한 절대적인 믿음은 존재한다.

음악치료와 음악학

2001년 이탈리아 나폴리에서 열린 제5차 유럽 음악치료학회에서는 프로그램의 3분의 1을 음악학에 할애했다. 루드(Ruud)조차도 과학위원회를 대신하여 이 결정에 대해 다음과 같이 썼다.

음악치료에서 음악의 가치에 지속적으로 초점을 맞출 필요가 있는 것 같다. 학제 간 학문 분야로서 음악치료는 종종 우수한 임상 연구, 관련 치료 이론 또는 음악치료를 수행하는 방법론적 및 실용적 측면에 대한 논의와 함께 제시된다. 치료에서 음악의 역할은 종종 추측 적이고 일반적인 의견으로 주어지며 음악학 분야에서 다루는 체계적인 지식을 반영하지 못한다. 또한 현대 사회에서 음악이 대중 오락, 정체성 구축, 진정성 추구 등 새로운 역할을 하고 있다는 것도 알고 있다. 최근 음악학 분야 자체에서도 흥미로운 발전이 있었다. 새로운 학제간 분야로 발전하면서 음악학은 페미니즘 연구, 음악 인류학, 대중음악 및 문화 연구 분야에서 새롭게 떠오르는 지식과 대화해야 했으며, 몇 가지 중요한 경향을 언급해야 했다. 그 결과, 연주 활동으로서의 음악에 대한 완전히 새로운 개념과 이해가 '뮤지킹'으로 탄생하게 되었다. 이러한 정세 속에, 음악치료 그 자체가 음악에 대한 지식을 만드는 흥미로운 생산자일 수 있다. 지금이 음악학과 대화를 시작할 적절한 때가 된 것 같다.

안스델(Ansdell)은 음악치료와 음악학 간 연결을 시작하는 데 가장 중요한 공헌을 했다. 그의 첫 번째 논문인 「음악적 정교화. 새로운 음악학은 음악치료에 무엇을 말해 줄 수 있을까?」(1997)에서, 그는 음악치료와 새로운 음악학이 그동안 왜 그렇게 접촉이 없었는지를 설명하고, 잠재적으로 두 분야 모두 서로의 이론적 발전에서 배울 수 있다고 주장한다. 그는 다음과 같은 근본적인 질문을 제시한다:

① 음악이란 무엇인가? – 현상으로서의 본질
② 음악은 어디에 있는가? – 사람과 문화에서의 위치
③ 음악은 어떤가? – 우리에게 의미를 부여하고 영향을 미치는 방식
④ 음악은 왜 있는가? – 그 '목적'(사회적/치료적 등)(p. 38).

안스델은 그의 주장을 위해 특정 문헌들을 선택했다(Cook, 1990; Firth, 1990; Kramer, 1995; Nattiez, 1990; Said, 1991). 이 모든 글은 음악치료에 직접적으로 적용되며, 안스델(Ansdell, 1997)은 그의 결론에서 다음과 같이 썼다.

나는 음악치료사에게 우리가 흥미로운 시대에 살고 있다고 말하고 싶다. 새로운 음악학적 사고가 우리가 관심 있어 하는 대부분의 영역들에 진지한 관심을 기울이기 시작했다는 것뿐만 아니라, 우리들의 임상에서의 음악학적 흥미 또한 중요하다. 음악치료는 많은 다양한 임상적 상황에서 발견되며, 음악치료를 발전시키고 관련 임상을 합법화하기 위해서 항상 최신의 임상적 사고를 따라야 한다는 것은 분명하다. 더불어 우리 분야의 이쪽 측면을 활기차고 현대적으로 유지하기 위해서는 음악에 대한 최신의 진지한 사고를 유지하는 것이 동등하게 중요하지 않을까?(p. 43)

제5차 유럽 음악치료 회의 기조연설에서 안스델은 음악치료와 새로운 음악학 사이의 가능한 연관성에 대한 그의 견해와 신념에 대한 최신 내용을 제공했다. 그는 음악치료가 왜 음악의 역할을 학습하고 연구하는 데 그다지 관심을 두지 않는지에 대한 지속적인 질문을 제기한다. 음악치료 과정에 대한 우리의 이해를 더욱 높이고 임상적으로 예술적으로 중요할 수 있는 실질적이고 이론적인 연결을 촉진하는 방법은 무엇일까? 안스델은 전통적인 음악학과의 연결을 만드는 데 있어서, 나의 연구를 '음악치료사의 딜레마(Ansdell, 1999)' 문제에 속한다고 여기고 있다.

> 콜린 리의 작업은 음악치료사의 딜레마의 핵심을 가리키는 듯하다. 그의 분석 방법론은 근본적으로 '전통적인' 형식주의 음악학에 뿌리를 두고 있으므로, 모든 구조적 분석과 동일한 딜레마를 갖게 된다. 즉, 형식이 어떻게 정황/배경으로 변환되는지, 콜린 리의 경우 음악 형식이 어떻게 치료 내용으로 변환되는지에 관한 것이다(p. 12).

안스델은 새로운 음악학자들인 드 노라(De Nora, 2000)와 매클레이(McClary, 2000) 그리고 음악치료사인 루드(1998)와 스티지(Stige, 1998)를 음악학과 음악치료 사이의 초기 연결고리를 제공하는 것으로 보고 있다.

> 현대적인 형태의 음악학은 음악치료가 향후 맞닥뜨릴 수밖에 없는 핵심적인 담론이다. 음악치료사들은 치료 및 음악적 차원 모두에서 자신의 사고와 가정의 근거를 알아야 한다. 다행히도 새로운 음악학의 등장은 음악치료 임상에서 생산되는 현상과 이를 분석하는 데 사용 가능한 방법론 간에 더 좋은 조화를 이룰 수 있는 가능성을 제공한다. 이는 지적 성장을 촉진하기 위해 음악치료에 대한 지원과 도전에 대한 정확한 척도를 제공한다(p. 23).

루드는 그의 책『음악치료: 즉흥연주, 의사소통, 그리고 문화(Music Therapy:

Improvisation, Communication and Culture』(1998)에서 음악학, 음악 및 대중매체 연구, 대중음악 및 문화 연구, 인류학 및 탈구조주의 이론을 비판한다. 루드는 분석과 음악치료를 고려할 때, 분석은 연주자가 유래한 임상적 배경으로부터 분리해서 진행하면 안 된다고 제안한다. 그에게 문제는 다음과 같다.

> 우리는 듣게 된 음악과 내담자에게 발생한 경험 사이에서 어느 정도까지의 일치를 기대할 수 있을까? 분석을 경험으로 전환할 수 있을까? 설령 그렇다고 하더라도, 특정 상황을 넘어 음악의 효과에 대해 일반화하는 것이 가능할까?(p. 9)

음악학에 대한 나의 공헌과 이 책의 주안점을 변호하는 데 있어서, 음악치료에서 음악의 역할을 평가하려면 '전통 음악학'으로 간주하는 음악 분석 이론을 사용할 준비가 되어야 한다. 이 책을 집필하는 구실과 연구에 대한 내 평생의 헌신은 음악치료가 치료적 결과와 관련하여 음악적 내용의 '기본 사항', 즉 근본을 고려해야 한다는 것이다. 이는 악보를 자세히 살펴보고, 예리하게 듣는 것을 의미하는데, 그 이유는 상세한 분석을 통해서만 우리는 음악이 작동하는 방식을 이해하기 시작할 수 있기 때문이다. 음악 분석의 목적은 음악과 치료의 효과에 대해 보편적인 가정을 하는 것이 아니다. 오히려 음악적 상호작용을 각각 조사하여 하나의 음악적 구성을 이해함으로써 다른 음악적 구성에 대한 지식을 밝힐 수 있다는 믿음을 기반으로 수행된다. 음악과 치료의 결합은 복잡하며, 이 둘 중 하나를 따로 연구하려는 것은 어리석은 생각이다. 음악 분석은 음악에 중점을 두는 동시에 전체의 역동에서 생기는 그 결과와도 균형을 맞추게 된다. 핵심일 수 있는 악보 기보나 오디오 녹음이 전혀 없는 음악치료 관련 음악학 문헌은 우리 작업의 핵심을 회피하는 전통을 이어 갈 위험이 있다고 생각한다. 아무리 많은 지적, 언어적 또는 서면 담론이 있어도 음악치료의 음악적 구성을 분석하고, 듣고, 그리고 이해할 필요성을 대체하거나 보상할 수 없다.

음악의 심미학

이 글에서 음악의 심미학에 관한 방대한 문헌을 다룰 의도는 없다. 오히려 음악치료의 실천적 측면에 영향을 미치는 특정 이론 및 철학적 연결을 만드는 데 영향을 준 작가들에게 관심을 집중하려고 한다. 심미학에 관한 문헌은 주로 청취, 즉 미리 구성된 음악을 통해 작곡의 특성을 수용자에게 전달하는 능력을 다루고 있다. 음악치료의 창조적 행위에 직접 적용할 수는 없지만, 문헌에서 제시된 철학적 아이디어는 임상적 실제의 발전에 매우 중요하다. 이 문헌을 읽고 음악치료 관계와 연관시키는 것은 절대적으로 의미가 있다. 여기에 제시된 아이디어는 심미학과 음악의 임상적 적용 사이의 연결에 대한 많은 질문을 제기하고 있다.

아마도 가장 중요한 문학적 기여는 스크루톤(Scruton)의 포괄적인 저서인 『음악의 심미학』(1997)일 것이다. 그의 글은 심미학적 음악치료의 철학적 기반에 큰 영향을 미쳤다. 스크루톤의 개회 논평 중 일부를 살펴보면, 이 통찰력 있는 문헌에서 무엇을 배울 수 있을지 알 수 있다. 그는 다음과 같이 말하고 있다.

> 심미적 관심은 외관에 관한 관심이다. 그 대상은 사물의 구조 속에 숨어 있는 것이 아니라, 우리가 경험하면서 만나게 되는, 즉 계시적인 세상의 실재 같은 것이다(p. 5).

내담자에게 제공되는 음악적 진정성, 즉 순수한 소리의 현실은 내담자가 살고 있는 세계를 반영하는 경우가 많다. 만약 치료사의 소리가 내담자의 세상에 대한 감각을 관통하여 영향을 준다면 스크루톤의 견해는 내담자와 치료사 사이의 본질적인 음악적 관계에 직접적으로 적용이 가능하다. 즉흥연주를 통해 접하게 되는 '계시적인 세상의 실재'(개인적·음악적 연결의 심미학적 가능성)는 개인적 또는 음악적인 연결의 심미적 가능성을 보여 주며, 직접적인 경험의 창

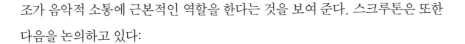

조가 음악적 소통에 근본적인 역할을 한다는 것을 보여 준다. 스크루톤은 또한 다음을 논의하고 있다:

- 비평의 언어-심미적 특성을 결정하는 것
- 심미적 가치-인간의 감정을 일상생활에서 해방시키고 예술적 형태를 부여하는 것
- 심미적 판단-개인적인 경험을 통해 결정하는 것
- 음악적 역량-객관적인 음악적 내용의 결과로써의 성공과 실패
- 취향의 판단-'심미적 가치는 중요한가?'
- 절대 음악-감정에 직접적으로 연결되지 않는 음악

이러한 가치와 관련된 문제는 이 책에서 심미학적 음악치료의 실제적 현실에 통합된 측면에서 다루어진다.

레빈슨(Levinson, 1990)은 음악 작품의 심미적 특성이나 내용이 그 구조, 즉 작은 개별 구성 요소와 혼합된 대규모 관계에 따라 결정된다고 설명한다. 음악 구조의 전체적인 디자인은 부분에 의존하며, 각 부분이 전체에 어떻게 영향을 미치는지에도 의존한다. 그리고 이러한 매력적인 연결, 즉 심미학적 음악치료의 임상적 즉흥연주 디자인에 크고 작은 구조가 모두 포함되는 방식이 심미학적 음악치료의 근원적 요소 중 하나이다.

레빈슨은 계속해서 심미적 고유성에 대해 논의하며 다음과 같이 말한다.

> 개별적으로 취급되는 예술 작품들은 고유함을 가지고 있다고 자주 언급된다. 이것은 무엇을 의미하는 것일까? 분명히 이는 정량적으로 고유한 이상의 것을 의미한다. 예술 작품은 서로의 구조적 차이 때문에 심미적으로 또한 다르다. 이 구조적 차이는 심미적 차이를 만들게 된다(p. 107).

음악치료에는 일시성, 내담자, 치료적 관계, 과정, 세션 및 즉흥연주/활동 등 여러 가지의 뚜렷한 측면이 있으며, 이러한 각 측면은 심미적 고유성에 의해 정보를 제공해야 한다. 치료사가 내담자의 순간적인 음악 연주에 내재된 독특한 심미적 내용에 반응하는 방식은 치료사가 내담자의 치료과정을 이해할 수 있는 수준/정도를 나타낸다.

음악 작품의 심미적 가치는 무엇일까? 심미적 판단과 취향은 어떤가? 음악적 역량은 심미적 창조에 있어서 중요한 것일까? 심미적 경험의 치료적 가치는 어떻게 평가해야 하는가? 이러한 질문은 자신의 음악 철학과 가치에 관한 질문이다. 스크루톤(1997)은 자신의 견해를 다음과 같이 공유하고 있다.

> 우리의 심미적 선호도는 우리가 그 안에 자신을 발견하는 즉시 가치가 되고, 다시 말해서, 세상에서 우리 자신의 자리를 만들고 동료들 사이에서 자신을 위치시키려는 시도의 일부가 되는 즉시 가치가 된다. 이러한 가치 형성 과정, 즉 주관적 선호도에서 심미적 취향의 판단으로의 전환은 많은 사람에게 있어서 불완전하고 단축된 형태로만 존재한다(p. 370).

음악치료사들은 심미적 현실과 임상적 의도 사이에서 균형을 이루는 세상을 만들려고 노력한다. 우리는 음악적 창조의 취약성에 우리 자신을 놔두면서, 좋은 임상적 실제를 조건으로 하는 심미학적 가치에는 정서적으로나 실제적으로 개방되어 있다. 이는 본질적으로 객관적일 수는 있지만, 우리는 내담자의 주관적인 음악적 취향도 고려해야 한다. 내담자의 음악적 선호도를 어떻게 구성하는가는 그들의 음악에 대한 우리의 이해와 치료적 성장에 대한 가능성을 알려 준다. 이는 취향이 치료적 관계의 일부가 된다는 것을 의미하는 것일까? 그렇다면 심미적 선호도를 어떻게 주관적으로 그 과정에 반영할 수 있는 것일까?

음악이 '활기를 불어넣는', '초월적인' 또는 '유쾌한' 것으로 언급될 때, 우리는 심미적 인식과 경계를 기반으로 가치 판단을 내리고 있는 것일까? 이러한 인식은 우리 내담자의 인식과 같은 것일까? 음악치료사들은 대체로 '불쾌하고' 또는 '비위에 거슬리는' 음악을 간과한다. 그러나 내담자의 가치는 이러한 음악적 표현을 '상쾌한' 또는 '즐거운' 것으로 포함할 수 있다. 심미학적 가치는 치료적 관계와 치료적 성장의 의도된 의미를 소개할 때, 더욱 복잡해진다. 음악치료의 심미적 특성은 표현, 관계 및 결과의 모든 수준에 영향을 미친다. 음악 심미학의 복잡한 이론과 철학을 고찰하고, 이를 음악치료에 적용하는 것은 어떤 면에서는 거대한 패러다임의 전환이다. 다른 측면에서 보면, 그것은 가장 자연스러운 연결이다. 음악치료 임상가들이 의학, 심리학, 그리고 심리치료의 이론과 마찬가지로 음악 문헌의 이론의 적용에 있어서도 개방적일 때, 전반적으로 그들의 직업에서 임상적 실제의 '예술'과 '과학' 사이의 균형을 추구할 수 있을 것이다.

맥락에서의 음악치료와 심미학

음악치료 분야에서 심미적 가치는 항상 관심의 대상이었다. 임상 음악이 눈에 띄는 변화와 더불어 미묘한 우아함과 영적인 역동을 촉진할 수 있다는 사실은 우리 직업을 매우 독특하게 만드는 특징이다. 예술과 과학, 양적 연구와 질적 연구 등의 논쟁은 강력한 임상적 가능성을 불러일으켰다. 초기 음악치료 문헌(Gaston, 1968)에서 현대적인 사고(Lecourt, 1998)까지 심미학은 이론가들을 매료시킨 주제이다. 그리고 그 이유는 분명하다. 심미학과 음악은 분리될 수 없으며 본질과 가치가 하나이다. 우리는 음악적 관계의 심미적 잠재력을 제거할 수 없다. 가장 경험적이고 과학적인 음악치료 연구에도 내재적인 심미적 내용이 있다.

안스델(1995)은 음악에서 아름다움의 전통적인 기준은 형식과 느낌의 균형을 포함한다고 말한다. 다시 말해서, 통일성, 통합성, 일관성 등의 형식적 요소와 표현적 진정성, 취향 등의 감정적 요소가 균형을 이루는 것이라고 강조한다(p. 216). 『The Field of Play』에서 케니(Kenny, 1989)는 심미학을 인간과 관련된 것으로 묘사하고, "각각의 치료사와 내담자는 완전하고 전체적으로 심미적인 존재다"라고 말한다(p. 75). 그녀는 더 나아가 "아름다움을 향해 나아가는 것은 온전함, 즉 자신이 세상에서 가질 수 있는 최대의 잠재력을 향해 나아가는 것"이라고 제안한다(p. 77). 심미학적 잠재력은 치료적인 음악 과정과 관련하여 설명되는 것이 아니라, 타고난 인간적 특성으로 설명된다. 심미성은 주요 요소 또는 영역으로써 음악적 공간을 준비하는 데 있다(Kenny, 1996).

최종 분석에서 심미성은 정보와 조건을 전달하는 존재 방식을 나타낸다. 이는 구체적인 활동이 시작되기 전에 전달되는 미묘하고 비언어적인 단서의 중요성을 강조한다. 그것은 우리가 누구인지에 관한 총합을 나타내며, 관계가 시작되기 전 미묘한 수준에서 우리가 누구인지에 대한 정보를 전달한다(p. 69).

인간관계 심미학에서 음악을 분리하는 것은 흥미로운 구분이며, 음악적 심미성을 다른 경험과 분리하는 것도 마찬가지이다. 심미학은 치료과정의 근본일까? 아니면 브루시아(1998)가 제안한 것처럼, 직접적으로 임상적인 것이 아니고, 또 다른 무엇일까?

…… 역동적인 동기는 치료과정이나 내담자를 위한 다른 외적 가치를 위해서가 아니라, 음악 그 자체를 위해 음악을 경험하는 것이다(p. 147).

브루시아는 또한 심미성이 전문성에 의존하지 않으므로, 모든 내담자가 장애나 질병과 관계없이 아름다운 음악을 만들 수 있다고 제안한다. 심미성을 통해 일체감뿐만 아니라, 내면의 성장을 경험하는 것은 잠재적으로 강력한 치료적 힘이 된다.

우리는 내담자들이 자신의 내면적 현실을 아름답게 표현할 수 있도록 도와준다. 이것이 심미성의 발현이다(Aldridge, 1996, p. 18).

모든 인간은 자기 삶에서 존재론적 의미와 아름다움을 추구하며, 음악은 이 두 가지를 모두 표현할 수 있다(Salas, 1990).

르쿠르(Lecourt, 1998)는 심미학적 요소로서의 역전이의 역할에 대해 "아름다움과 예술적 현상에 관심이 있는 인간 경험의 영역"이라고 설명한다(p. 137). 그녀의 주장의 근본은 음악 심리치료에서 심미학적 요소를 고려할 경우, 잠재적으로 내담자/치료사 관계를 왜곡할 수 있으며, 치료사가 심미학적 요소에 중점을 두면 융합이 가능할 수도 있지만, 반대로 분리도 가능해질 수 있다는 경고에 관한 것이다. 르쿠르는 '심미주의화'를 심미성이 진정성 있고 필요한 과정의 잠재적인 고통을 가릴 수 있도록 하는 거리 두기라고 설명한다. 고통의 소리를 음악으로 변환하면 치료의 핵심을 건너뛸 수 있다. 더 큰 위험은 치료사가 음악의 본질과 심미적 내용에 집중하게 될 때, 직접적인 내담자와의 연결에서 순수 음악적 대화로 옮겨 갈 수 있다는 것이다(Turry, 1998). 심미적 음악의 내용은 좋아야 하며, 이러한 예술적 감각과 결탁하는 것은 치료에 도움이 되지 않는다는 사실은 심미적인 것과 임상적인 것 사이의 논쟁을 더욱 가중시키고 있다.

르쿠르가 수행했던 노르도프-로빈스의 Edward 사례 연구에 대한 평가는 심미적 고려의 가능성과 음악/치료적 노력에서 임상적 음악의 사용을 오해했다고 생각한다. 노르도프의 음악은 Edward를 억제하거나 그의 고통스러운 외침을 보다 조화롭고 화려한 상황에 두려고 시도하지 않았다. 오히려 음악은 Edward의 고뇌를 반영하고 있다. 엄격한 즉흥연주는 Edward에게 관계가 발전하는 데 필요한 정서적 거리를 허용한다. Edward에 대한 최근 연구(Aigen, 1999; Ansdell, 2000; Bergstrom-Nielsen, 1999; Forinash, 2000; Neugebauer, 1999; Robarts, 1999; Rolvsjord, 1998)는 과정의 복잡한 특성을 더욱 강조하고 음악적 선명함과 임상적 표현이 어떻게 상호 관련 있는지를 보여 준다. 르쿠르가 시도한 협화적인 것을 조성과 동일시하고 공격성을 무조성과 동일시하는 해석은 음악적으로 경험이 부족한 것이다. 심미적 영역에 들어간다고 해서 반드시 세련된고 조화로운 것들만 관계하는 것이 아니다. 공격적인 음악이 심미적일 수 있고, 반대로 조화로운 음악은 심미적이지 않을 수도 있다. 음악은 그녀의 주장에서 제시하는 것보다 훨씬 더 복잡하다.

르쿠르(1998)의 관점에서 심미성은 대립하지 않는 것을 의미한다. 따라서 치료사는 다음 사항을 인식해야 한다.

> ······ 음악의 심미적 측면을 내담자의 자기애적 공백을 채우거나 치료사의 자기애적 욕구를 충족시키기 위해 사용해서는 안 된다. 그러한 즐거운 만족을 제공하는 것으로 음악을 이상화하는 것은 매우 위험하다(p. 157).

임상/음악 관계 안에서 음악에 심미적 내용을 주입하는 것은 내담자와 또는 치료사가 자신의 자기중심적 요구를 충족시킬 수 있는 수단이 될 수 있다. 그러나 대부분의 음악치료사는 이 함정을 알고 있다.

음악치료의 심미적 내용은 항상 중요하다고 간주되어 왔지만, 치료적 동맹에 미치는 영향의 중요성에 관해서는 아직 완전히 이해하지 못하고 있다. 음악을 통해 내담자의 심미적인 개성을 실현하는 것이 심미학적 음악치료의 중심에 있다. 심미적 내용을 이해하고 해석하는 것은 개성, 과정, 그리고 결과를 구성하는 많은 요소를 증명해야 하는 것이기에 복잡하다. 심미적 내용, 관계, 병리 및 예술성에 대한 치료사의 인식은 겉보기에는 불균형한 원칙들을 포함하는 것 같다. 임상적인 것과 예술적인 것 사이의 균형을 찾는 것은 지속적인 딜레마이다. 음악치료가 성숙해짐에 따라, 자립적인 이론에 대한 필요성이 중요해졌다고 생각한다. 이 이론은 다른 이론에 의존하지 않고 창조적 예술성의 정확성과 임상적 본질의 실용성을 수용하는 그 연관성을 찾는 이론이다. 이러한 기원이 도래할 때까지, 음악치료는 항상 다른 철학들에 의지해야 할 것이다.

즉흥연주와 작곡

작곡과 즉흥연주는 동맹적 관계에 있다. 심지어 그것들은 하나이고 같은 것이라고 말할 수도 있다. 네틀(Nettl, 1974)은 즉흥연주와 작곡을 별개의 과정으로 보지 않고 연속체상의 두 점으로 보아야 한다고 제안한다. 음악치료가 '예술'과 '과학' 사이의 선상에 위치하는 것처럼 즉흥연주와 작곡 사이의 연속체는 지속적인 치료 방향에 열려 있어야 하고 그것에 의해 영향을 받아야 한다. 작곡은 체계 있고 특화된 과정이다. 또한 그것은 구체적이고 세련된 즉흥연주의 한 형태이기도 하다. 작곡과 즉흥연주는 모두 정제된 형태이지만, 미리 정해진 형식의 가능성을 벗어난 자유로움을 가지고 있다. 즉흥연주의 자발적인 창작은 예리한 치료적 효과가 있는 자유의 느낌을 불러일으킨다. 즉흥연주와 작곡의 근원은 같다. 주제가 제시되고 반복되며, 발전되고, 일관성 있는 완성작으로 제시된다. 자바네스 가믈란(Javanese Gamelan) 음악(인도네시아의 전통 기악 합주곡)에서 즉흥연주 구조가 어떻게 정의되는지 보는 것은 흥미롭다(Sutton, 1998). Garap는 음악 아이디어를 발전시키는 것이고, cengkok은 멜로디의 꾸밈음이며, wiletan은 멜로디의 복잡함과 이해를 묘사한다. 이러한 용어들은 다른 문화에서 즉흥연주 장치의 중요성과 즉흥연주를 표준적이고 인정된 예술 형태로 강조한다.

자유와 균형을 이룬 형식과 구조는 임상적으로 매력적일 수 있다. 카르토미(Kartomi, 1991)는 "즉흥연주와 작곡 모두 창조적인 아이디어의 작업과 재작업을 포함하기 때문에 본질적으로 같은 과정의 일부이다"라고 말한다(p. 55). 즉흥연주의 작곡적 성격과 작곡의 즉흥적 성격에서 발생하는 활기는 임상적 즉흥연주를 현대 음악의 활기차고 매력적인 부분으로 만든다. 우리의 즉흥연주 능력이 발전할수록 작곡에 대한 우리의 감각은 더욱 날카로워진다. 구조는 순간적인 자유 표현에 내재화된다.

바흐, 모차르트, 베토벤, 리스트 등 많은 위대한 작곡가들은 뛰어난 즉흥연주자로 알려져 있다. 슈베르트의 작곡 스타일은 즉흥연주의 창조적인 과정과 유사하다고 볼 수 있다(Nettl, 1998, p. 9). 슈베르트를 즉흥연주에 영향을 받은 작곡가로 생각하는 것은 흥미롭다. 그리고 만약 음악치료가 그의 시대에 전문 직업이었다면, 그 역시 임상가였을지도 모르는 일이다. 위대한 작곡가 중 일부가 음악치료사가 될 수 있었다는 것은 매력적인 생각이며, 오늘날 영향력 있는 작곡가/음악치료사가 없는 이유를 제시한다. 이 질문에 대한 답은 음악치료의 임상/음악 및 임상/작곡 과정이 음악 분야에서 잘못 이해되고 존중되지 않는다는 사실에 있다고 생각한다. 음악치료사가 뛰어난 음악가이며 내담자와 함께 사용하는 음악에 대해 깊이 관심을 가지는 것이 사실이라면, 음악 이론과 음악 전문 분야와의 연결이 왜 그렇게 힘든 것일까?

베그비(Begbie, 2000)는 작곡과 즉흥연주에 관한 그의 논의에서 다음과 같이 제안한다.

> 음악 제작의 가장자리에서 별개의 사소한 활동으로 간주되는 즉흥연주에 대한 관습적인 실상에 더욱 진지하고 중요한 위치를 부여해야 할지도 모른다. 철저히 악보로 기록되고 계획된 음악을 표준으로 보고 즉흥연주를 불행한 부수적 현상이나 심지어는 이상 현상으로 보는 대신, 즉흥연주의 보편성을 상기하며 어떻게 하면 악보와 리허설에 주로 구속되는 전통에서 쉽게 잊혀지는 음악 창조의 근본적인 측면을 느러낼 수 있는지에 대해 고려해 보는 것이 더 현명할지도 모른다(p. 182).

즉흥연주가 서양 음악에서 더 많은 존경을 얻는다면 이것이 음악치료에 어떤 영향을 미치게 될까? 나는 이 등식을 통해서 음악치료의 문제가 복잡하면서도 매력적이라고 제안하고 싶다. 즉흥연주를 수용하는 것과 임상적 즉흥연주를 예술 형식 및 임상의 실제에 대한 입증에 필요한 과학적 기초로 인식하는 것 사이에는 균형이 있다고 생각한다. 우리는 작곡의 조직적인 요구, 내담자의 표현의 창의성 그리고 정량화 및 검증의 필요성 사이의 격차를 어떻게 해소할 수 있을까? 또한 음악 구조의 복잡성, 혁신성 및 음악 외 이론에 의해 설정된 경계를 부정하지 않는 임상적 실제를 어떻게 평가할까? 이것들은 음악을 음악치료 과정에 필수적인 요소로 받아들이지 않는 모든 음악치료 이론에 도전이 되기 때문에 매력적인 질문일 수밖에 없다.

베를리너(Berliner, 1994)는 재즈 즉흥연주와 작곡 사이의 구분을 영원한 순환이라고 말한다. 재즈에서 작곡과 즉흥연주는 동맹적 관계이다. 즉흥연주자는 이어지는 음악적 대화의 기반을 형성하는 '릭(Lick): 재즈에서 짧게 연주하는 곡조', 패턴 및 화성 진행을 배우고 준비한다. 이런 점에서 재즈 즉흥연주와 임상적 즉흥연주는 비슷하다. 임상적 즉흥연주자는 음악적 교류를 펼치는 데 사용할 수 있는 아이디어가 담긴 음악적 사전을 가지고 있어야 한다. 재즈 즉흥연주자는 자신의 스타일에 따라 작곡과 즉흥연주의 균형을 맞추는 참조 모델을 연습하고, 또 연습한다. 유능한 재즈 즉흥연주가이자 임상적 즉흥연주가가 되기 위해서는 풍부한 자원이 있는 공식 목록을 갖춰야 한다.

> 독주자들이 생성, 적용 및 갱신의 창조적 과정에 지속적으로 참여함에 따라서, 즉흥연주와 작곡의 영원한 순환은 음악적 개념의 거의 모든 수준에서 자연스럽게 진행된다(Berliner, p. 242).

음악 이론가들이 즉흥연주의 구조에 관해서 이야기할 때, 물론 그들은 예술적인 시각에서 이야기한다. 이것은 음악치료의 복잡한 역동과는 아무런 공통점이 없다고 주장할 수도 있다. 그러나 나의 반론은 즉흥연주와 작곡의 구성 요소를 비교할 때, 음악과 음악 이외 요소가 결합하여 두 분야에 대해 깨달음을 제공한다는 것이다. 치료적인 관계나 음악적인 관계에서 음악적 아이디어를 발전시키는 것은 유사한 점을 가지고 있다. 작곡가이자 음악치료사인 폴 노르도프는 즉흥연주를 거대한 동적 작곡 구조로 생각했다(Robbins & Robbins, 1998). 이러한 아키텍처적/구조적 구성은 그의 다양한 연주 스타일을 통해 나타났다. 그는 동시에 교향곡을 연주할 수도 있고, 실내악 감각을 모방할 수도 있고, 오페라 또는 쇼 곡 반주를 가곡에 제공할 수도 있다. 나는 노르도프의 즉흥연주가 자신이 작곡한 음악의 분명한 확장이자 영향이었다고 믿는다. 임상적 즉흥연주와 임상적 작곡은 동반자이다. 이 둘 사이의 균형은 조직과 자유, 그리고 이것이 치료과정에 미치는 영향에 대한 우리의 이해로 이어지게 된다.

즉흥연주를 방황이 아닌 탐구로 정의한 이 용어는 내가 최근 작곡과 즉흥연주에 대한 글에서 설명한 바 있는데, 내담자의 고민뿐만 아니라 치료사가 임상적이고 예술적으로 적절한 음악을 찾는 과정에서도 중요한 의미를 지닌 명쾌한 표현이다. 임상적 즉흥연주, 탐구로써의 즉흥연주, 그리고 음악치료와의 관계는 음악치료의 잠재력을 드러내는 권위적인 경험을 만들어 낸다. 내담자가 세상과 음악적 교류에서 자신의 위치를 찾으려고 노력하는 것처럼 즉흥연주는 이러한 개방적이고 즉흥적인 경로를 반영할 수 있다. 내담자가 자유롭게 탐구할 수 있도록 기회를 제공하기 위해서는 음악치료사는 자발적이고 체계적이어야 한다. 이것이 임상적 또는 창조적 과정에 대한 역설이다. 탐구로써의 즉흥연주는 음악에서 작곡과 즉흥연주, 그리고 자유와 구조 사이에서 가장 중요한 경험이다.

즉흥연주의 심미학

임상 현장 밖에서의 즉흥연주의 심미학은 연주자에게 있어 가장 중요한 고려 사항이다. 완벽한 음악적 내용을 구현하는 것과 동시에 즉흥연주가 요구하는 자유를 유지하는 것이 중요하다. 연주가의 음악적 대화에 대한 심미적 반응은 매 순간 전체 작품의 창작과 균형을 이룬다. 심미적 반응은 한번에 세밀하게 조정되면서도 전체 작곡의 복잡성에 몰입되어 있다. 연주자는 어떻게 즉흥연주의 자유를 인식하고 일관된 심미적 경험으로 균형을 맞출 수 있을까? 이것은 훌륭한 즉흥연주를 수행하기 위한 핵심이다. 연주자는 전문성과 직관을 통합하여 정교한 논리적 경험을 형성한다. 좋은 임상적 즉흥연주는 이러한 전제에 기반한다.

스크루톤(Scruton, 1997)은 미리 작곡된 음악과 자유 즉흥연주를 구별하면서 다음과 같이 언급한다.

연주자들이 미리 명확하게 동의했거나 연주 과정에서 암묵적으로 동의한 것 외에는 어떤 지침도 따르지 않고 즉흥적으로 연주할 때, 놀라운 조화가 발생한다. 마치 인간의 움직임이 그것이 유래한 몸에서 해방되어 음조 공간으로 방출되어 우리의 신체적 삶을 능가하는 어떤 것과 함께할 수 있는 것처럼 말이다 (pp. 438-39).

이 놀라운 인용문은 분명히 음악치료와 관련이 있다. 내담자에게 병리 및 또는 질병에서 벗어날 수 있는 기회를 주는 것이 심미학적 음악치료의 기본이다. 나는 이 경험이 임상적으로 특이하고 영적이며 인간의 논리에 도전한다고 말하고 싶다.

대부분의 음악치료 접근 방식에서는 음악의 질이 과정의 가장 중요한 부분으로 간주되지 않는다. 음악치료를 효과적으로 만드는 것은 예술적 내용이 아니라 표현 그 자체이다. 따라서 심미학은 내담자의 표현이 '아름다운 것'이든 '추한 것이든' 간에 이러한 것들은 부차적일 뿐이다. 베그비(2000)는 즉흥연주와 신학에 관한 그의 연구에서 이 주제에 관한 새로운 시각을 제시한다. 임상과 예술 모두, 즉흥연주자의 의도 그리고 자유와 제약 사이에 생기는 조율에 대하여 다음과 같이 시사한다.

…… 즉흥연주는 다양한 제약에 있어서 자유를 허용함으로써, 모든 제약을 관통하는 근본적인 지속적인 제약, 즉 세상의 세속의 일에 대해 자유를 허용할 수 있다……. 이것의 신학적 반향은 상당하다(p. 201).

이 책의 범위 안에서 그러한 구절의 신학적 함의를 논의하는 것은 아니지만, 핵심 개념은 즉흥연주에서 자유와 제약 사이의 긴장이 일상생활에서 발견되는 것과 유사하다는 것이다. 나는 음악치료사로서 음악의 인간성을 믿으며, 그것이 우리의 의식적인 실재의 경계를 초월할 수 있는 능력을 갖추고 있다고 믿는다. '세상의 세속적인 일'은 우리 내담자의 경험을 결정하므로 다음과 같은 질문을 하고 싶다. "음악은 질병, 병리 및 인간의 고통에 대해 말하는 세속의 일을 표현할 수 있는가?" 베그비는 즉흥연주가 교회 음악에서 그토록 강력한 힘이었던 이유는 즉흥연주가 "……주로 개념적인 것이 아닌 풍부하고 다각적인 실천"이기 때문이라고 제안한다(p. 270). 임상적 즉흥연주는 모든 내담자를 위한 진실의 본질을 담고 있다. 비언어적 의사소통, 예술적 해방, 그리고 보상적인 도구로서의 훈련은 베그비가 제안한 것처럼, 다면적인 경험을 제공한다. 음악치료에서 즉흥연주의 심미학은 표현의 내용 및 수준과는 상관없이 과정을 강화한다.

즉흥연주와 음악치료

음악치료 분야에서는 즉흥연주의 대인관계 및 음악적 역동이 매력적인 이유를 규명하고 정량화하려는 노력이 오랫동안 이루어져 왔다. '임상적', '치료적', 그리고 '창조적'이라는 용어는 모두 관계에 기반한 즉흥연주를 나타낸다. 음악치료 관련 문헌에서 검토된 특성은 즉흥연주의 다른 측면에도 쉽게 적용할 수 있으며, 반대의 경우도 마찬가지다. 즉흥연주는 음악 창작의 본질을 담고 있다. 그것은 학습되고 실제화된 현상으로서의 음악의 현실을 초월할 수 있는 능력을 갖추고 있다. 오버듀인(Overduin, 1998)의 오르간 연주자를 위한 즉흥연주에 관한 논문에서 그는 다음과 같이 설명한다.

연습이나 과제와 같은 명칭이 붙는 가장 간단하고 짧은 즉흥연주라도 음악 작품으로 생각되어야 하며, 아름다움을 추구해야 한다(p. 4).

따라서 즉흥연주는 어떤 형태로 나타나든 치료적 효과가 있다.

즉흥연주는 관계와 직관에 기반하지만, 무작위적인 충동적 행위의 결과는 아니다. 훌륭한 즉흥연주는 자유로운 창작과 계획적인 사고의 혼합체이다. 음악치료 내담자에게는 예상치 못한 일이 형식과 형태와 함께 균형을 이룬다. 자유는 구조와 동일시되는 경우에만 즉흥연주에서 의미가 있을 수 있다. 파커(Parker, 1999)는 다음과 같이 말한다.

> 모든 최고의 즉흥연주 음악은 형식 반복의 고유한 위험과 함께 연속성과 변화 과정에 있어서 균형을 유지한다. 구전 전통은 진화하지 않으면 소멸한다(녹음 필사본 중에서).

미리 계획되진 않은 것처럼 보이는 즉흥연주의 능숙함은 음악이 특정 방향으로 전개될 때, 명확한 전망과 함께 결합된다. 음악치료사가 직면하는 과제는 음악 및 치료과정에 영향을 미치는 다양한 음악적 구성 요소를 고려하는 것이다.

> 실제로 즉흥연주자의 도전 과제 중 하나는 변화하는 화음 구조 위에 음악적으로 일관성 있는 멜로디 라인을 만들어 내는 것이다. 이러한 구조 만들기는 구체적인 구현의 과정에서는 종종 예측하기 어려우며, 마찬가지로 리듬적 차원에서 생기는 예측하기 어려움 또한 자발적인 시행을 요구한다(Hagberg, 1995, p. 82).

음악학 및 음악 학계에서 즉흥연주의 정의(Nettl, 1998)는 다양한 철학적 관점을 강조한다. 이들은 조직과 예측 불가능성의 비교, 작곡으로서의 즉흥연주, 그리고 분석과 합리적 설명을 초월하는 일시적인 특성에 중점을 두고 있다. 음악치료에 대한 접점을 제공하는 고려 사항은 즉흥연주가 인간의 자유와 감정을 반영한다는 믿음이다(Nettl, 1998). 연주 행위로서만 즉흥연주(Bailey,

1992)를 본다면 발전하는 이론의 차이를 강조할 수 있지만, 내담자를 청중으로 대체한다면 철학적 연결과 학습 방법이 가능할 수 있다. 이러한 모순과 유사점 외에도 임상적 즉흥연주는 음악학과 이론 및 실제와의 연결을 만드는 추가적인 도전에 직면하게 된다. 음악치료의 음악적 복잡성이 인정되고 존중될 때까지, 우리는 발전 중인 이론들의 범위 밖에 남아 있을 것이다. 프레싱(Pressing, 1998)은 최근 연주 추세에 대한 네틀(1998)의 종합적인 개요에서 음악치료에서의 연주에 대한 개괄적인 설명을 제공하고 있다.

> 음악적 즉흥연주는 각성과 참여를 촉진하고 사회적 상호작용을 강화하기 위해 치료 상황에서 계속 사용되는데, 예를 들어 자폐증 아동과 같이 다른 방법으로는 거의 접근할 수 없는 환자를 반응하게끔 하는 것을 성공할 수 있다 (pp. 57-58).

임상적 즉흥연주는 이 요약이 제시하는 것보다 훨씬 더 복잡하고 더 깊은 감정 수준에서 이루어진다. 그렇다면 여기에 설명된 정의가 너무나 단순하다면, 임상적 즉흥연주의 정교함과 두 분야 사이에 이루어질 수 있는 연결을 어떻게 이론가들에게 설명할 수 있을까?

심리학적 함의

즉흥연주에 대한 잠재적인 계산 이론은 주로 프레싱(1978, 1984, 1987, 1988, 1992, 1997, 1998)의 작업을 통해 개발되었다. 즉흥연주에 관한 전문 지식의 심리적 기초를 논의하면서(1998), 그는 음악치료사와 관련된 흥미로운 것을 제시한다. 그는 즉흥연주자의 정보 처리와 몸짓이 학습되고 정확한 기술이라는 사실을 탐구한다.

즉흥연주가는 실시간 감각 및 지각 코딩, 최적의 주의력 할당, 사건 해석, 의사 결정, (다른 사람의 행동에 대한) 예측, 기억 저장 및 회상, 오류 수정 및 움직임 제어에 영향을 주어야 하며 더 나아가 이러한 것들을 통합해야 한다. 음악적 제시는 음악 조직에 대한 개인적 관점과 청중에게 영향을 미치는 능력을 모두 반영한다(p. 51).

프레싱(1984)은 즉흥연주가가 "음악 자료를 생성하고 지원하는 인지적, 지각적 또는 정서적 구조(억제)의 집합을 사용한다"라고 제안한다. 음악치료에서 참조는 다양한 출처에서 가져오게 되는데, 그 예로는 순간적으로 발전되는 자발적인 주제, 주 악상(라이트 모티프)의 출처로서의 주제, 세션을 거치며 만들어진 활동 및 노래 형태 같은 것을 들 수 있다. 음악치료사의 지표는 음악 및 치료적 반응의 복잡한 균형이며, 인지적 및 감정적 반응과 내담자와 치료사 간의 관계가 혼합되어 있다. 음악적 지식기반은 음악치료사에게 필수적이며 다음을 포함해야 한다.

음악 자료 및 발췌, 레퍼토리, 하위 기술, 지각적 전략, 문제 해결 절차, 계층적 기억 구조 및 도식(스키마), 일반화된 운동 프로그램 등(Pressing, 1998, p. 53).

활용할 수 있는 자원 모음이 없다면 관련성이 있는 임상 및 심미학적 방향의 음악을 제공하는 것이 불가하다.

음악 주제와 동기를 기억하는 치료사의 능력은 또 다른 필수 기술이다. 이론가들은 음악적 기억의 복잡성을 인식하고(Ericsson & Charness, 1994) 정확한 음악적 구성 요소보다는 더 넓은 범위의 사고를 제안한다(Smith, 1991). 즉흥적으로 연주된 선율 구(프레이즈), 리듬 패턴 또는 코드 진행을 정확하게 기억하려면 수년간의 연습이 필요하다. 그러나 이것은 모든 음악치료사가 달성하려고 노력해야 하는 기술이다.

또한 음악치료와 관련하여 울퍼트(Wolpert, 1990)는 음악가와 비음악가 사이의 인식 과제에 차이가 있음을 발견했다. 비음악가는 주로 악기 연주에 반응하지만, 음악가는 멜로디 구조와 화성 반주에 반응했다. 치료사의 역할은 내담자가 자신의 음악적 자기에 대한 추상적인 감각을 분명히 표현할 수 있도록 선율, 리듬, 그리고 화성적 창의성을 촉진하는 것이다.

고전 음악

17세기부터 19세기까지 서양 고전 음악에서 즉흥연주는 중심적인 활동이 아니었다. 많은 작곡가가 즉흥연주하고 자연스러운 음악 창작을 작곡의 중심으로 사용했지만, 그들의 음악성에 관한 이러한 측면은 종종 시간이 지남에 따라 사라지게 되었다.

> 우리는 일화와 다소 사소한 추론을 통해 작곡가-연주자의 많은 음악작품이 즉흥연주에서 유래한 자료를 포함하고 있다는 것을 알고 있습니다……(Kivy, 1995, pp. 164-165).

즉흥연주는 종종 작곡에 앞서 이루어졌으며, 주제를 개발하고 세련된 작곡 구조를 형성하는 데 영감의 원천이 되었다.

> 즉흥연주에서 연주자의 자유도가 더욱 높아지며, 더욱 커지게 된다. 여기서 음표 표기법은 연주를 진행하기보다는 연주를 따르게 된다(Scruton, 1997, p. 111).

연주에서의 즉흥연주의 역사적 분석은 이제 특정한 역사적 실천의 형태를 이해하는 방법으로 탐구되고 있다. 마그리니(Magrini, 1998)는 의도치 않게 음

악치료와 연결을 만들고 있다:

> ……즉흥연주는 의미 있는 사회적 관계를 활성화하고 이끌어 내기 위한 복
> 잡한 음악 행동의 한 측면이다(p. 194).

클라라 슈만의 즉흥 전주곡에 대한 고어첸(Goertzen, 1998)의 연구에서 연주
의 힘과 음악성의 성장에 영향을 미치는 능력 사이의 연결을 찾을 수 있다.

> 클라라가 피아노를 공부하는 데 있어서 연습 기간 동안 즉흥연주는 근본적
> 인 부분이었으며, 악기의 기술적 숙달과 그 시대의 음악 스타일을 이해하는 방
> 법을 발전시키는 수단이었다(p. 239).

폴 노르드프의 눈부신 연구인 「Healing Heritage: Paul Nordoff Exploring
the Tonal Language of Music」에서 서양 고전 음악은 음악치료에서 음악 자원
을 개발하는 데 도움이 되도록 분석되고 연구되었다. 노르도프-로빈스 전통
에서 교육받은 음악치료사로서 가장 선명한 기억과 순수한 영감의 순간은 이
전에 '음악에 관한 이야기'라고 불렸던 것에서 비롯되었다. 폴 노르도프의 가
르침을 듣고 음악과 치료 사이의 연결을 시작하기 시작하면서, 그의 강의에 끊
임없이 흥분했다. 음악이 치료에 특별히 적용될 때 가지고 있는 그 잠재력에
관한 것이었다. 노르도프의 아이디어의 논리와 명확성, 그리고 음악 구조와
치료과정의 구조를 함께 조사하는 것은 자연스러운 진화 과정이다. 이러한 종
류의 상세한 검토가 그의 죽음 이후 관련 형태로 계속되지 않았다는 것은, 내
가 아는 한, 그의 아이디어와 음악적인 선견지명의 힘을 증명하고 있다는 것이
다. 이 검토는 사전에 구성된 클래식 서양 음악과 즉흥연주와의 직접적인 관련
이 있다. 이 글은 즉흥적인 성격을 지니고 있어, 당시 상황을 경험했을 때의 느
낌을 훌륭하게 드러내고 있다. 그리고 노르도프의 음악 레퍼토리에 대한 명확
성과 관련 지식은 정말 숨이 멎을 정도다. 「Healing Heritage」는 역사적 문서

일 뿐만 아니라 1974년 그가 강의했을 때만큼 생생하고 신선하다. 나는 이 책을 음악치료 문헌에서 가장 중요한 문서 중 하나라고 생각한다. 서양 고전 음악이 음악치료에 미치는 잠재력을 심층적으로 살펴본 유일한 저서이다. 슈만, 브람스, 몸포우(Mompou)가 우리에게 임상적 실제와 심미적 연결, 그리고 그 영향에 대해 가르쳐 줄 수 있다는 사실은 음악치료사에게 영감의 원천이 되어야 한다.

선율의 아이디어가 떠오르면…… 곡조를 기억하라. 적어 두거나 계속해서 연주해 보라. 그런 다음 살아 있는 화성, 그것을 지원하고 강화하고 앞으로 나아가게 하는 화성을 찾아라. 그러면 우리는 아이들을 위한 즉흥연주에서 사랑스럽고 사랑스러운 화성을 얻기 시작할 것이다. 그리고 그것들은 슈만의 놀라운 화성적 변화가 우리에게 미친 것과 같은 효과를 그들에게 주게 된다. 당신은 그것을 확신할 수 있을 것이다(p. 87).

재즈

즉흥연주와 재즈는 자연스러운 동맹의 관계에 있다. 재즈는 서양 클래식 음악의 속박에 대한 내용으로 탄생했다. 이 음악은 당김음, 화성적 정교함, 그리고 음악적 사고의 자유 등을 통해 20세기 음악의 가장 영향력 있고 혁신적인 형태 중 하나로 자리매김했다. 재즈 즉흥연주에 관한 글은 특정 음악가의 기술과 연주에 초점을 맞춰 왔다. 마일스 데이비스(Miles Davis)(Smith, 1998)는 연주자와의 복잡한 음악적 의사소통과 시각적 신호를 통해 표현되는 즉흥적인 표현형식을 개발했다. 복잡한 음악 간 관계로 인해 지금까지 녹음된 것 중 가장 영감을 주는 즉흥연주가 탄생했다. 조지 러셀(George Russell)(Monson, 1998)은 5도권과 비밥(bebob)의 새로운 하모니에서 파생된 음조 이론인 모달 재즈를 개발했다. 모달 재즈는 즉흥연주의 더 큰 자유를 허용했으며, 세실 테일러

(Cecil Taylor)와 오넷 콜먼(Ornette Coleman)이 사용했을 때, 아방가르드의 서구적 아이디어와 함께 발전했다.

재즈 즉흥연주의 최근 인물인 키스 재럿(Keith Jarrett)은 저자를 포함한 일부 음악치료사에게 임상적 음악 개발에 영향을 미쳤다. 그의 즉흥적 감각은 전혀 다르다. 솔로 즉흥연주는 감정적이면서도 세심하게 통제되는 폭넓은 주제 아이디어를 바탕으로 만들어졌다. 흥미롭게도 콘서트를 열기 위한 재럿의 준비는 즉석 음악치료 세션 전에 필요한 집중과 다르지 않다.

> 콘서트 전에 Jarrett은 모든 선입견을 비우고 음악이 그의 몸을 통해 흘러나오도록 노력했다. 그는 자신을 비울 수 없다면 거의 어김없이 좋지 못한 콘서트를 하게 될 것이라고 말했다(Carr, 1992, p. 65).

베를리너(Berliner)의 주요 공헌인 『Thinking in Jazz』(1994)는 명확성과 통찰력으로 재즈 즉흥연주의 측면을 탐구한다. 기술, 구조와 자유의 균형, 순간 구성, 사전 구성 등은 모두 임상적 즉흥연주에 대한 추가적인 이해와 직접적으로 관련될 수 있는 연구 영역이다. 이 영감을 주는 작품은 즉흥연주가 무엇을 의미하는지, 즉흥연주가 어떻게 개념화되는지, 그리고 재즈 즉흥연주 과정을 포괄하는 복잡한 대인관계 및 음악 간 기반을 탐구한다.

즉흥연주와 음악치료에 대한 재즈 연구의 영향은 이븐 루드(Even Ruud, 1998)에 의해 주도되었다. 루드는 음악치료에서 즉흥연주는 재즈보다 규칙이 적다고 제안한다. 하지만 임상적 즉흥연주자와 재즈 음악가의 경우 이는 음악 및 이론적 편향에 따라 달라진다. 과도기적 의식으로서의 즉흥연주는 초보 재즈 음악가의 의식과 훈련을 받는 학생 음악치료사의 의식과도 비교된다. '몰입'(무의식적 존재)과 '공허함'(빈 공간)의 경험은 재즈의 음악 제작과 음악치료 사이의 잠재 의식적 연결을 더욱 강조한다. 재즈와 임상적 즉흥연주는 모두 자발성에 의존하며 '의식의 흐름' 그리고 초월과 다르지 않은 상태를 촉진할 수 있다. 음악치료에서 이러한 '초월'이라는 감각은 치료적 관계와 작업의 발전

방향의 폭증을 예고하는 경우가 많다. 재즈에서는 이러한 통과의 순간이 청취자가 경험할 수 있는 가장 영적이고 도취적인 순간이다. 프리 재즈는 쉽게 분류할 수 없고 현대 클래식 음악과 동등한 연관성을 갖고 있지만, 역사적으로 재즈라는 넓은 깃발 아래 논의되어 왔다.

프리 재즈는 역사적으로 재즈의 넓은 범주 안에서 논의되었지만, 쉽게 분류할 수 없으며 현대 클래식 음악과 동등한 연결성을 가지고 있다. 프리 재즈는 대개 즉흥적이며 규칙과 이론적인 음악 장치를 배제한다. 이는 본질적으로 처음 들어볼 때, 임의적으로 들릴 수 있는 음악적 해방의 형태이다. 그러나 바로 보이는 것을 넘어서 보면, 종종 미묘한 형태가 나타난다. 이런 덜 직접적인 형태들이 그것에게 음악적인 힘을 제공한다. 프리 재즈는 임상적 즉흥연주와 명확한 연결성을 가질 수 있으며, 음악 제작의 각각의 과정에서 유사성을 찾을 수 있다. 프리 재즈와 음악치료에서의 음악적 대화와 관계의 자유는 종종 비슷한 음악 및 치료적인 결과를 산출한다. 이는 프리 재즈를 연주하는 그룹이 음악치료 시나리오를 모방하고자 하는 것이 아니라는 것을 의미하며, 임상적 즉흥연주가 어떤 방식으로든 프리 재즈 공연과 같을 것이라는 것을 의미하는 것도 아니다. 오히려, 논의는 음악적 상호작용에 초점을 두고 각각에서 생기는 자유에 기반하고 있다. 때때로 음악이 '예술'로서와 '치료'로서의 임무를 수행할 때 실제로 두 학문 모두에서 정보를 얻고 탐구하는 자연스러운 결합을 찾을 수 있다. 프리 재즈의 두 중요한 인물인 데릭 베일리(Derek Bailey)와 에번 파커(Evan Parker)는 분류와 이론적 합리화를 넘어선 음악 학파를 발전시켰다.

민족음악학

음악치료에 대한 민족음악학적 의미는 주로 조셉 모레노(Joseph Moreno)의 연구를 통해 중요하게 인식되어 왔다(Moreno 1988, 1995; Moreno et al., 1990). 모레노(1988)는 미국 음악치료사가 상대적으로 적은 서양 음악 범주의 음악을 사용한다는 것을 관찰했다. 그는 음악치료사에게 월드 뮤직이 임상 실제에 미치는 잠재적 영향을 살펴보고, 음악치료에 사용되는 음악을 확대하여 다문화 영향을 포함하도록 촉구했다. 브래트(Bradt, 1997)는 또한 음악치료사가 다양한 문화에서 음악의 의미를 알고 이해할 것을 권장한다. 음악치료사는 다문화 스타일에 대해 잘 알고 있어야 하며, 전 세계의 다양한 음악의 모드/음계 구성과 일반적인 이론적 구성을 인식해야 한다. 다문화 음악치료 슈퍼비전에 관한 열정적인 장에서 에스트렐라(Estrella, 2001)는 몇 가지 관련 질문을 제기한다.

> 음악치료사는 문화가 음악에 미치는 영향에 대한 질문을 조사하고 연구하는 특별한 책임이 있다. 문화는 음악치료 세션 내에서 상호 음악 제작 경험에 어떤 영향을 미치는가? 문화는 음악 경험과 심미학의 정의에 어떤 영향을 미치는가? 문화는 음악치료 슈퍼비전 관계에 구체적으로 어떤 영향을 미치는가? 음악치료 슈퍼바이저가 따라야 하는 특별한 문화적 고려 사항이 있는가?(p. 62)

그렇다면 즉흥연주와 민족음악학에 대한 연구는 무엇이며, 음악치료는 이 연구에서 무엇을 배울 수 있는 것일까? 서양에서는 즉흥연주가 미리 작곡된 음악을 연주하는 능력에 이어 두 번째 자리를 차지했다. 서양 음악에서 음악가의 특징은 작곡가의 음악을 연주하는 기술을 배우고 실천하는 사람이다. 그러나 중동에서는 음악가들이 음악적으로 자유롭고 예측할 수 없는 박식한 능력 때문에 즉흥연주를 존경한다(Nettl, 1998). 이러한 다양한 음악적 강조는 각 문화권의 음악 발전에 영향을 미쳤다. 그러므로 음악치료가 중동에서 시작되었다면 어떻게 발전했을지 추측해 보는 것은 흥미롭다.

네틀이 편집한 즉흥연주에 관한 책(1998)에서 민족음악학 장을 탐구하는 음악치료사에게는 임상적 즉흥연주의 모든 측면과 관련된 아이디어, 철학 및 분석에 관한 정보를 얻을 수 있다. 아랍 음악 중에 동지중해 세계와 이집트의 현대 타랍(tarab) 스타일은 '라이브 음악 연주를 강조하고, 즉각적인 모달 창작에 탁월함을 부여하며, 그리고 음악을 황홀한 경험으로 취급하는 스타일'을 갖고 있다(Racy, 1998, p. 97). 즉흥연주자는 감정, 즉 즉흥연주자의 음악에 대한 '영혼' 또는 '느낌'을 전달하여 청취자가 황홀해질 수 있도록 해야 한다. 타랍 음악 치료사는 내담자가 창의적인 음악 제작에 있어 황홀한 창작 감각을 표현할 수 있도록 음악적/감정적 환경을 제공해야 한다고 주장할 수 있다. 이것이 우리가 내담자에게 제공하기를 바라는 것의 본질이다. 다시 말해서, 이것은 본질적으로 건강한 경험이다. 라틴 음악에서 즉흥연주의 심미성(Manuel, 1998)은 특정 학습 기술과 '스타일의 제어 및 질서'(p. 143)를 요구한다. 이는 임상적 즉흥연주자에게 부과된 요구와 분명히 일치한다. 복잡한 음악 형식인 라가(raga)는 근본적으로 규모에 따라 정의된다(Viswanathan & Cormack, 1998). 더 나아가서:

> ……모든 라가에는 특정 기능을 가진 특정 음조가 있다. 스바라(svara) 수준에서 이러한 기능적 음색은 라가를 식별하는 두 번째로 가장 기본적인 특징이다(p. 224).

음악적 음계, 아이디어, 장식의 정교함과 발전, 그리고 음악의 문화적 배경은 향후 임상적 즉흥연주의 발전에 엄청난 의미를 가질 수 있다. 아랍 음악과 마찬가지로 북인도 음악의 즉흥연주(Slawek, 1998)는 즉흥연주자가 자유롭게 연주할 수 있고 연주자와 청취자에게 고조된 감정을 촉진할 수 있다는 가정에 기반한다. 놀이의 의식은 카타르시스 수준과 의식 상태의 변화로 이어질 수 있다. 북인도의 즉흥연주는 미리 구성된 작품, 연습된 패턴, 그리고 창조적 즉흥연주 자료의 복잡한 조합이다.

> 모든 공연은 공연자와 관객 모두를 미지의 영역으로 이끄는 특별한 음악적 경험에 대한 새로운 탐구이다(Slawek, 1998, p. 363).

중동의 즉흥연주자들이 사용하는 음악적 소재 분석은 매우 흥미롭다(Nettl

& Riddle, 1998) 그리고 음악치료에서 이루어진 작업과 비슷한 연관성이 있다. 테트라코드, 펜타코드, 옥타브 스케일의 사용을 탐구하면, 음악치료사들에게 새로운 음악적 아이디어와 취향을 제공할 수 있다. 멜로디 형식과 시퀀스, 장식, 그리고 리듬의 사용을 분석하면 임상적 즉흥연주의 진화를 더욱 향상시킬 수 있다.

음악과 감정

음악과 감정에 대한 글들은 이론적이고 철학적으로 복잡하다. 이 문헌은 음악이 감정을 해석한다는 가정에 기반을 두고 있으며, 그 범위는 듣는 이의 감수성과 의지에 의해 결정된다(Meyer, 1956). 음악이 감정을 포함하고 있다는 것은 음악치료사들에게는 당연한 개념으로 보일 것이다. 그러나 복잡한 것은 감정의 본질과 음악이 인간의 상태를 전달하기 위해 가지고 있는 감정의 정교함이다. 만약 음악이 인간의 감정을 해석할 수 있다면, 질문은 어떻게 그 해석을 평가하는가가 된다. 음악을 통해 전달되는 감정이 복잡하다는 것을 고려하면(Levinson, 1990), 스크루톤(Scruton, 1977)은 감정을 전달함으로써 그것이 경험의 현실이 된다고 말한다. 월턴(Walton, 1997; in Robinson, 『Meaning and Music』)은 음악이 어떻게 현실에서의 감정과 감각에 영향을 미칠 수 있는지 설명하고, 샤프(Sharpe, 2000)는 "감정은 우리가 음악을 표현적으로 묘사하는 시작점"이라고 결론 내리고 있다(p. 59). 구조적 복잡성은 음악적 감정을 전체적인 경험으로만 전달하는 것이 아니라, 전체를 구성하는 작은 부분들을 통해서도 전달할 수 있게 한다(Levinson, 1997).

이런 고찰들은 음악치료사들이 매일 다루는 복잡한 현상에 대한 감각을 제공한다. 질문은 어떻게 그리고 왜 음악이 감정 상태를 전달하며, 우리는 어떻게 음악을 감정적인 힘으로 이해하고 해석하느냐가 된다. 슬로보다(Sloboda, 1985)는 음악을 경험하는 것이 인지 능력이라는 점을 분석하면서 다음과 같이

설명했다:

> …… 음악은 우리에게 깊고 중요한 감정을 불러일으키는 능력이 있다. 이러
> 한 감정은 소리 구성에 대한 '순수한' 심미학적 기쁨에서부터 음악이 가끔 불러
> 일으키거나 강화하는 기쁨이나 슬픔과 같은 감정까지, 그리고 일상적인 음악
> 적 경험이 제공할 수 있는 단순한 단조로움, 지루함 또는 우울증에서의 구제까
> 지 다양하다(p. 1).

우리는 우리의 내담자들에게 그들의 질병 또는 병리학의 경계를 벗어나 감
정을 표현하는 시간을 제공한다. 그 결과, 음악이 감정을 명확하고 구체적으
로 표현할 수 있게 한다면, 음악치료 관계의 효과는 명확해진다.

음악과 언어

음악은 언어를 반영하는가? 만약 그렇다면, 음악치료에 대한 함의는 무엇인
가? 음악은 감정의 언어이다. 이것은 임상적 즉흥연주의 창조적 과정에 대해
무엇을 시사하는 것일까? 말하는 (또는 쓰는) 언어는 두 사람이 소통하는 방식
이지만, 그렇게 하려면 두 사람 모두 문장 구조의 논리와 그들이 내화하고 있
는 언어의 미묘함을 이해해야 한다(Sharpe, 2000). 많은 내담자에게 이러한 형
태의 소통은 사용할 수 없다. 그러나 우리는 음악을 통해 담론을 달성하기 위
해 이러한 전제 조건이 필요하지 않다. 따라서 음악적으로 소통하는 데는 언어
적으로 소통하는 데 필요한 지적 능력이 덜 필요하다고 주장할 수 있을까? 음
악적 언어가 중요해지기 위해서는 어떤 지적 수준을 요구하는 것일까? 스크루
톤(1997)은 "언어는 이성적 존재에게만 고유한 것"이라고 말한다. 그 접근 방
식을 취하고 많은 내담자의 '비이성적' 본질을 고려한다면, 음악치료는 비의사
소통적 과정으로 설명될 수 있다. 물론 이것은 어리석은 제안이다. 음악이 언

어의 한 형태로 인식되기 위해서는 이성이 필요하지 않다. 음악의 역설은 순식간에 이성적이면서 비이성적일 수 있다는 점이다. 이것이 내담자가 음악을 명시적 그리고 암묵적인 강력한 소통의 형태로 생각하는 이유이다.

언어는 음악만큼 미묘하지 않고(Treitler, 1997), 우리는 두 가지를 비교할 때 조심해야 한다(Begbie, 2000). 애디스(Addis, 1999)는 음악과 언어가 유사하기 때문에, 소통을 달성하기 위해서는 각각의 다양한 형태를 이해해야 한다고 주장한다. 이것은 직접적으로 심미학적 음악치료의 근간에 모순된다. 음악적 대화의 힘은 바로 이것이다. 그 대화 참가자는 스타일, 문법 또는 구문의 복잡성을 이해하지 않고도 복잡하고 세련된 수준에서 언어를 공유할 수 있다. '문체/어조', '문법' 및 '구문'이라는 단어가 음악에 적용되었지만 모두 언어에서 유래했다는 점은 흥미롭다(Agawu, 1991). 역사적으로 음악의 비언어적 성격은 그것을 설명하기 위해 언어적 모델을 사용하는 것을 배제했다. 나티에즈(Nattiez, 1990)는 음악이 근본적으로 비언어적이기 때문에 그 작업의 복잡성을 명확히 하는 데 문제가 있었다. 이러한 분열에 대한 가장 논란이 되는 답은 켈러(Keller, 1994)에 의해 제시되었으며, 그는 음악을 언어적으로 분석하지 않고 음악 자체를 통해 분석하는 기능적 분석 이론을 고안했다. 음악은 언어가 지닌 구체적인 사실 지향적인 본질을 뛰어넘는 비언어적 본질을 가지고 있다.

음악은 표상적인가

음악이 표상적이라는 것, 즉 관념과 개념을 전달한다는 것은 자연스러운 것처럼 보일 것이다. 그러나 모든 이론가들이 동의하는 것은 아니다(Kivy, 1991). 우리의 상상력은 음악에 어떻게 반응하는가(Walton, 1997; Robinson에서)? 그림과 달리 음악은 특정한 재현 이미지에 필요한 상징을 묘사할 수 없다.

…… 음악이라는 게임에서 벗어나 음악 자체를 생각해 보면 내가 보는 것은

음악뿐이지 그에 어울리는 허구의 세계가 아니다. 노트만 있을 뿐이고 그 노트 자체가 무엇을 상상하게 하지는 않는다(Walton, 1997, p. 82).

애디스(1999)는 세 가지 유형의 표상을 제안한다.

- 관습적-표상은 "표상의 고유한 특성이나 해당 표상을 사용하는 사람의 성격에 의존하지 않는다."
- 자연적-"본질적으로 무엇 그리고 그 무엇이 표상되는 것을 모두 결정하는" 표상; 그리고
- 준자연적(quasi-natural)-표상 대상, 표상되는 대상 및 표현하는 자를 포함하는 3항 관계.

음악을 표현으로 이해하려고 시도할 때, 대부분의 이론가들은 시각 예술과의 논의를 병행한다(Scruton, 1997; Walton, 1997). 스크루톤은 음악이 표상적이지 않다는 것이 그의 견해이지만 다른 열린 질문이 있을 수 있다고 결론지었다.

음악은 표상적이지 않다. 왜냐하면 어떤 주제에 대한 생각은 음악을 이해하는 데 결코 필수적인 것이 아니기 때문이다. 이러한 이유로 음악은 대상을 표상하는 것이 아니며, 대신 음악은 시사적인 지위를 가질 수 있다. 이러한 서사적인 지위는 새로운 방식으로 음악을 이해할 수 있는 심미적 관심의 특성을 가지며, 이러한 방식으로 음악을 이해할 수 있다(p. 138).

음악치료는 음악을 의사소통과 표상으로 보는 새로운 방식을 요구한다. 창조적인 음악 제작에서 치료적 관계에 관한 서술은 음악적 표상이 중요하다는 것을 전제로 한다. 치료과정을 풀어 가는 동안 구체적인 표상을 보든, 자유롭게 흐르는 비표상적 표현의 보다 유동적인 경험을 보든, 음악치료의 음악은 관계의 표상을 포함해야 한다. 그런 다음 우리는 더 깊은 이해를 위해 필요한 복

잡한 형태의 치료적 표상을 번역하는 방법을 자문해야 한다. 그렇다면 음악치료에서 표상은 ① 관습적일 수 있다-내담자나 상황이 표상적인 구체성을 요구하지 않는다는 의미이거나, ②자연적일 수 있다-치료적 상황이 구체적이고 한정된 표상성을 요구하는 상태이거나, 그리고 ③ 준자연적일 수 있다-치료적 표상, 즉 표상되는 대상과 내담자/치료사 관계를 포함하는 세 가지의 관계를 가질 수 있다.

마무리 생각

음악 작품에서 일어나는 일을 어떻게 설명하고, 임상적 즉흥연주에서 발생하는 음악적 관계와 음악적 사건을 어떻게 설명하며, 그리고 이 각각은 서로 어떻게 관련되어 있는 것일까? 베토벤의 음악이 라벨의 음악(Blacking, 1974)과 그토록 구별되는 이유는 무엇이며, 또한 한 내담자의 즉흥연주가 다른 내담자의 즉흥연주와 그토록 구별되는 이유는 무엇일까? 만약 실제로 내담자가 음악을 통해 자신의 페르소나를 특징화한다면, 이러한 구조를 이해하는 방식이 어떻게 우리의 반응에 영향을 미치고, 더불어 우리가 제공하는 잠재적인 음악적 세계를 어떻게 물들일 수 있는지 궁금할 것이다. 음악 및 비음악적 형태의 분석 방법이 많이 있다. 분석이 이해의 열쇠라면, 우리가 고수하는 이론적 추론은 우리가 풀려고 하는 질문과 수수께끼를 모두 반영할 것이다. 음악치료는 '예술'과 '과학'이라는 두 가지 신념 사이에서 균형을 유지하고 있기 때문에, 우리는 각각의 잠재력과 두 가지 사이의 연결점을 개별적으로 다루어야 한다.

이러한 질문은 심미학적 음악치료의 핵심이다. 이러한 본질적인 질문을 하지 않으면 임상 음악에 대한 우리의 이해가 제한될 것이다. 내담자의 연주와 치료사와의 음악적 관계의 본질은 지각되고, 즉각적으로 분석되며, 그리고 반응하는 음악을 기반으로 한다. 음악적 기조, 대화형 주제, 그리고 내담자와 치료사 사이의 즉흥적 창작에 대한 우리의 이해는 음악 및 임상적 대화의 강도를 형성하기 위해 발생한다. 우리는 음악 자체, 치료적 동맹에서의 음악의 역할, 그리고 음악에 대한 지식과 관계 사이의 교류를 이해함으로써, 비로소 음악치료에서 즉흥연주의 진정한 본질을 이해하기 시작할 수 있다.

막간 에피소드(Interlude)

서양 고전 음악의 주요 작품 3곡:
제2장, 제7장, 그리고 제11장에 대한 소개

음악은 천국과 같아서, 순간적인 설렘이 아니다. 그것은 영원의 상태이다.

−Gustav Holst

W. G. Whittaker에게 보낸 편지, 1914년

　　드뷔시의 '피아노곡집 1', 제4번, '소리와 향기가 저녁 대기 속에 감돈다'를 분석하면서, 폴 노르도프는 드뷔시의 풍부하고 예상치 못한 화음에 대한 기반을 제공하는 것으로, 완전한 종지법과 6/4 화음의 사용을 추출한다. 심미학적 음악치료의 가능성과 관련시키는 것은 음악치료사를 드뷔시의 풍부한 음악적 풍경과 고양된 치료적 만남의 풍요로움으로 초대한다.

　　진정한 음악치료, 즉 임상적 즉흥연주 치료가 탄생할 수 있었던 것은 바로 이러한 종류의 자유에서 비롯된 것이다. 만약 이 일이 일어나지 않았다면, 우리는 오늘 이 자리에 없었을 것이기 때문이다. 이는 우리가 하는 모든 일, 다시 말해서, 각 화성적 요소, 그리고 각 음악적 요소를 의도적이고 의식적으로 사용하는 음악적 길을 열었다. 바로 이런 이유로 우리는 치료사로서 드뷔시에게 엄청난 빚을 지고 있다(Robbins & Robbins, 1998, p. 79).

『치유적 유산』 연구(Robbins & Robbins, 1998)에 따르면, 폴은 음악 구조와 치료 과정의 구조를 함께 분석하는 과정에서 그의 사고의 명료함이 너무나 자연

스럽게 느껴진다. 문제는 왜 음악치료가 그의 죽음 이후에도 임상적 즉흥연주와 관련하여 미리 작곡된 음악에 대한 상세한 연구를 계속하지 않았느냐는 것이다. 음악과 치료 사이의 영감을 주는 그의 연결은 그의 통찰에 관한 잠재력을 입증한다. 이 글은 즉흥적인 성격을 지니고 있어 강연의 영감 넘치는 느낌을 잘 전달하고 있다. 노르도프의 레퍼토리 지식은 정말 숨이 멎을 지경이다.

그렇다면 심미학적 음악치료는 드뷔시와 같은 작곡가들에게 무엇을 빚지고 있으며, 각 작곡가의 접근 방식에서 무엇을 배울 수 있을까? 음악, 사회적 배경, 그리고 작곡가의 개성이 결합되어 음악과 창작자 그리고 그들이 살았던 시대 사이의 시나리오를 제시한다. 바그너의 〈니벨룽겐의 반지〉가 대표적인 예이다. 그의 창조적인 상상력과 음악 창작성의 크기, 오페라가 쓰여진 사회적 배경의 풍토, 각 오페라의 구조, 그리고 전체 주기와의 관계는 단일 음악치료 세션 및 전체 치료과정과의 관계와 비교할 수 있다. 바그너가 극적인 아이디어를 어떻게 전개하고 각 줄거리와 하위 줄거리 내에서 이를 어떻게 발전하는지 고려해 보라. 음악적 주제와 주악상의 상호연결, 이야기 전개 내에서의 발전, 그리고 전체적인 음악 구조는 우리가 열려 있다면 음악치료에 대한 혁신적인 관점을 제시할 수 있다. 만약 이러한 주장이 타당하다면, 서양 음악의 위대함과 그것이 앞으로의 임상 실습을 변화시킬 잠재력은 어떻게 될까?

제2장, 제7장, 그리고 제11장에서 제시하고 논의한 세 가지 중요한 작품은 이 책의 주장을 뒷받침하는 음악석 숭주가 될 것이다. 음악가로서의 나의 성숙에 대한 그들의 역사적 중요성과 개인적인 영향은 심미학적 음악치료의 발전에 큰 영향을 미쳤다. 나는 그들이 음악의 발전에 미친 영향과 각각이 작곡 형식의 계시를 포함하고 있으므로 그것들을 중요하다고 생각한다.

매우 영향력 있는 작품 조사에서 중요한 것을 추출하려면 어떻게 해야 할 것인가? 작곡과 치료과정을 연결하는 것은 무엇이며, 음악과 관계의 본질을 추출하는 방법은 무엇일까? 이 책에서 제시된 세 장은 이 책의 주요 철학적 주장을 반영하기 위한 것이다. 이 장들은 구조적인 음악적 특징을 논하며, 음악치료와의 연결에 대한 제안을 제공한다. 이러한 도약은 일부 사람들에게는 황당

할 수도 있지만, 나와 같은 다른 사람들에게는 논리적이고 깨달음을 주는 것이다. 이 장을 작성하는 동안 질문과 답변이 등장하면서 가능성도 계속 커졌다. 나는 이제 그 어느 때보다 미리 작곡된 음악의 분석을 통해 음악치료의 엄청난 잠재력이 있다는 것을 확신한다.

> 이제 선생님들과 함께 새로운 곡을 배우거나 음악을 공부할 때 어떤 일이 일어나고 있는지 살펴보기를 바란다. 간격의 삶을 살펴보라. 그것들이 서로 얽히고 교차하며, 변화하고 작동되며, 우리의 삶에 끊임없이 새로운 감정적 경험을 불러오는 것을 지켜보라. 이것을 알아차려야 한다. 이것이 근본이자, 우리가 하려는 일의 토대다(Robbins & Robbins, 1998, p. 41).

이 장의 각각은 바흐, 베토벤, 그리고 케이지의 특정 작품에서 발췌한 부분에 중점을 두고 있다. 이 모든 작곡가, 특히 선택된 곡들은 작곡가/음악치료사로서의 나의 발전에 큰 영향을 미쳤다. 그들은 다른 사람들과 함께 심미학적 음악치료 로 발전된 나의 진화하는 임상적 음악성의 출현에 정보를 제공했다. 이 장의 핵심은 임상 형식에 대한 작곡 형식 분석이다. 작곡된 음악의 섹션을 세션의 현실로 탐구하면 이러한 조사에 신빙성을 부여하는 진정성이 더해진다. 이 장들의 저술이 성숙해짐에 따라서 예술성과 치료적 의도 사이의 연결이 책의 주장에 더욱 필수적인 요소가 되었다.

제 2 장

바흐, 미사곡 B단조-작품 번호 232:
대위법적 음악적 관계

그의 온몸은 리듬으로 가득 차 있으며, 그는 그의 섬세한 귀로 모든 화음을 받아들이고, 더불어 자신의 입을 통해 모든 다양한 성부를 표현한다. 나는 다른 측면에서 고대를 크게 존경하지만, 내가 아는 이 바흐는 많은 오르페우스와 20명의 아리온을 포함한 것으로 간주한다.

-Johann Mathias Gesner

Quintilian의 'De Instiutio Oratoria'에 대한 주석(c.1730)

나단조 미사곡은 바로크 시대 최고의 음악을 담고 있으며, 음악가이자 작곡가로서 바흐(J. S. Bach)의 삶을 기념하는 기념비적인 작품이다. 이 곡은 다양한 출처에서 편집되었으며 그의 작곡 경력의 대부분을 차지하고, 라이프치히에서 근무하는 동안 작성되었다. 바흐가 살아 있는 동안 미사곡은 한 번도 연주된 적이 없으며, 바흐는 그 미사곡이 연주되는 것을 들어본 적도 없는 것 같다. 미사곡에는 파사칼리아, 푸가, 리세라, 리토르넬로, 스타일 안티코 등 다양한 스타일과 형식이 포함된다. 미사곡의 3분의 1 이상이 칸타타 BWV 191(Butt, 1991)과 같은 다른 작곡의 편곡을 포함한다. 미사곡의 가장 매혹적인 측면 중 하나는 이전 곡들을 작업하고 재작업하여 기념비적인 종교 음악 작품을 형성한다는 것이다.

바흐의 초기 악보 변형은 놀랍도록 독창적인 과정이었다. 그가 그렇게 높은 품질의 음악을 가지고 그것을 더 높은 수준으로 끌어올릴 수 있었다는 것은 그의 창조력에 대한 최고의 증거이다(Stauffer, 1997, p. 50).

미사곡은 극적이고 열정적이다(Stauffer, 1997). 코러스, 아리아, 그리고 듀엣의 개별 섹션으로 배열된 5악장으로 구성되어 있다. 미사곡은 나단조로 시작하여 라장조로 끝나지만, 라장조가 작품을 지배한다. 미사의 7개 조성을 자세히 살펴보면 조성 선택과 감정 묘사 사이에 절묘한 유대관계가 있다는 것을 알 수 있다(Xinh, 2001):

- G단조 – 비극적 완성
- F#단조 – 초월적 고통
- A장조 – 기쁨과 은혜
- B단조 – 인간의 고통
- D장조 – 세상의 권력과 영광
- E단조 – 십자가
- G장조 – 축복

미사곡의 각 부분의 감성을 표현하기 위해 바흐가 선택한 조성은 매우 특별하다. 그의 언어적 그림(Swain, 1997)의 아름다움은 'Crucifixus'에서 발견된다. 그 표현적인 내용은 인간의 상태에 대한 이해를 보여 주며, 듣다 보면 바흐의 작곡 형식의 규모에 놀라게 된다. 아키텍처적인 구조와 가톨릭 미사곡의 강렬한 음악적 구현 사이의 균형은 우리에게 위대한 영적 강렬함의 인상을 남긴다. 미사곡은 오랜 기간에 걸쳐 구상되었고, 그 내용은 정확한 세부 사항까지 고려되고 또 재고되었으며, 그 정서적 묘사는 초월적이고 음악적으로 정확하다.

바흐, 대위법, 그리고 음악치료

작곡 기법으로서 대위법은 바로크 시대의 독특한 특징이다. 바흐를 고려할 때 대부분 마음에 떠오르는 것은 대위법과 푸가이다(Butt, 1991). 바흐의 대위법적 발명의 복잡함은 예술적으로 흥미롭고 수학적으로도 독창적이다. 그의 음악을 상세하게 조사할 만큼 가치를 부여하는 것은 바로 이 독창성이다. 그는 스틸레 안티코(고대 스타일)를 연구하면서 16세기 대위법 작곡 이론을 되돌아보았다. 보다 현대적인 스타일과 함께 이러한 역행적 관점은 다양한 음악을 포함시키려는 바흐의 시도였다(Butt, 1991). 바흐에게 작곡의 본질은 구식으로 간주하는 기술에 의존했다. 바흐가 대위법 작업을 계속하는 것을 고집하면서 그의 발전하는 능력을 이끌어냈고, 그를 음악 역사 속에 명확하게 자리 잡게 만들었다. 대위법은 종종 건조해 보일 수 있지만, 바흐의 손에서 그것은 그의 경력 중 가장 감동적인 음악 중 일부로 승격된다(Kivy, 1990).

심미학적 음악치료의 관계를 대위법적 관계와 비교하는 것은 흥미로운 철학적 입장을 취하는 것이다. 내담자와 음악적 대화에 들어갈 때, 누구나 본능적으로 대위법적 관점을 취한다. 내담자가 멜로디를 제공하면 음악치료사는 다양한 수준의 멜로디 및 치료적 대위법 중에서 선택하고 응답해야 한다. 그러나 초기에 영향을 미치는 것은 음악적인 것이다. 내담자의 대위법에 대한 우리의 선택은 그 과정에 대한 우리 자신의 이해와 내담자의 음악 흐름에 대한 우리의 반응을 나타낸다. 주제와 그 발전은 이 관계를 반영한다. 하나의 멜로디가 다른 멜로디를 이끄는 방식은 음악적 방향을 만든다. 치료사는 음악적 담론을 촉진하는 선율적 추론을 할 수 있다. 대위법적 음악적 관계를 통해 치료사는 더 나은 음악적 아이디어를 향한 지속적인 대화를 모방하고 장려할 수 있다.

바흐의 크레도와 음악치료 세션의 대위법 섹션을 비교해 보면, 작곡/즉흥 과정 사이의 유사성을 확인할 수 있다. 대위법은 악보([그림 1] 참조)에서 수학적이고, 감정적 내용이 부족한 것으로 보일 수 있다. 성부 간 균형, 대위법적 복잡성의 구축, 그리고 전체적인 기조의 밀도가 정확하게 배열되어 있다. 연주하는 베이스라인은 위의 얽힌 성부를 균형 있게 하는 안정성을 제공한다. 푸가 주제는 리듬적으로 계속 진행됨에 따라 더 복잡해지며, 각 성부가 들어올 때 새로운 수준의 대위법이 추가된다. 푸가의 멜로디는 흥미롭다. 장3도로 시작한 다음 점진적으로 움직이고 4번째 마디에서는 더 넓은 간격으로 열린다. 복잡한 리듬, 증가하는 간격, 이동하는 베이스라인의 조합이 결합하여 추진력 있는 음악 효과를 만들어 낸다.

그렇다면 이러한 통제된 그러나 열정적이고 활발한 음악적 경험을 내담자에게 제공하는 것은 어떤 의미가 있는 것일까? 이런 음악이 어떤 치료적 결과를 가져올 수 있을까? 나는 실제로 이런 창조적인 복잡성을 재현할 수 있다고 믿는다. 치료사와 내담자는 노래하거나 연주함으로써 두 개의 음악 라인을 작곡할 수 있는 능력이 있다. 우리가 각각을 분리된 목소리로 생각한다면, 우리는 실제로 복잡한 대위법을 창출할 수 있다. 대부분의 내담자들이 음악 교육을 받지 않았음에도 불구하고, 나는 대위법적 음악 관계를 촉진하는 것이 가능하다고 믿는다. 이것은 치료사의 작품에 대한 지식과 임상적 즉흥연주 환경 내에서 대위법적 창작을 이해하고, 추출하며, 그리고 재창조할 수 있는 능력에 달려 있다.

HIV 환자와 함께한 세션에서 가져온 예시([그림 2] 참조)는 유사한 대조를 포함하고 있다. 환자의 자유로운 멜로디 구성은 치료사의 상승하는 느린 코드와 균형을 이룬다. 세 번째 대조적인 선(4)은 음악적 복잡성을 더하고 관계의 강도를 더욱 명확하게 해 준다. 내담자는 이러한 대위법적 창작의 영향에 대해 언급한다.

크레도(Symbolum Nicenum)

[그림 1]

포핸즈 피아노곡(Piano 4 hands)

[그림 2]

당신이 나의 음악에 대한 반응으로 즉흥적으로 연주한 음악은 중요했다. 항상 완벽한 음악을 원하는 것은 아니지만, 때로는 내가 해낼 수 있는 것보다 더 복잡한 구조로 나를 지원해 주길 필요로 한다. 여기서 당신은 내가 혼자서는 연주할 수 없었던 복잡한 음악을 제공했다. 이것은 나에게 훨씬 더 깊은 수준에서 감정을 표현할 기회를 주었다. 나에게 있어서 이러한 시간은 아름다움의 요소들을 담고 있다.

대위법의 치료적 결과는 여기서 명확하게 표현되었다. 내담자의 창작은 치료사의 화음으로 토대를 잡는다. 음의 모호성(D flat과 C), 그리고 치료사 화음의 음색과 간격은 즉흥연주의 감정적 영향을 더욱더 가중시킨다. 치료적 과정과 심미적 의미를 결합하는 것은 심미학적 음악치료의 핵심이며, 이 대위법적 음악 관계에서 더욱 명확하게 드러난다.

우리는 어떻게, 어느 수준에서, 그리고 어떤 편향적인 시각으로 바흐의 크레도와 임상적 즉흥연주의 예를 비교할 수 있을까? 내 주장은 실제로 차이가 없으며, 있어서도 안 된다는 것이다. 하나는 위대한 작곡가로부터 나왔고, 또 다른 하나가 내담자/치료사 관계에서 나왔다는 것은 중요하지 않다. 중요한 것은 양쪽 작품이 모두 어떤 음악적 및 작곡적 열망으로 만들어졌는가이다. 음악을 치료에서 분리하거나, 하나를 '예술'이라고 주장하고, 그리고 또 다른 하나를 '치료'라고 주장하면서 동일한 수준의 예술적 성실성에 달려 있지 않다고 주장한다면, 음악의 진정한 의미를 부정하는 것이다. 바흐의 나단조 미사곡의 작곡 절차를 연구하는 것은 음악적 관계의 밀도와 관련이 있다. 이것은 우리에게 내담자의 창조성을 직접 듣고 더 많은 음악적인 세부 사항으로 응답하며, 음악적 대화를 개선하는 데 따른 영향을 고려하도록 영감을 줄 수 있다. 우리가 미사곡을 음악치료사로서 듣고 바흐의 천재성과 그의 믿음의 영적 근원을 이해하기 시작하면, 음악은 새로운 빛을 받게 될 것이며, 이는 우리의 음악치료에 대한 이해를 깊게 해 줄 수 있을 것이다. 악보를 연구하는 것은 우리의 작업을 더욱 밝혀 줄 것이다. 우리의 음악적 자원을 확장하고, 관계의 대위법적 본질을 이해하기 위해 악구 등을 추출하는 것은, 우리의 미래 치료적 상황에서 더 많은 가능성의 계층을 드러내게 할 것이다.

키리에, 푸가, 그리고 음악치료

나단조 미사곡의 첫 번째인 키리에는 너무 방대해서 그 무엇도 그 크기를 통제할 수 없는 것처럼 보인다. 그러나 듣는 이는 분석 없이도 그것이 마지막 음표에 천문학적으로 정확하게 도달한다는 본능적인 인상을 확인하기 위해 분석할 필요가 없다. 이 감동의 근원은 해당 악곡의 형식이 올바르게 설명된다면 말도 안 되게 간단해 보일 정도라는 것이다(Tovey, 1935, p. 25).

키리에는 영적으로 강렬하다. 푸가와 그 발전에는 엄청난 규모와 화강석 같은 웅장함이 느껴진다. 발단 부분 4마디의 아다지오는 앞으로 펼쳐지는 미사곡의 장엄한 성격을 위한 배경을 마련하는 무게감을 만든다. 이 발단 부에는 견고함이 있으며, 고통의 본질을 묘사하는 나단조의 확실성이 있다. 음악치료사는 고통과 악화를 치료과정의 중심으로 인정해야 한다. 이것이 내담자의 개인적인 투쟁을 통해서든, 병리와 질병으로 인한 신체적 한계를 통해서든 간에……. 손실은 치료의 중심이다. 그렇다면 내담자가 신체 또는 정서적 역경에 직면하여 자신이 모르는 것을 해석하고 반영하기 위해 고심하는 동안 키리에는 치료사에게 무엇을 보여 줄 수 있을까? 이 음악의 강점은 내담자가 처한 곤경의 엄청난 크기를 드러내고 치료적 관계를 심화시킬 수 있을까? 자세히 살펴보면 몇 가지 답을 찾을 수 있다. 세 번의 'Kyrie eleison' 설정의 균형([그림 3], 개시 마디, 전체 악보), 주제적 중첩 및 확장된 세 번째 설정은 안정성을 제공하고 수평적 화음에 움직임을 추가한다. 소프라노 I과 II는 카덴차 같은 구절을 엮어서 또 다른 차원의 창조를 추가한다. 이러한 발단부 악구의 절제함과 더불어, 앞으로 나아가는 움직임은 치료사가 직면하는 많은 임상적 상황과 비교될 수 있지 않을까? 거대한 발단부는 기대감으로 숨을 멎게 만든다. 임상적 즉흥연주에서 비슷한 음악적 장엄함을 포착할 수 있다면, 치료적 성장에 대한 의미는 무엇이 될까? 아다지오는 음악과 음악치료의 지혜와 다양한 수준의 청취에 영향을 미칠 수 있다.

키리에의 본체는 푸가그라비스(Fuga gravis)이다(Stauffer, 1997). 주제는 발전하는 푸가의 규모와 엄숙함을 묘사하는 동기를 특징으로 한다([그림 4]). 반복되는 B(a)는 멜로디가 펼쳐지는 안정성을 제공한다. 또한 단어 설정에 대한 명확성을 제공하고, 음악에 성가 같은 느낌을 주기도 한다. 멜로디가 발단 부 음에서 발전함에 따라 두 개의 음악적 '한숨', g에서 f#(b)은 음악적 · 정서적 표상의 강렬함을 표현한다. 이 한숨은 푸가의 주제적 발전에서 구조적으로 중요하며 음악치료에 대한 잠재적 함의를 갖는다. 표현적인 대화의 구현으로서의 한숨은 미묘하지만, 음악에 중요한 영향을 미친다. 내담자는 종종 한숨을 통해 자신의 감정을 배출한다. 정서적 그리고 신체적으로 '놓아 버리는' 느낌이 있을 수 있다. 치료사가 이러한 한숨을 반영하고 음악적 대화에 통합하는 방식은 임상적 청취 수준에 따라 다르다(제5장 참조). 치료사가 한숨의 현실, 음, 음고 그리고 음색을 정확하게 대화에 포함하려면 듣는 것이 필수적이다. 바흐가 여기에서 사용하는 음악적 한숨은 섬세하고 신중하게 배치되어 전체 멜로디의 기본이 된다. 이 음악적 얽힘의 세부 사항을 경험하고 이해하는 것은 치료에서 소리의 더 깊은 의미와 정밀성을 이해하는 것이다. 한숨은 푸가의 두드러진 부분이 되면서 전체 구성에 미치는 영향이 인정된다.

푸가의 반음계적 전개(Butt, 1991)는 또 다른 놀라운 특징이다. 떨어지는 반음계선(c) 뒤에는 주제의 끝까지 음악을 추진하는 위쪽으로의 도약이 이어진다. 딸림음으로 끝나는 음악은 진화하는 푸가가 발전할 수 있도록 열려 있다. 세 가지 잠재적인 임상적 기술은 다음과 같다:

- 반음계적 진행
- 선율적 도약
- 5도 권으로의 악구 종결

고유한 푸가는 구조 및 대위법적 설계에 관한 엄청난 연구이다. 복잡한 주제와 하위 주제가 서로 얽혀 복잡하면서도 듣기에는 단순하게 충실한 푸가가 만들어진다. 푸가가 더욱 복잡해지고 아이디어가 악기에서 성악으로 옮겨 감에 따라 가닥의 구성은 음악을 더욱 높은 수준으로 끌어올린다. 임상적 즉흥연주에서 이러한 수준의 음악적 강도를 달성하는 것은 결코 가능하지 않을 수 있다. 그러나 음악치료사는 이 푸가에 묘사된 바흐가 헌신한 본질을 포착하려고 노력해야 한다. 그러한 경험을 제공하는 것은 내담자에게 음악적 관계의 파트너로서 필요한 음악적 권한을 부여할 수 있다(〈부록〉의 키리에 악보 참조).

작곡 기법과 영성

> 바흐의 음악은 삶에서 가장 깊고, 가장 오래 지속되는 즐거움을 제공하는 많은 것들처럼, 그 즐거움을 찾기 위해 노력하는 사람들에게만 그 기쁨을 드러낸다. 결코 모든 청자가 바흐의 더 복잡한 작품들, 또는 다른 작곡가들의 비슷하게 '어려운' 작품들이 제기하는 도전에 맞서 노력을 기울이려는 준비가 되어 있는 것은 아니다(Davies, 1994, p. 355).

나단조 미사곡은 복잡한 작품이며, 그것의 미묘함을 완전히 이해하려면 예리한 청취가 필요하다. 바흐의 대위법적 창시는 송송 목잡하다고 주장될 수 있으므로, 내담자와의 음악적 소통에서 대위법이 자리 잡을 수 없다고 주장될 수 있다. 반론은 임상 과정이 복잡하고, 치료적 복잡성을 반영하기 위해 대위법과 같은 음악적 구조를 사용할 수 있어야 한다는 것이다. 이 장에서 중점을 둔 두 부분은 미사곡의 I부와 II부를 여는 부분이다. 많은 악장들이 중요하고 진중한 성격을 가지고 있지만, 의기양양하며 즐거운 부분들도 있다. 그것들에는 관악기와 팀파니의 추가가 포함되어 있으며, 이로써 에너지가 주입된다. Gloria, Et resurrexit, 그리고 Sanctus는 모두 라장조로, 극도의 즐거움과 흥분의 예시들이다. 라장조는 임상적 즉흥연주를 위한 특정한 조로서, 에너지와

[그림 3]

[그림 4]

낙관주의를 제공할 수 있다. 또한 안정성과 초점을 제공하는 조이기도 하다.

심미학적 음악치료에 있어서 또 다른 흥미로운 작곡 기법은 바흐가 어떻게 노력 없이 아리아와 듀엣에서 합창으로 이동하는지이다. 좋은 예는 Quoniam tu solus sanctus라는 아리아로, 이것이 Gloria로 이어진다. 이 베이스 아리아는 두 개의 바순을 동반한 코르노 다 카치아의 독특한 악보를 가지고 있다. 아리아가 끝나면 음악은 갑자기 웅장하고 화려함의 빠른 비바체로 이동한다. 이 전환을 세밀하게 분리하고 연구함으로써, 작은 솔로 음악에서 더 큰 오케스트라 기조로의 이동을 복제하고, 이를 임상적 즉흥연주에 전달하는 것이 가능하다. 이것들과 더불어 수많은 다른 작곡 기법들을 음악치료사가 미사곡으로부터 사용할 수 있다.

루터교 신앙은 음악의 진정한 목적이 하나님을 영광스럽게 하는 것이라고 주장했다(Marissen, 1995). 바흐는 교회와 떼려야 뗄 수 없는 연결점을 가지고 있었고, 그의 종교적 연결은 그의 음악의 모든 측면에서 색을 더했다. 그렇다면 바흐의 세속적인 음악은 그의 신성한 음악과 얼마나 다른 것인가? 그리고 그는 어떤 의도로, 만약 있다면, 두 가지 형태의 작곡에 접근했는가? 바흐의 세속적인 음악도 그의 신성한 음악과 같은 영적인 내용을 포함하고 있다고 주장할 수 있다. 예를 들어, 브란덴부르크 협주곡의 세련된 악기 음악의 창조는 미사곡의 유사한 악기 음악과 얼마나 다른가? 하나는 하나님의 영광을 그리는 것이고, 다른 하나는 법정에서의 의뢰였지만, 나는 두 가지 모두 최고의 영적 가치를 가진 음악을 포함한다고 믿는다. 이 장에서 나단조 미사곡을 선택한 것은 그것의 신학적 내용 때문이 아니라, 음악과 그것이 임상적 작업에 미칠 수 있는 잠재적 영향 때문이었다. 그러나 미사곡의 종교적 출처와 그것이 바흐의 음악적 창작에 미치는 영향을 분리하는 것은 불가능하다. 음악은 인간이 만든 것이기 때문에 신학적 맥락을 넘어서는 것인가, 아니면 바흐의 음악 자체가—종교적 연결을 제외하고—영적 영감의 원천인가? 바흐의 음악은 음악적 창작의 순수성 그리고 치료과정의 명확성에 분명하게 연결되는 형식의 명확성을 포함하므로 심미학적 음악치료와 관련이 있다. 만약 우리가 영성과 음악이 동등하다고 믿는다면, 바흐의 나단조 미사곡을 음악치료 학습의 원천으로서 고찰하는 것은 매우 가치가 있다.

부록   키리에(Kyrie) 악보

제 3 장

연주 속의 삶: 그룹 사례 연구

그들은 "당신은 파란색 기타를 가지고 있군요. 그런데 당신은 그대로 연주하지 않습니다."라고 말했다.

그 남자는 있는 그대로의 것들은 "파란 기타 위에서 모든 것이 변화됩니다."라고 대답했다.

그러자 그들은 이렇게 말했다. "하지만 연주해야 합니다.

우리를 넘어서는 곡조이지만, 여전히 우리 자신이 되는 곡, 파란 기타에 맞춰 있는 곡, 사물을 있는 그대로 정확하게 연주해야 합니다."

-Wallace Stevens,

『파란 기타를 가진 사나이(The Man with the Blue Guitar)』(1937)

이 장은 HIV/AIDS와 함께 살아가는 내담자 그룹과의 10회 세션에 대한 평가이다. 함께 제공되는 CD의 세션 오디오 추출물은 심미학적 음악치료 평가에서 음악적 현실의 중요성을 강조한다. 음악은 이 장에서 가장 중요한 구성요소이다. 음악은 HIV/AIDS와 함께 사는 내담자들의 치료과정과 창의적 표현을 이해하는 단서를 제공한다. 말은 이 매력적인 작업의 음악 및 치료적 형태를 이해하기 위한 균형과 틀을 제공하는 안내 역할을 갖는다.

음악치료사들은 종종 그룹이나 개인 임상 작업에 에너지를 집중하는 경향이 있는데, 이러한 선택은 종종 그들이 일하는 환경의 외부적 요인에서 비롯된다. 이론 및 철학적 지향에 따라서 치료사 자신의 선호도는 더 매력적이고 복잡한 주제이다. 내 임상 작업이 발전함에 따라 나는 개인 작업에 더 공을 들이게 되었다. 이 과정에서 나는 그룹 작업의 음악적 요소가 복잡하고 어렵다는 것을 알게 되었다. 그룹 즉흥연주에서 많은 소리를 만나 반영하는 것은 복잡한 이해가 필요한 집단적 힘을 불러일으켰다. 치료사로서 초기 몇 년 동안 나는 음악적으로나 언어적으로 이 작업이 요구하는 필요한 반응을 제공할 수 없다고 느꼈다. 특히, 구두적으로 유창한 내담자와 함께 음악 및 치료적 의미의 균형을 맞추는 것은 당시 그룹 심리치료에 대한 추가적인 교육이 필요하다고 느꼈다. 내 작업이 더 음악에 몰두하게 됨에 따라 HIV와 AIDS와 함께 사는 내담자와의 세션이 시작되면서 나는 다시 그룹 음악치료의 잠재력으로 돌아오게 되었다.

이 사례 연구는 심미학적 음악치료 관점에서 설명된다. 음악적 상호작용은 발전되는 각 순간에 음악적 특성에 대한 이해를 기반으로 즉흥적인 구조가 형성된다는 믿음에서 비롯된다. 물론 이것은 『Music at the Edge』(Lee, 1996)와 같이 심리치료학적 관점의 가능성을 부정하는 것은 아니지만, 나는 심층적인 비음악적 해석을 제공하지 않는 것을 선택했다. 오히려 이 사례 연구는 그룹 내부의 즉각적인 대인관계와 그것들이 음악을 통해 어떻게 반영되었는지에 초점을 맞추고 있다. 이 그룹으로부터의 담론의 정확성과 협업은 정교하고 매혹적인 수수께끼 같은 문제를 제시하여, 그룹 즉흥연주 음악치료의 음악적 과정에 대한 더 깊은 의문을 제기한다.

치료적 구조와 음악적 중재

그룹 작업은 종종 말-음악-말의 형태를 취하며(Priestly, 1994), 음악은 언어적 상호작용에 접근하고 촉진하는 수단으로 사용된다.

음악을 통해 …… 생각과 감정의 공명이 생길 수 있다. 많은 사람들에게 …… 말은 자신이 느끼는 것을 묘사하기에는 충분하지 않기에, 음악이 표현의 수단이 된다. 음악적 표현을 통해 새로운 길을 가고, 새로운 이정표를 볼 수 있으며, 그리고 응답은 음악적으로뿐만 아니라 종종 말로 돌아온다. 따라서 말로 시작하여 말을 음악적으로 탐구하고, 다시 돌아와서는 언어 처리에 적합한 말을 찾는 과정에서 완전한 순환이 실현된다(Borczon, 1997, p. 9).

그러나 말로 시작하거나 되돌아갈 필요가 없는 그룹 작업은 어떠할까? 그 잠재력 있는 형태는 침묵-음악-침묵이 된다. '언어 처리에 적합한 말'을 찾는 것은 음악이 그 자체가 아닌 다른 무언가가 되어야 한다는 기대를 낳는다고 믿는다. 심미학적 음악치료는 언어적 해석을 돕는 수단보다는 그룹의 표현을 위한 적절한 음악을 찾는 데 관심이 있다. 이는 음악을 부산물이 아닌 핵심으로 놓는 것을 의미한다.

음악적 경험이 언어적 틀의 의식적인 논리 안에 놓이지 않는다면, 그 임상적 타당성이 의심스럽다는 질문을 자주 듣게 된다. 음악적 표현을 해석하기 위해 말을 고집하는 것 또한 똑같이 의심스럽다고 믿는다. 음악의 무의식적인 표현과 단어의 의식적인 합리성 사이의 격차를 해소하는 것은 특별한 노력이라고 생각한다. 말로 표현하는 내담자는 종종 길고 강력한 침묵을 통해 말하고 싶지 않다는 욕구를 표현한다. 치료사는 말하는 것을 완성하는 것이라고 강요하는가, 아니면 음악과 침묵의 자연스러운 완성을 통해 종결을 허용하게 되는 것일까? 심미학적 음악치료는 언어 처리에 의존하지 않기 때문에 내담자의 성장에 관한 이해는 음악 자체의 구조를 통해 이해할 수 있다. 침묵-음악-침묵 사이를 이동하는 비언어적 내담자의 경우, 이는 치료적 동맹에서 좌절을 유발하는 말에 대한 기대를 해소할 수 있다. '말할 것인가, 말 것인가'라는 도전은 '연주할 것인가, 아니면 말 것인가'와 동등한 의미다. 음악을 만들고 침묵을 유지하거나 말로 개입하는 것은 이론적으로가 아니라, 개별적으로 이루어져야 하는 임상적 선택이다. 따라서 음악 심리치료는 순수한 음악적 표현을 수용할 수 있어야 하며, 심미학적 음악치료는 적절할 때 언어 처리를 포함해야 한다.

그렇다면 심미학적 음악치료에서 치료사의 음악적 역할은 무엇이며, 그룹 작업에서 임상적으로 적절한 중재는 무엇일까? 심미학적 음악치료 그룹 작업은 전적으로 임상적 즉흥성에 기반을 두고 있다. 다음의 관찰은 즉흥적 관점에서 작성되었으나, 제시된 아이디어들은 그들의 치료 제공의 일부로 즉흥성을 사용하는 치료사들에게도 또한 적합하다. 비참여(적게 연주하기)에서 완전 참여(완전히 연주하기)로의 연속성에서, 치료사는 언제 중재할지, 어느 수준에서, 그리고 그룹의 순간마다의 표현을 반영하는 데 필요한 음악의 강도를 결정해야 한다. 일반적으로 그룹 음악 심리치료에서 치료사는 주도적인 음악적 역할을 하지 않는다. 치료사는 유사한 타악기를 연주함으로써 그룹과 물리적으로 연결되며, 그룹의 평등한 구성원으로서 앉아 있다. 이 경우에 치료사의 음악적 목소리는 기본적으로 비지시적이다. 치료사들은 또한 피아노 외의 주요 악기들(예: 플루트, 첼로, 기타)를 사용하여 그룹의 역동을 중재하는 수단으로 사용한다. 그룹 작업에서 오케스트라 악기의 사용은 치료사의 역할에 대한 균형을 제공하고 그룹 구성원들이 물리적으로 연결되어 있음을 느끼게 한다. 이 경우에 치료사의 음악적 역할은 종종 즉흥연주의 전체적인 기조와 형태에 더 큰 영향을 미치게 된다.

피아노는 그룹 작업에 문제와 장점을 모두 가져다준다. 그 크기 때문에 피아노가 물리적으로 그룹의 평등한 구성원이 되는 것은 불가능하다. 그러나 그것의 음악적 잠재력은 그 단점을 훨씬 웃돈다. 피아노는 그룹의 음악적 복잡성을 풍부하게 할 수 있다. 그것은 멜로디의 단순성뿐만 아니라 복잡한 화음, 대위법, 그리고 오케스트라적 기조를 제공할 수 있는 능력이 있다. 피아노는 그룹의 구성을 포착하면서 개별적인 목소리를 들려줄 수도 있다. 그룹 즉흥연주에서 피아노를 음악적 촉매제로 사용하는 것은 음악치료 목표를 풍부하게 하고 촉진할 수 있다.

그룹의 음악적 상호 작용 내에서 치료사–피아니스트의 역할을 명확히 하는 것이 중요하다. 피아노에서 그룹을 지원하는 것은 치료사의 목표가 그룹의 음악적 표현을 만나고 소통하는 것이다. 치료사는 이것이 적절하다고 판단되면 그룹 역동에 도전하고 대면할 수 있다. 피아노가 잠재적으로 지시적일 수 있으므로, 그룹이 치료사의 기술이 그룹 내에서 악기의 역할을 결정하는 데 도움을 주며, 치료사-피아니스트의 역할은 만나고, 반영하고, 지원하고, 그리고 대면하는 것임을 이해하는 것이 중요하다. 치료사는 그룹이 특정 음악적 기법을 통해 이룰 수 있는 경험을 감지할 수 있다. 그룹 즉흥연주의 심미적 관점에서, 치료사는 소리의 실제성이 과정에 어떻게 영향을 미치는지에 관심이 있으며, 따라서 그들이 혼자서는 이룰 수 없는 음악적 경험을 그룹에 제공하게 된다. 심미학적 음악치료는 치료사의 개입에 관하여 다른 비지시적 그룹 즉흥 접근법과 구별된다. 치료사의 결정과 경계는 심미적인 것과 임상적인 것 사이의 균형, 그리고 그룹 목표의 명확성에 따라 달라진다. 개개인의 목소리 가닥을 변화시키는 것이 일단 성취되면 그룹에 깨달음을 가져올 수 있는 도전적인 음악적 과정이 된다. 기술과 자원은 심미학적 음악치료 그룹 작업의 특정 요구 사항에 필요한 기술을 제공한다.

그룹 작업에 사용되는 음악적 요소는 치료과정에 필수적이다. 임상적 음악의 사용은 의식적이고 세밀하게 등급이 매겨져야 한다. 그룹의 서로 다른 소리를 듣는 데는 훌륭한 임상적 음악성이 필요하다. 일관된 음악의 전체를 반영하고 변형하는 것은 심미학적 음악치료 그룹 작업의 주요 목표 중 하나이다. 나는 이것이 집단 표현으로서 혼돈을 수용하며, 수용하는 것의 임상적 타당성을 부정하는 것은 아니지만, 동시성이 치료과정 개발의 첫 번째 단계라고 믿는다. 그룹 즉흥연주를 촉진하는 치료사의 기술은 매우 복잡하다. 치료사는 각 목소리와 그 조합을 임상적으로 들을 수 있어야 할 뿐만 아니라, 그룹의 각 음악 간 표현과 대인 관계적 표현에 반응하고 이해할 수 있어야 한다. 그룹 작업에서 임상적 청취는 세심함과 반응에 대한 인식이 필요하다.

라이트하우스 그룹

런던 라이트하우스는 1986년에 설립된 HIV/AIDS로 영향을 받는 남성과 여성을 위한 거주 및 지원 센터이다(Spence, 1996). 이러한 바이러스의 대유행에 대응하여 설립되었다. 런던 라이트하우스에서의 문서화된 음악치료 작업 대부분은 개별 세션 작업을 기반으로 하고 있다(Hartley, 1999; Lee, 1996; Pavlicevic, 1997). 무증상 및 유증상 내담자의 다양한 요구로 인해 HIV/AIDS 내담자 그룹 치료는 어려울 수 있다. 나의 라이트하우스에서의 경험은 10주 동안 운영되는 비공개 그룹을 기반으로 진행되었다. 각 그룹의 최대 인원은 8명이었으며, 세션 시작 전에 자가 의뢰형 내담자들과 나, 즉 치료사가 개별적으로 만나게 되었다. 정기적인 참석은 내담자의 건강 상태 변동으로 인해 종종 어려웠으며, 이에 따라 치료과정 또한 변했다. 라이트하우스에서 진행한 세 그룹은 심미학적 음악치료의 진화하는 원칙에 큰 영향을 미쳤다. 음악적 정교함과 그룹 역동의 폭증은 이 연구에서 제공하는 오디오 예시에서 들을 수 있다. 이것들은 HIV/AIDS와 함께하는 창조적 그룹의 힘을 보여 준다.

라이트하우스에서의 업무 중 심미학적 음악치료 그룹 작업의 임상적 적용과 목표는 자연스럽게 성장할 수 있었다. 그룹 작업 시작 이전에 약 1년 동안 개별 음악치료 세션을 제공하고 있었다. 나는 이 개별 작업의 목표를 사전에 미리 계획하지 않으려고 노력했다. HIV/AIDS로 인한 내담자 그룹이 개별 작업과는 다른 문제에 직면할 것으로 예상했었다. 각 과정의 참여에 필요한 다양한 요구 사항을 강조하는 개인과 그룹 작업의 일부 목표는 다음과 같다:

개별 작업의 목표

- HIV/AIDS와 함께 살면서 분노와 좌절을 표현하기
- 개인적인 상실감에 직면하기
- 비언어적으로 강렬한 감정과 감성을 표현하기
- 건강한 대안을 찾아 적응하고 생활하기
- 개별적으로 치료사와 공유하기
- 자신의 죽음과 죽는 과정에 직면하기

그룹 작업의 목표

- HIV/AIDS와 함께 살아가는 다른 사람들과 공유하기
- 집단적인 분노와 좌절을 표현하기
- 개인적인 상실감을 공유하기
- 집단적인 음악적 황홀감을 찾기
- 건강한 그룹 관계 구축하기
- HIV/AIDS와 함께하는 동료들을 지원하기

흥미롭게도 개인 치료 의뢰는 상실에 직면하는 것에 초점을 두는 반면, 그룹 치료에서는 공유와 지지가 가장 중요한 것으로 나타났다.

라이트하우스에서 그룹 작업을 개발하는 과정에서 다음과 같은 음악적이고 치료적인 주제들이 중요했다.

- 서술적인 음악적 기조의 사용
- 특정 악기 조합의 사용
- 말과 음악 사이의 균형
- 세션당 하나의 완전한 즉흥연주와 여러 개의 작은 즉흥연주 간의 의미
- 상실에 관한 음악적 표현
- 음악적 그룹 과정을 표현하기 위한 조성과 무조성의 사용
- 불규칙한 타악기 사용으로 분노와 화를 표현

이러한 주제들이 그룹 내에서 발전하고 성장함에 따라 즉흥연주에서 특정한 특징들이 나타났다.

- 리듬적 명확성의 부재—규칙적인 박자가 거의 없는 리듬과 반복적이고 생

동감이 없는 리듬

- 음악적 공격성-긴 시간 동안의 큰 소리로 연주
- 선율적 표현의 회피
- 단조음, 선법, 무조성 선호
- 세포(기초 음들의 조직), 씨앗(동기 구성의 핵심) 그리고 동기의 사용
- 반대 개념의 음악적 표현

치료 목표와 음악적 표현 간의 균형이 이 작업의 핵심이다. 세션의 심미적 내용은 종종 거칠고 공격적이었고(Lee & Khare, 2001), 그룹 구성원과 과정에 대한 심미적 고려는 복잡했다. 내향적 순간은 음악적 황홀함의 중요한 경험으로 나타났다. 이러한 순간은 그룹의 결속력에 있어서 중요했다. 즉흥연주가 그룹의 요구와 방향을 명확하게 표현하게 되면서 말과 음악 사이의 균형이 자연스럽게 이루어지게 되었다. 개인 작업과 마찬가지로 음악이 더 영향력을 미칠수록 언어적 처리 필요성이 줄어들었다. 말-음악-말에서 침묵-음악-침묵으로의 전환은 라이트하우스의 세 그룹 모두에서 목격되었다.

세션

그룹의 네 명 구성원은 다음과 같다.

- 존(25세)-조용하고 내성적인 남성으로, 말할 때나 연주할 때만 말한다. 그의 음악은 그룹의 나머지를 위한 반주 같았다.
- 이안(28세)-활기와 의지를 갖추고 세션에 참여했다. 그의 음악은 종종 젊은 시절 행진악단 경험에 영향을 받은 록 리듬을 중심으로 구성되었다.
- 테리(20세)-그룹 역동성에 즉각적으로 민감하게 반응했다. 그의 음악은 강하고 율동적이었다.

- 사이먼(23세)-그룹 구성원 중 가장 자신감이 부족했으며 몇 차례 세션에 불참했다. 그의 음악적 위치는 항상 명확하지 않았다. 가장 개인적으로 영향력을 미친 즉흥연주는 피아노에서 펼쳐졌다.

모든 구성원은 HIV 양성이며 무증상이었지만, 이안은 세션이 진행되면서 증상을 보이기 시작했다. 존, 이안, 그리고 사이먼은 이전에 즉흥적으로 연주한 적이 없었다. 그룹 구성원들은 공식적인 음악 교육을 받은 적이 없으며, 세션이 시작되기 전에 서로를 알지 못했다. 세션은 한 시간 동안 진행되었다. 그룹은 각 구성원과 전체 그룹의 독특한 성격을 반영하는 즉흥연주 스타일을 찾아낼 수 있었다:

- 빠르고 격렬한 무조성 타악기 연주
- 조율된 타악기에서의 선율 즉흥연주
- '노래하기' 수단으로서의 녹음기 사용
- 길고 천천히 움직이는 음악 구절
- 리듬적으로 박동하는 연주
- 리듬적으로 박동하지 않는 연주
- 피아노를 화음의 수단으로 사용(참고: 피아노는 치료사뿐만 아니라, 모든 그룹 구성원이 사용했다)
- 피아노 없는 즉흥연주
- 길고 긴 침묵

실내악의 느낌이 모든 세션에 스며들었다.

세션은 런던 라이트하우스의 이안 맥켈란 홀(Lee, 1996 p. 5)에서 열렸다. 거기에는 그랜드 피아노와 다양한 조율 및 비조율 타악기가 포함되어 있었다. 인덱싱 및 사정평가 노트에서 가져온 다음 설명은 자유로운 형식으로 작성되었다. 이것은 두 개의 오디오 예시와 함께 그룹이 그들의 치료과정의 일부로 진입하는 흥분과 열정의 느낌을 보여 준다.

세션 1

세션은 그룹의 가능성에 대한 언어적 토론으로 시작되었다. 모두 자기소개를 하고 간단하게 개시에 관한 소감을 나누는 시간을 가졌다. 각 구성원은 음악을 통해 탐험하고자 하는 열망을 표현했다. 치료사로서 나의 역할은 그룹에서 발생하는 경험들을 음악적으로나 치료적으로 만나고, 숙고하고, 담아내는 역할로 정의되었다. 필요한 경우 세션 종료 후나 즉흥연주 직후에 언어적인 반영이 포함되었다. 말은 음악적 활동과는 물리적으로 다른 공간에 있어야 한다는 생각이었다. 따라서 의자들은 악기들 옆에 원형으로 배치되었다. 이 세션에서의 즉흥연주는 모두 빠르고 격렬한 음악 연주로 시작되었다. 함께 음악을 연주한 적이 없는 사람들의 그룹이라는 것에서 자연스럽게 발생하는 일로, 모두가 지속적으로, 크게, 열광적으로 즉흥연주를 했다. 이 폭발적인 소리 아래에는 테리의 감정적·음악적 기여의 기초가 될 무언가 울리는 느낌도 있었다. 약 20분 동안 계속해서 연주한 후, 그룹의 듣는 느낌이 거의, 또는 전혀 없는 것처럼 보였고, 음악의 강도가 갑자기 사그라들게 되었다.

[오디오 자료 1: 세션 1, 즉흥연주 1(개시 20분 후)]

Arch_Track 01

- 이안/테리−드럼과 심벌즈, 존/사이먼−실로폰, 콜린−피아노
- 조용한 탐구의 느낌
- (20:44) 실로폰과 타악기는 그룹 음악적 관계를 탐구

- 치료사는 음악적 대화를 멀리서 반영
- 실로폰은 4/4 박자로 명확한 리듬을 시작
- 이 음악적 주제는 음악을 흥미진진한 본연의 연주로 이끌어 냄
- 이안이 그룹, 산타나를 연상시킨다고 묘사한 록 음악 기반 경험
- 흥미로운 음악적 정체성과 그룹 음악 제작 청취

이 세션에 대한 평가에는 다음과 같은 내용이 포함되었다.

- 거대한 음악 경험—유기적이고 자유로운
- 즉각적인 그룹 감각
- 드럼과 록 음악에 영향을 받은 즉흥연주
- 에너지와 기대감
- 온화함과 연약함
- 살아 있고 달리는 듯한 느낌을 주는 그룹(나는 그들을 잡으려고 한다고 생각한다!)
- 실로폰, 드럼, 그리고 피아노 사이의 신중하게 균형 잡힌 기조
- 엄청난 가능성을 가진 그룹

나는 한 번도 함께 즉흥연주를 해 본 적이 없는 다섯 사람이 성취한 성과에 매료되어 놀라며 세션을 떠났다.

세션 2

그룹이 입장하자마자, 즉시 연주하고 싶은 마음을 표현했다. 첫 번째 즉흥연주(12'31")는 록 관용구에 확고히 기초를 두었고, 이미 복잡한 음악적 목소리의 대화를 통해 예리한 청취와 형태를 보여 주었다. 두 번째 즉흥연주(32'02")는 구조적인 형태에서 더 큰 규모였으며, 느린 감정적·음악적 형식의 점진적

인 구축이었다. 실로폰(존)은 그룹 주제로 받아들여질 작은, 거의 눈에 띄지 않는 주제를 소개하였다. 이는 돌발적인 강렬한 드럼 연주(이안)와 교차하였으며, 앞서 나타나고 다시 당길 때−필요성과 자유로움의 느낌을 갖고 있었다. 즉흥연주가 끝날 무렵(25분 56초), 음악은 미니멀리스트 음악을 강하게 연상시키는 패턴에 사로잡히게 되었다. 잠시 멈춤과 박동이 없는 조용한 연주의 코다가 있었다.

세션 3

이 세션의 유일한 즉흥연주(45'33")는 난해했다. 구조는 거대했고, 다음과 같은 형태로 진행되었다. A(강력하고 시끄러운), B(차분하고 부드러운), A, C(피아노 없음), A, D(이안−피아노), A. 나의 사정평가에 기록된 단어와 문구는 이 세션의 본질을 가장 잘 설명한다.

- 치료과정으로서의 음악적 탐구
- 복잡한 대화−치료사로서의 내 역할은 그룹의 유기적 성장을 촉진하는 것
- 이 음악은 HIV와 에이즈와 함께 살아가는 싸움을 묘사하는 것인가?
- 조화로운 음악 표현과 비조화로운 음악 표현 간의 균형
- 이안의 이름답게 통제되고 표현력 있는 피아노 연주는 감동적이었다.

그룹 역동은 복잡하고 강해지고 있었다. 이 즉흥연주 후, 토론에서 존과 사이먼은 수용감을 표현했다. 그들의 음악적 내용이 동등하지 않더라도, 그들은 나머지 그룹원에 의해 들리고 포용 받는다고 느꼈다. 이안의 음악적 목소리는 더욱 강하고 개인적으로 느껴졌다. 테리는 자신의 연주에 자신감을 갖고 있었고, 언제나 이안의 록 스타일의 즉흥연주와 만났다.

세션 4

(사이먼 결석) 이 세션의 두 개의 즉흥연주(16'37"와 11'39")는 존의 실로폰 연주를 통해 구조적으로 이뤄졌고 발전되었다. 세션 시작 때 이안의 조용한 솔로 피아노 연주에 의해 유지되었던 길게 유지된 침묵이 깨졌다. 이는 이전 세션에서의 그의 피아노 즉흥연주의 확장 같은 느낌이었다. 음악이 발전함에 따라 견고한 특징이 드러났으며, 당김음들이 있는 강렬한 음악을 제공했다. 거대한 절정(10'15') 이후에 음악이 가라앉고, 다시 이안의 피아노 연주가 주도하는 또 다른 절정으로 다가갔다. 두 번째 즉흥연주는 존의 실로폰에 의해 차분하고 음악적으로 이끌렸다.

세션의 끝에서, 사이먼이 결석했음에도 불구하고 발전하는 관계와 그룹 과정에 관한 토론이 이루어졌다. 이안이 그룹 내에서 점점 우위를 점하는 것이 존의 내성적인 기여를 어떻게든 더 약화시키거나 대체할 수 있는지에 대해 궁금했다. 그룹은 실제로 서로 다른 역할과 수준에 대해 더 많은 인식을 갖고 있는 것 같았다. 이안이 그룹 내에서 자신의 위치가 발전하면서 놀라워하는 느낌은 그가 잠재적으로 에이즈 증상을 보이고 있다고 선언한 것을 통해 지지받았다. 이 소식과 새로운 약물 요법의 가능성으로 인해 그는 창조적인 자유의 새로운 감각을 갖게 되었다. 이안은 음악적인 도전을 할 수 있었고, 일반적으로 숨기는 자신의 일부를 표현할 수 있는 용기를 갖게 되었다. 그는 네 개의 세션 이후에도 그룹이 충분히 지원적이고 그런 개인적인 해방을 허용할 수 있는 능력을 갖고 있다고 느꼈다. 그룹의 이 발언에 대한 반응은 압도적이었다.

세션 5

이 세션을 열었던 말들은 이안의 이전 세션에서의 증언을 인정함으로써 중요했다. 이를 따르는 침묵은 세션에서 하나의 즉흥연주(32'52")로 이어졌다. 첫 번째 확장된 섹션(A)은 비조율 타악기로 피아노 없이 이루어졌다. 이것은

(27'44") 예상치 못한 가볍고 경쾌한 스페인풍의 악절로 이어졌다. 피아노는 초기에는 내가 연주하고, 그 후에는 이안이 우드 블록(존)과 탬버린(사이먼)을 동반하면서 연주했다. 갑작스런 위협적인 폭발이 이 음악(이안과 테리)에 퍼져 나가면서 절벽 끝에 서 있는 느낌을 제공했다. 음악은 예상치 못하게 스페인풍의 가벼움으로 돌아왔다. 이 아이디어는 연주의 끝까지 발전되었다. 끝에는 대화가 거의 없었지만, 마치 이안과 테리의 강렬함과 존과 사이먼의 가벼움 사이에서의 투쟁의 느낌이 있었다.

세션 6

그룹이 들어오자마자 즉시 흩어지며 열광적인 음악을 연주하기 시작했다. 치료사로서 나는 그들의 다양하고 분산된 음악적 실마리를 조율하며 담으려고 노력했다. 자유와 흥분의 느낌은 중독성이 있었다. 음악은 점점 더 격렬해지고…… 흥분의 외침이 터져 나왔고…… 복잡한 리듬이 나타났다. 음악은 잠시 멈추고(8분 41초) 다시 극도의 열광의 정점으로 치솟았다(9분 31초). 나의 사정평가 노트는 이 세션의 열정의 기록을 보여 준다.

- 무슨 일이 일어나고 있는 걸까?—내가 경험한 가장 거친 즉흥연주
- 점점 더 격렬해지는 극도의 에너지
- 음악에서 내 위치와 역할을 찾기 어려움
- 모두가 음악적 히스테리에 빠져 있음
- 즉흥연주는 점점 빨라지고…… 더욱 거칠어짐
- 완전한 음악 및 치료적 카타르시스의 자유

이 세션 끝에는 말이 없었고, 단지 몽환과 피로의 감정만 남았다.

세션 7

(사이먼 결석) 존이 이끄는 조용한 세션, 이안과 테리의 지원. 폭풍 후의 고요한 느낌.

세션 8

처음의 대화에서 그룹은 남아 있는 세션 3개를 확인했다. 긴 침묵 후, 첫 번째 즉흥연주(12분 38초)는 음악적으로 유동적이며 유리 같은 기조를 탐구했다. 즉흥연주는 확립된 리듬이나 멜로디에 관한 내용은 없었다. 그룹이 음악 만들기의 동등함을 찾으려고 하면서 지지하는 청취가 계속되었다. 두 번째 즉흥연주(19분 55초)도 유사하게 차분하고 간섭받지 않는 분위기였다. 네 명의 멤버는 거의 함께 연주하지 않았는데, A) 피아노(나), 실로폰(존), 리코더(테리)와 B) 심벌즈(사이먼)와 피아노(이안)로 구성된 두 개의 확장된 실내악 섹션이 있었다. 이 세션에서 포착된 음악적/개인적 친밀감은 확인하기 어려웠다.

세션 9

이 세션은 우리 작업의 정점을 담고 있다. 유일한 즉흥연주(42분 31초)는 음악 및 치료적 정밀함으로 만들어졌다. 그것은 조용하게 시작하여 아름다운 평온과 평형을 통해 점점 확고해졌다.

[오디오 자료 2: 세션 9(시작 후 15분)]

Arch_Track 02

이 부분은 15분 분량의 오디오 추출로, 세션 9의 시작 후, 15분쯤에 시작된다.

- 이안/테리−드럼/심벌즈/공, 존/사이먼−실로폰, 콜린−피아노
- 실로폰과 피아노는 멜로디를 탐구
- 음악적 가닥은 자연스럽게 얽힘
- 강도가 높아지면서 공과 타악기가 등장
- 민감하면서도 강력한 음악

이것은 이 책에서 내가 제시할 수 있는 가장 명확한 심미학적 음악치료의 예시 중 하나이다. 치료와 예술의 완벽한 예시이자 결합이었다. 내 목소리는 음악의 감정적 면을 이끌고 동시에 담아낸다. 그것은 종속적이지 않았지만, 확실한 중재자로서 그룹 위에 섬세하게 자리 잡고 있었다. 음악이 점점 더 강렬해지면서 그룹의 역동성이 융합되고 5명의 연주자가 하나가 되었다.

이 세션에 대한 짧은 언어적 토론은 우리 모두가 공유한 친밀감을 설명하기 위해 노력한 몇 가지 간단한 단어로 제한되었다.

세션 10

그룹은 들어오자마자 즉흥연주를 시작했다. 모든 사람에게 차분한 결의가 느껴졌다. 이 즉흥연주는 우리가 만들어 낸 가장 긴 시간(58'32")의 작업이었다. 구조는 우리 작업의 특징이었던 것과는 반대되는 음악을 기반으로 만들어졌다. 조율된 타악기의 섬세한 음악은 미조율 타악기의 시끄러운 공격적인 음악과 균형을 이루었다. 즉흥연주는 장엄하고 감정적이었다. 작은 실내악적 조합은 정교한 오케스트라 기조와 균형을 이루었다. 즉흥연주가 끝날 무렵에 놀라운 일이 발생했다. 음악이 흐트러지기 시작했다. 마치 그룹이 어떤 일관성 있는 결말도 방해하려고 하는 것 같았다. 외향적이고 장난기 가득한 룸바

(49'12")가 등장했는데, 그것은 위협적이고 진부했다. 나는 처음에 이 음악적 전환에 놀랐지만, 곧 그룹에게 균형 잡힌 결말은 불가능하다는 것을 깨달았다. 그들의 음악적 불안감을 유지하고 여기서 4명의 강도는 내가 경험했던 유사한 개인 경험보다 훨씬 더 컸다. 이 강렬하고 이상한 전환을 유지하기는 어려웠다.

음악이 끝나자, 길고 불편한 침묵이 흘렀다. 그룹 구성원들은 단순히 "고맙다"라고 말하고 방을 나갔다. 그룹 구성원 3명은 다음 세션 참여를 신청했다. 존, 테리, 사이먼, 그리고 이안은 더 이상 라이트하우스로 돌아오지 않았다.

반영

라이트하우스의 첫 번째 그룹인 이 그룹은 음악 중심 그룹 작업 접근 방식의 정교함에 대한 나의 분석에서 중요한 한 단계였다. 작곡가/음악치료사로서 나의 역할은 극한까지 시험되었다. 결과적으로 예술적, 임상적, 그리고 작곡적 연결의 폭발이 일어났고, 이는 심미학적 음악치료 분야에서 발전하는 내 작업에 또 다른 접근 방식을 제시했다. 모든 순간과 악절, 그리고 완전한 즉흥연주의 음악적 구성 요소는 집중적이고 복잡했지만, 가장 단순하고 논리적인 아이디어로부터 구조화되었다. 음악은 개인 작업과는 다른 명확성으로 치료과정을 형성했다. 다양한 소리는 음악/그룹 역동성의 복잡성을 소개하여 그 과정의 음악적 구조를 살펴볼 필요성을 더욱 확고히 했다. 그룹을 듣고 음악적 의도와 음악적 표현 사이의 연결을 이해하기 위해서는 치료과정의 분석이 매우 중요하다. 음악을 변화의 주체로 해석하려면, 먼저 음악 자체의 구조와 그것이 동료 인간 사이에 어떻게 전달되는지 이해해야 한다. 그룹 작업에서는 음악적 접촉과 분석의 정확성이 더욱 복잡해진다.

이 사례 연구에는 언어적 성찰이나 나의 역전이 반응이 포함되지 않았다. 비록 언어적 처리가 이루어졌음에도 불구하고, 그것이 그룹의 중심 초점이 아니었음을 여러분은 알게 될 것이다. 이 자료는 서로 다른 철학적 배경을 가진 동료들이 각자의 관점에서 그룹의 의미를 해석하고 이해할 수 있기를 바라는 마음에서 사실에 근거하고 편견 없이 제시되었다. 이 과정에 대한 설명을 통해 독자/청자가 이 그룹의 정서적 힘을 느낄 수 있기를 바란다. 오디오 예시가 갖고 있는 힘이란 HIV 및 AIDS 환자와의 그룹 작업에 대한 음악 중심 접근 방식의 잠재력에 대한 입증을 포함하고 있다는 것이다.

제 4 장

음, 형식, 그리고 아키텍처

모든 천체가 함께 노래하고 춤추며 만들어 내는 단일한 하모니는 하나의 근원에서
나오고, 하나의 목적을 달성하기 위해 끝을 맺으며, '무질서한' 우주가 아닌 '질서정
연한 우주'라는 이름을 받기에 정당했다.

-Aristotle(기원전 384~322년), 『형이상학(Metaphysics)』,

Watson(1994)이 인용

일반인들에게 '임상'이라는 단어는 백색 가운과 의료적 절차 이미지를 떠올
리게 한다. 음악치료적 관계를 임상적인 것으로 생각하는 것은 음악에 대한 일
반적인 믿음 그리고 경험과 상충되는 것처럼 보인다. 음악치료사는 임상적 음
악을 어떻게 제공할 수 있을까? 그리고 치료적 관계는 어떻게 임상적일 수 있
을까? 이러한 맥락에서 '임상적'은 청명함을 의미하며, 불결함이 아니다. 임상
적 음악은 심미학적 음악치료에서 중심적인 역할을 하며, 이는 과정에서 음악
의 중요성을 입증하기 때문이다. 임상적 음악가란 모든 구성 요소, 그 내용, 그
리고 발전하는 관계와 치료 방향에 영향을 미칠 수 있는 잠재력을 인지하는 것
을 의미한다. 임상적 음악은 구조를 가져야 하지만 동시에 구조적으로 자유로
워야 하며, 어떤 조성으로든 이동할 수 있고, 기조를 바꾸고, 더불어 치료가 필
요한 대로 변화할 수 있어야 한다. 임상적 해석, 영향, 그리고 가정은 평가 및
지속적인 평가에 대한 이해에서 비롯된다.

음악을 임상적인 것으로 만드는 것은 그것이 사용되는 의도이다. 즉흥연주

든 사전에 작곡된 음악이든 음악의 목적은 내담자의 필요와 치료과정에 신중하게 맞추어져야 한다. 치료사의 의식적이고 지시적인 음악 사용하에서 심미적 가치나 임상적 방향이 다른 것을 압도하도록 허용해서는 안 된다.

즉흥연주의 심미적 그리고 임상적 특징의 균형을 맞추는 것은 쉬운 일이 아니다. 이러한 특징들이 진정으로 균형을 이루기 위해서는 음악과 치료 모두를 알고 이해해야 한다. 음악치료의 임상을 이해하기 위한 우리의 탐구에서, 우리는 예술에 관한 인식을 희생했을까? 많은 음악치료사들은 음악 문헌보다 임상에 관한 문헌을 더 읽는 경향이 있다. 왜냐하면 그들은 이러한 문헌이 발전하는 작업에 더 중요하고 관련이 있다고 믿기 때문이다. 음악치료사들은 다양한 수준에서 임상 이론에 대해 논의하지만, 자신의 작업의 음악적 구성에 대해 논의하는 경우는 거의 없다.

최근 글에서 에이건(Aigen, 2001), 오스틴(Austin, 2001), 보니(Bonny, 2001), 브루시아(Bruscia, 2001), 헤서(Hesser, 2001), 소센스키(Soshensky, 2001) 등은 이러한 불균형을 바로잡기 시작했지만, 음악치료 연구가 예술과 과학 사이의 균형을 이루기 전에는 아직 갈 길이 멀다. 음악치료사들은 대부분의 내담자들이 자연스럽게 자신의 작업에서 이러한 균형을 찾는다는 사실을 인식하지 못하는 것일까? 이것이 실제로 사실이라면 우리는 내담자들에게 충분히 주의 깊게, 또는 깊이 듣지 못하고 있다는 것은 아닐까?

일곱 살의 비언어적 다운 증후군 진단을 받은 폴(Paul)은 나에게 예술과 치료의 균형이 얼마나 중요한지 가르쳐 주었다. 그의 창조적 폭발을 명확한 지시 과정 내에서 수용하는 것은 어려운 일이었다. 치료과정의 굴곡을 따라가면서 영감의 자유와 지시의 정확성 사이의 균형을 찾는 것은 끊임없는 도전이었다. 폴은 연주하는 데 집착하게 되고 변화에 저항을 보였다. 우리의 관계는 음악의 독창성과 모든 형태의 지침에 대한 그의 저항 사이에서 끊임없는 싸움을 벌였다. 내가 그를 일정 지점 이상 움직이려고 하면, 그는 통제력을 잃고 불안해졌다.

계속 나아가면서도 우리 작업의 핵심이었던 혁신성을 유지하는 데 필요한 힘은 25차 세션에서 나타났다. 드럼과 심벌즈로 길고 요란한 즉흥연주를 마친 후, 폴은 자연스럽게 피아노의 내 옆에 앉았다. 피아노 연주에서도 강렬함을 유지하면서 동시에 그는 목소리로 노래하기 시작했다. 거대한 상승 악구와 손뼉 리듬 악구가 음악적 에너지에 더해졌다. 음악의 강렬함이 줄어들면서 나는 그의 작별 노래로 이어 갔다. 폴은 즉시 '안녕'이라는 노래를 부르기 시작했다. 이는 그가 처음으로 의식적으로 특정 상황에 맞춰 특정 단어를 발성한 것이었다. 이 경험은 이제 뚜렷한 학습과 직접적인 음악적 소통의 하나였다. 약 10분 동안 폴과 나는 그의 발성을 '안녕'으로 확장하기 위해 노력했다.

우리는 음악적인 질문과 대답의 형식으로 연주했고, 그는 노래와 연주를 동시에 할 수 있는지 실험했다. 이 경험은 그의 음악적 표현의 기초가 되는 학습과 음악적 자유 사이에서 균형을 이루게 되었다. 나는 폴이 집중하고 이해할 수 있는 능력을 믿으며 받아들이는 동시에, 이 균형을 조정하는 역할을 했다. 음악의 심미성, 우리의 관계, 그리고 그의 궁극적인 깨달음은 우리 작업에서 예술과 치료 사이의 진정한 동등성을 촉진했다.

심미학적 치료관계

음악치료에서 관계는 근본적인 요소다. 음악 연주에서 연주자와 심미적 결과물 사이의 관계는 우리가 과정을 이해하는 데 필수적이다. 인간으로서 나의 가치관과 취약성이 반응에 영향을 미치는 것처럼, 치료적 관계에 대한 나의 음악적 인식은 내 즉흥연주의 내용에 영향을 미치게 된다. 치료사의 행복을 위해서는 경계와 전문적인 거리가 필요하다. 정직과 불안 역시 내담자에 대한 치료사의 반응에 중요한 역할을 한다. 음악적으로 너무 분리되어 있으면 내담자가 과정에서 분리된 느낌을 받을 위험이 있다. 또한 너무 동정심이 많아서 내담자가 선의의 음악 스타일과 종종 강렬한 음악 스타일에 압도당하는 느낌을 받을 위험도 있다. 음악에서는 자기를 너무나도 동일시하는 경향이 있어서 실제 내담자보다는 치료사의 특징을 반영하는 연주가 될 수 있다.

그렇다면 불안정하고 균형이 깨진 심미적인 관계는 무엇일까?

> 치료적 저항과 혼란의 심미적 가능성은 아름다움의 완벽한 표현과 동등하게 고려해야 한다. 여기서 심미적이라 함은 공격적이고 아름다운 것 모두를 포함한다(Lee & Khare, 2001, p. 268).

음악치료 관계의 심미성은 우리가 내담자의 음악을 이해하는 데 근본적인 것이다. 얼마나 불안하거나 아픈지에 상관없이 내담자를 심미적인 존재로 보고 관계를 부드럽고 우아하게 인식하는 것은 음악 자체의 핵심에 있는 아름다움의 감각을 음악으로 전달하는 것이다. 아름다운 음악이 소리의 조화에 의존하지 않는 것처럼, 치료적 관계의 아름다움도 순응과 세련에만 의존하지 않는다. 때로는 음악적으로 공격적이라는 것은 해방되고, 자유롭고, 아름다워지는 것을 의미한다.

> 거칠고 자유로운 연주 시간은 나에게 매우 중요하며, 통제된 음악 시간과 균형을 이룬다. 비로소 이 시간에 나는 정신을 잃고 열광하며, 모든 억압을 풀어낼 수 있다. 화를 내기도 하고 폭력적이기도 하며, 음악적으로 하는 일에 대해 걱정하지 않기도 한다. 하지만 우리가 완전히 혼란스러운 상태는 아니라고 생각한다. 우리는 관계의 혼란을 받아들이지만 혼란스러워지기를 원하지 않는다(HIV와 함께 살고 있는 환자 에디).

모든 관계의 심미성은 변화할 수 있는 잠재력을 가지고 있다. 음악을 통한 치료적 관계는 병리 및 질병의 제약에서 벗어나 의존하면서도 자유로운 균형을 찾는다.

내담자는 종종 음악적 표현의 해방을 마치 날아다니는 것과 같다고 말한다. 음악적 비행의 심미성과 치료적 관계는 삶과 죽음의 경계를 초월할 수 있다:

음악을 통해 나는 날아간다. 즉석에서 나는 내 질병, 종양, 내 삶의 타락이라는 현실을 뒤로하고 떠난다. 나는 분노와 절망감을 표현한다. 우리가 만드는 음악은 즐겁지 않고 종종 참을 수 없는 것처럼 느껴지기도 한다. 우리는 '문제를 고치려고' 노력하지 않고, 탐색하고 그대로 놔둔다(캐럴, 암 환자).

음악 속에서 날아다니는 것은 최고의 경험이라고 생각한다. 음악적 비행은 발전 과정과 치료적 관계에서의 진전을 시사할 수 있다. 즉흥연주에서의 비행은 조직화 되었지만 자유로우며, 이는 내담자의 성장과 정화적(카타르시스) 표현의 필요성을 나타낸다.

사람들은 음악을 만드는 데 여러 가지 방법을 사용한다. 클래식 스타일에는 관현악, 실내악, 또는 오페라 음악이 있다. 팝 음악은 가수와 밴드를 통해, 재즈는 소규모와 대규모 콤보를 통해, 그리고 음악치료는 그룹과 개인 작업을 통해 만들어진다. 이 모든 것들은 공통적인 요소로 구성되어 있지만, 음악치료는 표면적으로는 가장 특이한 것처럼 보인다. 왜 그런 것일까? 우리가 음악을 만들 때, 우리는 현실과 의식적인 논리의 법칙을 떠나게 된다. 베토벤의 바이올린 소나타, 팝 노래, 재즈 듀엣 또는 음악치료에서의 즉흥연주를 통해 결속이 형성되더라도, 연주자들 간의 대화는 유사한 성격을 가질 수 있다. 음악치료에서 음악 만들기는 다른 형태의 그것과는 다른 것일까? 나는 그렇지 않다고 생각한다. 음악치료에서 임상적 지향과 심미학적 가치의 교차는 음악적 지향과 자유의 표현이다. 우리가 음악에서 내담자의 목소리를 진정으로 듣는다면, 과정에서의 심미학적 비행은 제9장에서 분석된 베토벤의 Op. 132 현악 사중주의 영적 연결과 같을 수도 있다. 내담자들이 음악적-영적 연결을 경험할 수 있도록 한다면, 아마도 작은 방식으로 그들의 존재에 대한 풍요함에 기여할 수 있을 것이다.

심미학적 음악치료에서 치료사의 역할은 임상적 음악가와 작곡가 모두의 역할이다. 즉흥적으로 연주하는 음악치료사는 모두 작곡가이고, 자신의 작업에 대해 강렬하게 생각하는 모든 음악치료사는 임상가이다. 그러면 이것은 또한 모든 내담자가 잠재적인 작곡가이자 임상가라는 것을 의미하는 것일까? 심미학적 음악치료를 특징짓는 것은 과정을 해석하기 전에 먼저 임상적 음악의 본질을 이해하는 이념인 것이다:

> 음악 자체를 이해하기 전까지는 음악이 사람들의 삶을 변화시키는 효과를 결코 이해할 수 없다(Lee & Khare, 2001, p. 247).

치료사의 첫 번째이자 가장 중요한 속성은 뛰어난 음악가가 되는 것이다. 음악적 유창성이 달성되면 치료사는 구체적인 임상 상황에 맞게 음악을 적용하기 시작할 수 있다. 심미학적 음악치료에서 시작이 되고 치료사의 발전 작업을 위한 지침으로 남아 있는 것은 음악이다. 음악성은 음악의 임상적 적용보다 우선되지 않는다. 실제로, 치료사가 실제의 예술과 과학 사이의 균형을 더욱 세밀하게 인지할수록, 음악에 대한 강조가 더욱 강해진다. 임상적 음악가의 역할은 다음과 같다:

- 음악적으로 청취
- 임상적으로 청취
- 소리를 과정 일부로 평가
- 음악가로서 소리에 반응
- 임상가로서 소리에 반응
- 명확한 음악적 목표 인식
- 명확한 임상적 목표 인식
- 높은 심미적 수준의 음악으로 반응

음악치료 과정의 양상

음악치료의 과정은 긴 시간에 걸쳐 연구되고 논의되어 왔다. 음악치료 과정이란 무엇이며, 어떻게 정의하고 정량화하며, 우리의 이해가 의료 및 예술 분야 모두에서 이루어지는 작업의 가치를 높일 수 있을까? 다음 하위 항목은 심미학적 음악치료 발전에 중요한 영역에 대한 고찰이다. 이들은 나의 교육 내용과 임상 경험을 통해 발전된 요소들이다. 음악치료 과정의 신비함에 대한 답은 음악적 대화와 관계에서 찾을 수 있다. 이 과정은 음악 구조, 형태, 그리고 형식의 실제를 이해하는 데 달려 있다.

치료사와 내담자가 과정에 부여하는 예술적 차원의 미묘한 균형을 허용한다면, 음악과 치료는 내담자의 창조적인 음악가 및 작곡가로서의 열망을 통합된 특징으로 표현할 수 있게 될 것이다. 심미학적 음악치료의 과정을 이해하는 것은 음악적 의도가 명확하기 때문에 본질적으로 간단하다. 음악을 본질로 삼는 것은 결코 임상 분석의 중요성을 부정하지 않는다. 오히려 그것을 강화하게 된다. 임상적 음악의 명확한 이해가 확립되면, 음악 이외의 이론들을 단단하고 통찰력 있게 탐구할 수 있다. 나는 음악적인 기반을 이해하지 않고 과정을 분석하는 것은 본질적으로 결함이 있다고 생각한다.

음악적 선택

음악치료사들은 왜 특정한 음정, 음, 멜로디, 리듬 패턴, 또는 화성 진행을 사용하는 것일까? 치료사의 음악 선택을 규정하는 것은 치료적 관계와 진행 중인 치료 목표와 어떤 관계가 있을까? 음악적 선택은 평가, 창조성, 구조, 관계, 그리고 과정의 조합이다. 왜 그리고 어떻게 우리는 음악적 주제를 반복하며, 어떤 학습 자원이 치료사에게 즉흥적으로 연주하고, 기억하며 반복할 수 있게 해 주는 걸까? 치료사는 자신의 음악적 선택에 대해 명확해야 하며, 특정 음악적/임상적 선택을 정당화할 수 있어야 한다. 음악적 선택은 우유부단한 것이 아니라, 정확성과 통찰력을 바탕으로 명확한 결정을 내려야 한다. 즉흥연주를 하는 모든 순간에 치료사와 내담자는 음악적 선택에 직면하게 된다. 그 한계가 확장됨에 따라, 창조적이고 통찰력 있는 가능성을 열어 두는 음악적 대화의 세부 사항도 늘어나게 된다. 내담자의 선택은 치료사가 다양한 음악적 기회를 제공할 수 있는 능력에 달려 있다. 치료사들이 즉흥연주 기술을 개발함에 따라 선택을 촉진하는 능력도 확장된다. 음악적 능력의 교차를 통해 과정의 강도가 발전하는 관계와 치료과정에 영향을 미칠 수 있다.

치료사들은 처음에는 잘못된 음악적 선택을 할 수 있다. 이것은 지속적인 임상 슈퍼비전의 중요성을 강조하게 된다. 그 슈퍼비전과 인덱싱을 통해 치료사는 특정한 음악적 경로를 구체적으로 살펴보고 선택의 임상적 이유에 대해 성찰할 수 있다. 이러한 유도된 성찰을 통해 치료사는 음악적 선택의 중요성을 이해하게 된다. 특정 순간을 분석하고 그것을 기반으로 음악적 자원을 확장하는 것은 미래 세션에 활용될 수 있는 아이디어를 풍부하게 하는 결과를 낳을 것이다.

위험 감수

살아가는 것은 위험을 감수하는 것이다. 모든 치료적 만남에는 위험이 내재되어 있다. 음악치료 세션에 내담자 또는 치료사로 참여하는 것은 알려지지 않은 것에 대한 위험을 감수하는 것이다. 내담자를 기다리고, 그들의 첫소리를 듣고, 자발적인 즉흥연주를 통해 반응하는 것은 음악적 그리고 인간적 위험으로 가득하다. 치료사들이 자신의 임상을 완전히 알고 있다고 판단하고, 그 접근 방식의 범위 내에서만 일하게 된다면 곧 정체될 것이다. 지식을 습득하고 그것을 위험에 내맡김으로써 발견되는 힘은 신비롭다. 치료과정 자체처럼 위험은 지식과 이해를 통해 균형을 이루게 된다. 음악치료사는 항상 임상적으로 명확하고 집중된 기반에서 위험을 감수할 준비가 되어 있어야 한다.

음악적 위험을 감수하는 것은 도전적이지만, 역으로 치료사와 내담자 모두에게 해방적일 수 있다. 준비를 통해 치료사는 이전 작업에서 얻은 방향성을 평가하여 치료 세션에 가져올 수 있다. 친숙한 음악에 의존해야 하는 치료사의 요구는 개방성, 예측 불가능성, 그리고 임상적 즉흥연주의 핵심인 '알지 못함'의 본질과 균형을 이루어야 한다. 이는 가장 자유로운 즉흥연주에서도 음악이 준비되지 않은 상태여야 한다는 의미는 아니다. 이전 세션에 대한 상세한 평가를 통해 치료사는 연습하고 고려할 수 있는 무수한 테마와 아이디어를 얻게 된다. 치료사는 이렇게 획득한 특정 내담자에게 적합한 음악의 정신적 그리고 청각적 백과사전을 가지고 세션에 참여해야 한다. 치료사는 이 광범위한 음악을 사용할 수 있을 때, 비로소 이러한 의식적인 주제를 포기하고 본인의 잠재의식에 놓을 준비가 되어 있어야 한다. 그래야 이 과정을 통하여 결과적인 음악은 내담자의 순간적인 표현을 진정으로 반영할 수 있다.

단서

임상적 즉흥연주에서 청각 및 시각적 단서는 진화하는 음악 구조의 균형을 유지하기 위해 필요한 정교한 비언어적 의사소통(Smith, 1998)의 한 형태이다. 단서의 필요성은 치료사가 음악 만들기를 하는 동안 절대로 내담자와 구두를 통한 대화를 해서는 안 된다는 믿음에서 비롯된다. 함께 일하는 치료사들은 그들의 관계를 한층 더 세련되게 만들기 위해 매우 정교한 단서를 포함해야 한다. 노르도프와 로빈스(인쇄 중)는 주 치료사와 보조치료사의 역할에 대한 표현에는 개인 작업의 삼자 관계와 그룹 작업의 보다 복잡한 역동의 중심에 있는 민감한 단서가 포함된다. 주 치료사와 보조치료사는 눈짓이나 고개 끄덕임 등 정교한 시각적 신호를 통해 의사소통한다. 주 치료사와 보조치료사, 주 치료사와 내담자, 보조치료사와 내담자 사이의 진화하는 관계는 시각적 단서의 미묘함으로 인해 더욱 고조된다. 내담자가 비언어적인 시각적 지시의 잠재력을 깨닫게 되면 그들도 의사소통의 일부로 시각적인 신호를 사용하게 될 것이다.

음악적 신호도 마찬가지로 세련되어 있다. 즉흥연주의 구조가 발전함에 따라 치료 방향에 대한 음악적 형식이 명확해진다. 종지법, 일시 정지, 그리고 음조와 선율적 지시는 모두 새로운 섹션으로의 이행이나 이미 발전된 아이디어의 재현을 알릴 수 있다. 이러한 각각의 행위는 전체 흐름을 저해하지 않으면서 참가자들이 음악 내에서 자신의 위치를 이해하도록 돕는 신호 역할을 한다. 치료사는 이 상황에서 자신의 자아(ego)를 펼치지 않도록 주의해야 한다. 청각과 시각적 신호의 조합은 심미적 음악치료의 복잡한 음악적 표현을 위해 필수적인 비언어적 세련미를 제공한다. 재즈 음악가들이 창조적인 연주에 도전하기 위해 청각과 시각적 단서를 사용하는 것처럼, 내담자와 치료사도 치료적 의도를 순간순간 표현하는 데 단서를 사용할 것이다.

멈추지 않고 계속하기

즉흥연주자에게 가장 큰 두려움 중 하나는 마비 상태에 빠지고 계속할 수 없는 상황을 경험하는 것이다.

> 계속한다는 것은 다음에 해야 할 일이 있어야 한다는 것을 의미한다. 그리고 다음에 할 일이 구체적이거나 기록되어 있지 않기 때문에, 그것은 낭상에 슥시 기억하고 재현하거나, 그리고 저장된 음악 정보를 새로운 방식으로 재결합하여 순간의 음악 상황에 적합하게 즉흥적으로 창조해 내야 한다(Slawek, 1998, p. 336).

임상적으로 적용되는 즉흥 음악의 예술은 레퍼토리와 정확한 평가에 달려 있다. 음악치료에서 음악은 다음을 통해 유지된다. ① 자원 개발, ② 환자의 반응과 창의성, ③ 순간의 목표와 세션의 전체 디자인, 그리고 ④ 이전 자료의 통합. 경험을 통해 치료사가 치료적 파트너십에 필요한 음악에 대해 지식이 있고 억압을 받지 않으면 음악이 방향을 잃는 경우는 거의 없다는 것을 알게 되었다.

그러나 모든 치료적인 음악적 접촉은 치료사가 어떤 이유로든 계속할 수 없다는 가능성을 포함한다. 이것은 치료사의 음악적 무능력, 내담자의 저항, 치료적 관계의 반영, 또는 음악적으로 휴식을 필요로 하는 것의 결과인 것일까? 치료사가 계속할 수 없다면 이러한 질문은 평가 및 슈퍼비전 과정에서 다루어져야 한다. 내담자가 음악을 계속 유지해야 하지만 그렇게 할 수 없는 경우에는 치료사는 어떤 역할을 해야 할까? 음악이 방향성을 갖도록 도움을 주는 역할은 무엇일까? 치료사는 각각의 음악적 구성 요소를 듣고 다시 연결하여 내담자가 음악적 대화로 돌아갈 수 있도록 해야 한다. 내담자의 기술 부족으로 인해 음악이 실패하는 경우, 치료사는 음악을 원활하게 재설정할 주제를 즉흥적으로 만들어야 한다.

음악적 평등

벤다는 나에게 음악은 그 자체로는 존재할 수 없으며, 모든 음악은 사람들 간의 연관성 없이 전달되거나 의미를 가져올 수 없다는 것을 가르쳐 주었다 (Blacking, 1973 pp. x-xi).

많은 포크, 재즈 및 팝 음악가들은 공식적인 음악 교육을 받지 않았음에도 뛰어난 기술을 가지고 있다. 이에 따라 내담자는 종종 치료사와 음악적으로 동등한 위치에 있을 수 있다. 음악치료는 음악성이 지식과 교육에 관한 것이라는 계층적 의미에 도전한다. 내담자를 본질적인 예술가로 상상하는 것은 그들의 창조성을 훈련받은 음악가들과 동등하게 존중하는 것이다. 심미학적 음악치료는 내담자와 치료사의 음악적 평등성에서 접근 방식을 도출하고 있다. 이 철학은 음악이 평등을 번역한다는 가정에 기반을 두고 있으며, 음악적 대화는 의식적인 단어보다는 다른 인간 원칙과 논리에 기반을 둔다. 음악적 관계는 치료적 용어로 의식적이고 언어적 논리의 합리성으로부터 미리 계획할 수 없는 인간적 접촉의 수준을 찾을 것이다.

그러나 음악적 동등성은 치료적 관계의 경계가 해체의 위험에 처한 것을 의미하지는 않는다. 오히려 학문적으로 배운 치료사와 정보가 부족한 참가자인 내담자의 불평등을 넘어서 바라봐야 한다는 것을 강조한다. 음악치료는 교육적인 불균형을 요구하지는 않지만, 치료사는 많은 교육을 필요로 한다. 즉흥연주를 통해 치료적 상호작용을 완전히 이해하기 위해서는 우리는 내담자와 음악적으로 평등하다는 것이 무엇을 의미하는지 더 깊이 살펴보아야 한다. 장애가 있는 아이가 훈련받은 음악가와 비교할 만한 음악을 만들 수 있다는 가능성을 받아들인다면, 음악치료는 음악의 발전 속에서 어디에 위치하게 되는 것일까? 이는 또한 서양의 '예술' 음악과 음악 교육의 중요한 부분으로서의 자발적 창조성과 즉흥성의 부재에 대해 어떤 의미를 갖는 것일까?

음악치료는 무엇이 음악적인 것으로 간주되는가에 관한 정의를 넓히는 데 도움이 되었다. 블래킹(Blacking, 1973)은 "인간은 얼마나 음악적인가?"라는 질문을 통해 음악치료에 대한 근본적인 질문을 제기했다.

우리는 다양한 사회에서 '음악'이라고 불리는 소리와 행동의 종류를 알아야 하며, 이에 대해 더 많이 알기 전에는 "인간은 얼마나 음악적인가?"라는 질문에 대답할 수 없다(pp. 4-5).

모든 인간은, 따라서 모든 내담자도, 음악적이며, 우리 내담자들은 어느 수준의 음악적 능력을 갖출 수 있는 것일까? 음악치료사는 내담자의 모든 소리와 뉘앙스를 음악적으로 집중해서 들어야 한다. 우리가 음악적인 청취를 임상적으로 하지 않으면 치료과정의 중요한 구성 요소를 놓칠 수 있다. 음악가는 아마도 자발적인 비명을 음악적이라고 생각하지 않을 것이다. 그러나 음악치료사는 비명을 음조와 음악적 억양을 포함하는 것으로 간주한다. 그들은 비명의 음질을 음악의 전체 구조 안에 배치하려고 할 것이다.

모든 내담자가 훌륭한 음악가가 될 수 있는 잠재력을 가지고 있다는 사실이 음악치료를 음악과 의학의 미래를 위한 원동력으로 만드는 것이다. 비언어적인 30세의 사지마비인 시각장애인 매기(Maggie)는 장애와 음악적 영재성이 상호 배타적인 개념이 아니라는 것을 내게 가르쳐 주었다. 그녀의 목소리와 섬세한 심벌즈 연주를 통한 음악적 표현은 작곡의 최고 수준이었다. 그녀는 형식을 직관적으로 알고, 정교하며, 디자인적으로 음악을 창조할 수 있었다. 만약 매기가 그녀의 심각한 장애가 없이 태어났다면, 그녀는 위대한 음악가가 될 수도 있었을 것이다. 내담자를 음악적 동등자로 고려하는 특권과 책임은 음악치료에게 독특한 특성과 사회에 대한 공헌을 부여하는 특징이라 말할 수 있겠다.

음

음(Tone)은 심미학적 음악치료에서 모든 가능성이 펼쳐지는 시작점이다. 음은 형체는 없지만 구체적인 경험으로서 치료적 관계의 잠재력을 정의하는 데 도움이 된다. 음의 성격, 음악과 치료과정과의 관계를 고려함으로써, 치료사는 임상적 즉흥연주의 복잡성을 이해하기 시작한다. "음은 단일한 음높이로 설명되며, 음질, 특성, 음색, 색조, 노래나 연주의 세기 또는 강도로 묘사될 수도 있다"(Lee & Khare, 2001). 음은 작곡의 시작점을 제공하듯이, 임상적인 즉흥연주에서는 음악적이며 치료적인 동맹에 대한 무한한 가능성을 제시한다.

음은 다른 전개되는 음들에 의해 상황적으로 배치되고 대답되어야 할 질문으로 존재한다. 음의 도입을 통해 찾아오는 변화와 그에 따르는 음악적인 방향은 음질, 지속 시간, 그리고 음높이에 따라 달라진다. 음은 즉시 균형과 발전을 탐색하게 된다.

음은 긴장의 해소와 균형의 회복을 향해 그 자체를 넘어선 것처럼 보인다. 이러한 변화를 불러올 사건의 방향을 확실히 내다보는 것 같으며, 때로는 그 사건을 요구하는 듯한 느낌이 든다(Zuckerkandl, 1956, p. 19).

따라서 단일 음은 선율, 화음 및 구조로 이어지기 위해 다른 음들과 함께 배치되어야만 존속할 수 있다.

음들은 서로에게 기울어지고 멀어지며, 마치 자기 주변의 음들에게 자석처럼 끌리고 붙으려는 완전한 개체인 것처럼 보인다(Scruton, 1997, p. 52).

개시 음에서 자연스럽게 멀어지는 브람스의 두 번째 피아노 협주곡 내림 나장조(Op. 83)의 호른 주제와 처음의 음과는 겉보기에는 이질적인 관계처럼 보이는 베베른의 9개의 악기들을 위한 협주곡(Op. 24)은 시작(개시)되는 음의 가능성 범위를 보여 준다.

음악치료에서 음은 과정의 시작을 알리는 것이다. 안스델(1995)은 음의 연속에 따라 다른 음들과 결국 더 큰 음악적 구조로 이어지는 것을 설명하고 있다.

각 음은 분리되어 있지 않고, 다음 음을 향해 연결되고 방향을 주는 '힘'(선율과 화음 모두)을 포함하고 있다. 그룹화된 음들은 자체적으로 음악적 동기와 절로 구성되며, 이러한 악절들은 더 큰 악절과 악장 내에 '중첩'되어 있다(p. 139).

음악이 작곡적 형태로 이동함에 따라 시작 음의 해석은 필수적이다.

임상적 청취의 시작점은 '음' 자체의 식별과 특성, 그리고 그것이 이어지는 음악적 구조에 미치는 영향이다. 개시 음이 확인된 후에는 전개 및 발전되는 간격들이 분명해짐에 따라서, 다른 음들을 판별할 수 있게 된다(Lee & Khare, 2001, p. 252).

개시되는 음의 기반으로부터 음악 구조가 발전함에 따라, 그 자체로 생명력을 가지는 '힘'이 형성된다. 그러나 이 창조적 행위는 세심한 청취와 대응 없이는 불가능하다.

내담자의 개시 음은 종종 복잡한 보컬 성질이나 명확하지 않은 악기 연주에 내포되어 있을 수 있다. 자연스럽게 발생하는 소리는 세션에 참여하는 내담자의 감정을 반영한다. 치료사가 내담자가 들어올 때 즉흥연주를 한다면, 개시 음은 보컬이나 악기 모두 즉흥연주되고 있는 음악과 관련이 있을 것이다. 따라서 치료사는 처음 소리가 만들어지는 순간부터 음악적 관계가 시작되기 때문에, 개방적이고 음조를 추론하지 않는 음악을 즉흥적으로 연주해야 한다. 올바르게 청취하고, 고려하며, 판별하고, 음에서 세션의 핵심으로 나아가는 것이 치료사의 도전이 된다. 내담자와 치료사가 함께 경험하는 창조성과 표현 사이의 대인관계를 반영하기 위해서다.

긴장과 해소는 음의 필수 구성 요소다. 음이 멜로디와 곡 구성으로 진행됨에 따라 긴장감의 요소가 나타나게 된다. 음악적 방향은 어디로 향해야 하는 것일까? 음은 발전하는 음악에 어떻게 영향을 주는가? 음이 나타나면 어떤 목표로 전개가 되는가? 개시 음의 긴장은 종종 해소로 이어지게 된다. 긴장과 해소는 치료과정의 유연성을 드러낸다. 폴 노르도프의 긴장과 이완에 대한 탐구는 음악 구성의 구체적인 면과 이것이 임상 실습에서 음악적 방향에 어떤 영향을 미칠 수 있는지에 대한 훌륭한 통찰력을 제공한다.

> 치료에서 사용하는 음악은 화음적 형태로 긴장을 가져야 하며, 화음적으로나 선율적으로 음조의 방향에 긴박감을 가지게 해야 한다……. 지금은 사용하는 화음과 간격에 따라서 긴장이 더 있을 수도, 덜 있을 수도 있다. 또한 사용하는 간격과 화음에 따라서 더 많은 또는 적은 이완이 있을 수 있다(p. 111).

인간관계가 균형과 불균형을 담고 있듯이, 치료적 관계도 파편화와 결합 사이의 균형을 유지한다. 즉흥연주라는 인간/음악적 접촉을 통해 음악의 긴장과 해소가 나타난다.

 HIV와 함께 살아가는 내담자의 즉흥연주 시작 부분을 면밀히 살펴보면([그림 5] 참조) 치료사가 내담자의 개시 음에 어떻게 응답하는지 볼 수 있다. 내담자의 반복되는 B에 응답하여 화음의 긴장과 해소는 조성감과 개방성을 제공한다. 울림 있는 화음으로 음색에 응답했다면 치료사의 조성과 치료 방향을 반영한 것이 될 수 있었고, 내담자를 반영하지 못했을 것이다. 시작의 7th음 (1)은 다양한 조성 방향을 가능하게 한다. 다음 코드(2)는 음조에 더 가까워지지만, 세 번째 음 없이 F# 단조와 G장조를 암시함으로써 여전히 모호함을 유지하고 있다. 치료사가 화성적 안정성과 해소(3)를 선택한 것은 흥미롭게도 내담자의 B에 맞서 확실하게 뿌리를 둔 C 장조이다. 이는 협화음과 해소를 제공하면서도 음악적 차이의 느낌을 유지한다. 치료사가 선택한 조성 안정성과 해소(3)는 흥미롭게도 내담자의 B와 반대되는 확고한 C 장조이다. 이는 울림과 해소를 제공하면서도 음악적 차이를 유지한다. 그러나 내담자의 소리를 '만나기' 위해서는 치료사가 음악적으로도 동일하게 연주해야 한다.

> 내담자의 소리를 '만나면서' 우리는 분리된 상태를 유지하고, 우리 자신의 정체성과 목소리를 제시한다. 이는 결국 내담자를 지원하지만 방해하거나 억압하지 않는다(Lee & Khare, 2001, p. 259).

 긴장에서 해소로의 움직임은 F# 단조, (D#의 애매함과 풍미가 더해진) G 장조를 거쳐 C 장조로 반복된다. 내담자의 음이 B에서 멀어짐에 따라 F#/G 장조의 오버레이는 반복되어 시작 음인 7th로 이동하고, 그 후에는 2부 구성의 선율 인벤션(9-10)으로 이어진다. 이 예시는 음을 투영하여 음악적 · 치료적 관계의 변화를 표현한 애매함과 섬세한 안정성을 보여 주고 있다.

T = Tension   R = Release

[그림 5]

형식

형식은 음악과 치료의 모든 측면, 즉 완전한 음악치료의 과정, 개별 세션, 세션 내의 즉흥연주, 그리고 각 작품 내의 모든 순간을 포괄한다. 우리가 음악 및 임상적 형식을 어떻게 인지하고, 얼마나 한정적으로 듣고, 이해하고, 그리고 해석할 수 있는지는 형식에 대한 전반적인 우리의 이해를 반영하게 된다. 이는 다시, 내담자에 대한 우리의 반응과 임상적 의도를 형식으로 변환하는 데 사용하는 음악 스타일을 알려 준다(그림 6 참조).

Landscape of the Conscious Music Therapy

Relationship

Form
(Musical and Theraputic)

↓

Style
(Key - Idiom - Song)

↓

Clinical Direction

[그림 6]

레빈슨(Levinson, 1997)은 청취와 형식에 대한 그의 연구에서 다음과 같이 제안한다.

> 어떤 작품이 좋은 음악적 형식을 가지고 있다는 판단은…… 이는 단순히 대규모 형식 관계의 존재 여부에만 의존할 수 없다. 오히려 순간순간의 만족감이나 논리성에 대한 인식에 직접 의존해야 한다(p. 161).

그는 음악 애호가는 전체적인 음악 형식을 이해하기 위해 대규모 형식에 대한 이해가 필요하지 않으며, "음악의 실제 형식은…… 시간적이고 연속적인 것이지, 공간적이고 건축적인 것이 아니다"라고 주장한다. 음악치료에서 내담자를 단순 음악 청취자와 구별하는 결정적인 요소는 내담자가 듣는 것뿐만 아니라, 적극적으로 반응한다는 것이다. 내담자는 순간적인 실현과 전체적인 대규모 형식 감각을 함께 고려하여 형식의 본질을 본능적으로 이해한다. 레빈슨이 제안한 것처럼 구조에 대한 포괄적인 이해가 필요하지 않다면 치료사의 과정적 이해와 그 안에서 내담자의 위치에 대한 오해가 발생할 수 있다. 스크루톤(Scruton, 1997)은 새로운 형식에 대해 언급하면서 다음과 같은 견해를 제시한다.

> 새로운 음악 형식은 명령이나 규칙에 따라 만들어질 수 없다. 그것들은 새로운 음악적 제스처, 즉 새로운 스타일, 새로운 음들을 듣는 방법, 그리고 그것들의 구성에서 성장해야 한다. 형식의 성공적인 창조는 드문 성과이다(p. 341).

심미학적 음악치료는 임상적 음과 임상적 형식 사이의 관계적 이해를 필요로 한다. 이것이 음악치료 철학을 음악학과 구별하는 것이며, 심미학적 음악치료는 실제로 임상적 상황에서 형식을 고려하는 새로운 방식이다. 치료과정의 성숙한 수준에 따라서, 즉흥연주의 형식뿐만 아니라 독창성, 자발적인 구조 그리고 발전이 결정된다.

파블리체비치(Pavlicevic)의 동적 형식 이론(1997 & 2000)은 "음악치료 즉흥연주(MT impro-visation)에서 음악과 감정 형식 사이의 교류를 명확히 한다." 대니얼 스턴(Daniel Stern, 1985)의 '활력 정동(Vitality affects)'과 유사하게, 파블리체비치는 음악적 소통의 문체적이고 자발적인 특성을 탐구한다.

> 동적 형식은 임상-음악적 관계 내에서 그리고 그 일부분으로서 도출되며, 치료사와 내담자가 공동으로 창조한 음의 형식을 통해 모두가 서로 참여해야 한다. 따라서 음악치료사는 내담자와 단순히 함께 음악을 연주하는 것만이 아니라, 내담자와 함께 동적 형식을 생성한다. 이는 내담자의 음악적 발화를 내담자-세계의 직접적인 표현으로 받아들이고, 치료적인 마음으로 즉흥연주를 들음으로써 (전통적인) 음악적 지시가 인간관계 지시를 방해하거나 무시하는 것을 허용하지 않는 것을 의미한다(Pavlicevic, 2000, p. 276).

동적 형식은 음악치료 즉흥연주 이론에서 중요한데, 이는 표현적인 측면과 음악적인 측면 사이의 연결을 고려해야 함을 강조한다. 더 탐구해 보면, 파블리체비치는 어머니-영아 관계와 내담자/음악치료사 관계 사이에 유사점과 차이점이 있다고 제안한다. 동적 형식에서 음악치료사는 음악적이고 치료적인 응답을 균형 있게 평가하여 내담자의 음악에 대답하려고 한다.

임상적 형식에 대한 음악-중심 접근 방식은 음악적 형식에 대한 이해에서 비롯된다. 이 두 가지 사이의 교류는 매우 중요하지만, 음악적 본질의 인식 방식은 심미학적 음악치료와 동적 형식을 구별하는 요소이다. 즉흥연주의 음악적 형식을 알고 이해하기 전까지는 그것을 임상 형식과 정확하게 연결할 수 없다. 음악적 형식에 대한 명확성과 인식을 통해 내담자와 그의 또는 그녀의 음악적 반응에 대한 지식을 명확히 하는 것이 필요하다. 내담자의 음악을 이해하고 정확하게 해석할 수 있을 때, 비로소 내담자를 총체적으로 이해할 수 있게 된다.

아키텍처

우리는 치료과정을 어떻게 이해하는가? 치료적으로 발전한다는 것은 무엇을 의미하는가? 음악은 치료과정에 어떤 영향을 미치는가? 내 글과 연구를 통해 나는 '치료과정'이 무엇을 의미하는지, 그리고 음악이 이 현상에 어떤 영향을 미치는지 고려하는 데 많은 시간을 보냈다. 음악치료 과정은 복잡하고 섬세하다. 음악치료 과정은 정교하고 섬세하며, 음악 자체처럼 반영적일 뿐만 아니라, 그 힘의 기반을 이루는 거시적 및 미시적 구조를 통해 조명된다. 이 과정은 개인의 성장, 모든 세션, 그리고 순간마다 고유하며, 접촉의 순간, 이전에 일어났던 일, 그리고 미래에 일어날 수 있는 일에 의존하게 된다(그림 4) 참조). 우리는 즉흥연주에서 무슨 일이 벌어질지 접촉 순간에 어떻게 알 수 있을까? 물론 알 수 없다. 하지만 우리가 알 수 있는 것은 이전에 일어났던 일의 영향과 그것이 미래의 각 순간에 어떤 영향을 미치는가이다. 현재 상황에서 과거를 이

해함으로써 우리는 그 과정이 본능적으로 그리고 통찰력 있게 일어나도록 할
수 있다.

　음악은 그 순간에만 경험하면 된다는 레빈슨(1997)의 주장은 내담자의 관점
에서는 사실일 수 있지만, 즉흥적인 음악치료사의 관점에서는 그렇지 않다.
음악적 그리고 치료적 구조에 대한 치료사의 감각, 깨달음, 지속적인 비평이
중요하다. 전체와 관련하여 순간을 구별하는 방법을 배우는 것은 상세한 평
가, 음악 자원의 지속적인 연습, 그리고 임상 작업의 직접적인 경험에서 나오
는 정확한 기술이다.

　치료사가 잘 알고 있는 미리 작곡된 음악의 구조를 분석하고 이를 즉흥연주
와 연결하는 것은 진행 중인 세션의 임상 구조를 명확히 하는 데 도움이 될 것
이다. 제2장, 제7장 그리고 제11장에서 초점을 맞추고 있는 것처럼, 중요한 음
악 작품을 가져와 작곡을 해석하는 것은 음악 중심의 음악적 임상적 구조에 더
욱 강조를 둘 것이다. 즉흥 작곡가인 음악치료사는 자신의 작품의 음악적 구
성과 구조를 알아야 한다. 작곡가가 관현악의 기술과 작곡 형식을 배우는 것처
럼, 음악치료사도 내담자의 요구와 과정에 맞게 음악의 구조를 만드는 법을 배
워야 한다. 치료사의 순간적인 창조성은 보편적인 구조에 대한 정확한 지식과
균형을 이룬다. 우리는 우리가 알지 못하는 것에서 벗어날 수 없다. 역동적인
형식과 구조적 임상 형식에 관한 이해는 연구와 치료적 통찰력에 달려 있다.

　우리의 임상은 삶과 음악 공유의 의미에 대한 철학적 성찰을 기반으로 하며,
이는 치료과정에 대한 이해와 인식에 영향을 미친다. 모든 음악치료사들은 풍
부한 음악적 추론, 학습, 그리고 개인적인 논쟁의 유산을 공유하지만, 철학적
입장은 교육, 이론적 선호, 개인적 편견, 음악적 동기와 같은 요소에 의해 영향
을 받는다. 음악치료사의 임상 경험이 발전함에 따라 음악적 지식 또한 넓어져
야 한다. 치료 환경에서 음악적 형식과 구조에 대한 인식은 심미학적 음악치료
의 중요한 기반이다.

　위대한 음악과 영향력 있는 음악은 모두 위험을 감수할 준비가 된 작곡가에
의해 작곡된다. 새로운 비판적 음악치료 이론은 기존 질서에 도전할 수 있는

사람들에 의해 지금까지 등장했으며, 또한 앞으로도 계속 등장할 것이다. 음악치료는 예술로서 혁신과 추론이 필요하지만, 과학으로서는 안정성과 재연성/반복성이 필요하다. 이것이 바로 역설적인 것이다. 음악치료의 선구자들은 교육받아야 하지만 사고는 자유로워야 한다. 음악치료의 선구자들은 연구와 글쓰기뿐만 아니라, 임상 작업의 실제를 통해서도 인정받아야 한다. 음악치료의 선구자들은 미래의 음악적 우수성에 대한 표준을 설정할 작업을 공유함으로써 자신의 지위를 정당화해야 한다.

만약 음악가를 그가 항상 하는 것과는 다른 일을 해야 하는 장소에 두면, 그는 그것을 할 수는 있겠지만, 그것을 하기 위해서는 다르게 생각해야 한다. 그는 상상력을 발휘해야 하며, 더 창조적이고 혁신적이어야 한다. 그는 더 많은 위험을 감수해야 한다……. 그러면 그는 더 자유로워질 것이고, 다른 것을 기대하고 예상하며, 그리고 다가올 다른 것을 알게 될 것이다……. 왜냐하면 그때 모든 일이 일어날 수 있고, 그것이 바로 위대한 예술과 음악이 일어나는 곳이기 때문다(Davis & Troupe, 1991, p. 220).

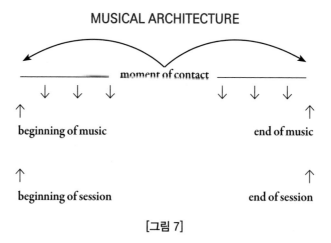

[그림 7]

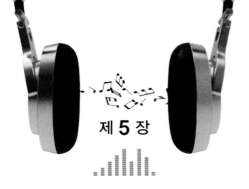

제 5 장

임상적 청취

> 마음이 비어 있으면 항상 무엇이든 할 준비가 되어 있다. 그리고 모든 것에 열려 있
> 게 된다. 초보자의 마음에는 많은 가능성이 있고, 전문가의 마음에는 몇 가지 가능
> 성만 있다.
>
> —Shunryu Suzuki, 선(禪)의 마음, 초보자의 마음

청취는 인간관계의 핵심이다. 우리가 어떻게 듣는지는 세상에 대한 우리의
인식을 드러낸다. 음악 감상은 개인 성찰을 위한 내면적 경험이 될 수도 있고,
다른 사람과 관계를 맺는 외적인 경험이 될 수도 있다. 임상적 청취는 치료사
가 내담자의 소리에 조율하는 예술이며, 현실뿐만 아니라, 그 너머까지 듣고
내담자의 첫 말부터 세션이 끝날 때까지 모든 미묘한 뉘앙스를 포착하는 것이
다. 즉흥연주의 모든 소리, 음악적 기여는 정확성과 통찰력을 가지고 들어야
할 명확성과 감정의 순간이다. 스틸(Steele, 1988)은 다음과 같은 견해를 설득력
있게 표현한다.

아마도 우리가 치료 환경의 시간과 공간 안에서 내담자에게 제공하는 가장
기본적인 서비스는 듣고자 하는 의지와 능력일 것이다(p. 3).

청취에 대한 우리의 음악적 반응은 우리가 치료사로서 달성하려고 노력하
는 수준을 결정하게 된다. 듣는 것의 의미를 통해 음악과 치유의 잠재력은 더

욱 분별력 있게 변할 수 있다.

- 내담자, 그들의 음악, 우리의 음악, 그리고 음악적 관계에 대한 청취
- 음악의 이면과 그 너머에서 청취
- 침묵에 대하여 청취
- 내담자를 인간과 음악적 존재로서 청취
- 음악가이자 치료사로서 청취
- 소리와 공동체로서 청취

    (Lee & Khare, 2001, p. 268)

음악학자 로저 스크루톤(Roger Scruton, 1997)은 두 가지의 흥미로운 관찰을 보여 준다:

> 음악은 사람들이 자신들이 만들고 있는 소리에 귀 기울이고 음을 발견할 때 시작된다. 모든 음악적 경험 중에서 자유로운 즉흥연주(보컬이든 연주적이든)만큼 더 직접적인 것은 없다. 그리고 이것은 음악이 시작되는 곳인 청취의 패러다임으로 이해되어야 한다(p. 217).

즉흥 연주는 작곡된 음악이 등장하기 훨씬 이전부터 사용되었다. 선율, 화성, 리듬을 형성하는 음들은 가장 기본적이고 신비로운 수준에서 관계를 형성하는 데 필요한 청취를 반영한다. 즉흥연주 속 청취는 정확하고 한정적이다. 즉흥연주가 음악적 감각을 가지게 하려면 연주자는 즉흥연주의 매 순간 발전 과정에서 생성되는 소리에 조율해야 한다. 한 명 이상의 연주자가 참여하는 경우, 음악이 의미를 갖기 위해서는 공동체적 청취가 있어야 한다. 즉흥적인 청취와 관계 형성은 음악치료의 비경험주의/실험주의적 현상의 기원을 보여 주는 것이다.

음악은 마치 다른, 더 높은 세계에서 청자의 귀에 숨결처럼 불어오는 듯 들린다. 음악을 통해 우리에게 말해 주는 것은 현재의 현실이나 우연의 세계가 아닌, 더 높은 질서를 지닌 다른 세계이며, 그 질서가 경험적 세계에 희미하게 반영될 뿐이다(Scruton, 1997, p. 489).

표현적 청취는 영적인 의미가 있으며, 내담자에게 합리화를 뛰어넘는 깊이 있는 경험을 제공한다. 특정 수준의 음악적 접촉을 듣는 것은 내담자의 존재를 이해하는 데 도움을 줄 수 있다.

모든 음악적 관계에는 안스델(1995)이 설명하는 연주 중 청취가 포함된다. 다른 사람의 말을 듣고, 다른 사람의 목소리를 수용하는 것은 음악적 관계의 일부가 되는 것이다. 임상적 즉흥연주에서는 연주 중 청취가 성공적인 음악적 그리고 치료적 결과를 위해 더욱 중요하다. 창조적 음악치료(Nordoff & Robbins, 1977)에서 청취는 철학과 이론을 이해하는 데 필수적이다.

창조적 음악치료는 음악이 자연스럽게 청취 예술을 발전시키는 것과 즉흥연주의 연주 속의 청취에 특별히 중점을 두는 것을 치료적 이점으로 활용할 수 있다(Ansdell, 1995, p. 158).

창조적 음악치료에서의 청취는 파블리체비치(Pavlicevic, 1997)에 의해 더 자세히 다루어지며 다음과 같이 설명된다.

……우리 모두는 상황에 따라 서로 다른 방식으로 음악을 듣는다. 연주하는 순간, 우리의 청음은 진행되는 연주 행위 자체의 즉각적인 움직임과 신체성에 의해 색채를 띠게 되고, 이는 다시 연주 행위에 영향을 미치게 된다(p. 162).

미리 작곡된 곡을 연주하는 음악가는 음악이 전개되는 과정의 내용과 세부 사항을 알아야 한다. 순간순간의 해석을 듣는 것은 연주자의 질적인 청취 수준과 청중과의 상호작용으로부터 영향을 받는다. 통찰력 없이 듣는 청중은 가치 있는 표현주의적 해석을 만들어 내는 콘텐츠의 층위를 제시하는 연주자의 능력에 극적인 영향을 미칠 수 있다. 연주 중 들으면서 연주하기는 음악치료에서 대화와 마찬가지로 복잡한 과정이다.

청취는 복잡하고 계층적인 활동이다. 여가적인 청취는 의식의 일부를 채색하며, 임상적인 청취는 의식의 모든 측면을 요구한다. 음악을 집중적으로 들을 때, 나는 음악의 느낌과 디자인이 내 마음 상태에 따라 여러 수준에서 나에게 영향을 미치도록 허용한다. 쇤베르크(Schoenberg)의 밀도 높은 오케스트라 작품을 듣는 것은 슈베르트의 피아노 소나타와는 다른 종류의 집중력을 요구하지만, 두 작품 모두 같은 감정적인 충격을 줄 수 있다. 내담자가 들으면서 연주하는 행위는 자연스러워야 하지만, 음악치료사에게는 통찰력과 감수성이 필요하다. 악기를 연주하는 것은 내담자가 듣고 신체적으로 대응하는 것을 요구한다. 파블리체비치(1997)가 제안한 대로, 내담자의 신체적인 감각은 그들의 청취에 영향을 주고, 따라서 그들의 창조 수준에 영향을 줄 것이다.

음악치료사는 음악 전, 중, 그리고 후에 듣는다. 연주하기 전의 소리는 연주의 중요성을 반영한다.

> …… 음악적 대화의 시작과 도중에 기다리고 듣는 원칙은 치료사의 조율에 있어 가장 중요하다(Lee, 1996, p 89)

즉흥연주가 끝나면 치료사는 마지막 소리와 그 여운을 듣는다. 마지막 침묵의 질과 의도를 듣는 것은 세션 자체의 중요성을 드러낼 수 있다. 청취는 음악에만 국한되지 않고 내담자가 치료사와 접촉하는 모든 순간에 걸쳐 확장된다.

심미학적 음악치료에서는 다음과 같은 질문이 제기된다. 음악과 소리를 통해 내담자를 듣는 것이 왜 중요한 것일까? 단순히 들리는 것(hearing)과 (이해하려는 의도의) 청취(listening)의 차이점은 무엇인가? 임상적 청취는 일반적인 청취 경험과 어떻게 다른 것일까? 치료적 관계에 대한 더 큰 이해를 제공할 수 있는 청취 수준을 어떻게 판별할까? 이러한 근본적인 질문은 음표 사이에 있는 내담자, 음, 그리고 음색에 더욱 깊이 귀를 기울여야 함을 나타낸다. 임상적 청취는 정확하고 반향적이다. 내 말을, 나를 들어준다는 것은 두 인간이 공유할 수 있는 가장 강력한 경험 중 하나이다. 들어주는 경험이 없던 내담자를 위한 음악치료사의 책임은 이를 가능하게 하는 기회를 찾으려고 노력하는 것이다. 치료사는 잠시 멈추고 기다리며 내담자가 음악과 사람들과 관련된 자신의 감각을 재평가할 수 있는 기회를 제공해야 한다. 소리와 침묵을 모두 듣는 것은 본질적으로 치료적인 관계의 평등을 뒷받침할 수 있다. 들리는 것은 추상적일 수 있지만 듣는 것은 정확성을 요구한다.

청취 수준

아래 6가지 수준은 임상적 즉흥연주에서 청취 능력을 평가할 때 필요한 핵심 사항을 보여 준다.

① 표면적 청취: 기본적인 음악 형식과 치료적 관계 판별하기
② 본능적 청취: 음악 형식과 치료적 관계의 복잡성을 더 깊게 판별하고 해석하기
③ 비평적 청취: 기본적인 음악 자원을 판별하기
④ 복합적 청취: 음악 자원의 추가적인 음악적 복잡성을 더 깊게 판별하고 해석하기
⑤ 통합적 청취: 치료적 요소와 음악적 요소 사이의 연결고리를 판별하고 해석하기
⑥ 초월적 청취: 음악과 관계의 무형적/비물질적 특성 판별하기

다음 임상 사례([그림 8] 참조)는 치료사의 청취 및 대응 수준의 평가를 보여

준다. 이 예시는 에이즈 환자와 함께 진행된 18번째 세션의 즉흥연주로, 시작 후 15분 5초에 나온 부분이다. 이 부분 이전에 내담자는 드럼, 심벌, 봉고 등 다양한 악기의 질감을 탐색했다. 실로폰으로 옮겨 가면서 즉흥연주는 부드럽고 섬세해졌다. 진행 중인 작업의 목표는 다음과 같다: ① 에이즈 진단 받은 후 개인적 방어 기제 탐색, ② 감정을 음악적 표현으로 변환, ③ 카타르시스 및 스트레스 감소를 위한 즉흥연주 활용, ④ 다른 사람과 함께하는 음악 연주 행위 자체를 즐기기.

　사례에 관한 설명은 사정평가 및 인덱싱 노트에서 얻은 정보를 포함한다.

[그림 8]

1단계-표면적 청취

- 내담자: 탐색적이고 집중된 연주
- 치료사: 단순하고 지지적인 반주(1-6)
- 이전 주제의 구조적 발전
- 실로폰(내담자)의 선율적이고 노래 같은 특성에 기반한 관계적 청취, 치료사의 피아노 반주 지원
- 연주자 간의 음악적 대화는 섬세하게 이루어짐

2단계-본능적 청취

- 내담자의 선율적 창작은 모티브(1-5)에서 발전하여 레시타티브(6-8)와 같은 구절로 이동
- 치료사의 지속적 화음(6-8)은 내담자의 선율 발전을 위한 배경을 제공
- 연주자 사이의 예리한 청취와 반응 감각
- 음악적 및 치료적 관계의 세련된 개선
- 이 구절에 대해 논의하면서 내담자는 다음과 같이 말한다.
  "우리 연주는 함께하면서도 분리되어 있습니다……. 이것은 아마도 우리의 (치료적) 관계를 반영하는 걸까요?"

3단계-비평적 청취

- 내담자: 상향 악구 (1) 뒤에 하향 악구 2개 (3 & 4)가 옴; (6-8) 악구 발전에 따라 더 넓은 간격의 음정을 가진 자유로운 선율 생성
- 치료사: 2도와 내려가는 베이스 라인 (1-5)을 기반으로 한, 5/8박자의 당김음 형식의 반주; G의 조성 중심을 기준으로 한 중단된 화음 (6-8)

4단계-복합적 청취

- 내담자: 장2도 다음에 단 3도 (1-2); 2도 다음에 내림차순 장 6도 (3)가 내림차순 단7도와 반복. (6) 반음과 일반 음 (6)은 변형된 간격으로 이동 (7-8)
- 치료사: B 플랫 (A#)에서 시작하는 하강 베이스 라인 (1-5), C의 조성으로 이동 (5), D에 짧게 머무르고 (6), 마지막으로 G에 정착 (7-8)
- 작곡 형식은 정교함. 조성과 리듬 측면에서 이 악절은 협화된 반주와 선율, 그리고 선율과 선율 사이를 이동
- 음악적 해석은 개별적으로나 집합적으로 정교하고 복잡한 작곡 형식을 보여 줌

5단계-통합적 청취

- 이 악절은 우리 작업의 목표를 충족시키고 음악적 표현과 치료적 표현 사이의 연결을 강조
- 조용하고 부드러우면서도 당김이 있는 음악의 성격은 평범하고 솔직한 대화와는 상반되어 보다 내담자의 강렬한 감정을 강력하게 표현
- 음악은 관계 발전을 반영하는 단순한 구조와 자유 사이의 균형을 허용하고 무력감과 고통에 대한 정확한 감정을 번역하기 위해 다양한 음악적 표현의 장소를 찾아야 하는 내담자의 요구를 허용

6단계-초월적 청취

- 음악은 에이즈 진단을 예상하는 내면적 표현을 반영하는 초월적인 특성을 소유
- 주제의 움직임과 선율 라인의 탐구는 표현되는 감정의 영적인 본질을 보여 줌

- 이 즉흥연주 부분에는 심도 있게 청취하는 감각이 내재하여 있음
- 소리 자체를 그리고 그것을 초월하여 청취

이러한 관찰들은 음악의 한 부분에서 제공되는 청취 수준을 명확하고 상세하게 보여 주고 있다. 자세하고 세부적인 청취를 통하여, 완전한 즉흥연주 세션 및 전반적인 치료과정과 관련된 순간 구조에 대한 이해가 더욱 명확해질 것이다. 우리는 이러한 제시와 해석을 곰곰이 생각하고 고찰함으로써, 청취와 분석의 경험적 및 성찰적 요소에 더욱 다채로움과 많은 영향을 줄 수 있을 것이다.

슈퍼비전에서의 임상적 청취

임상적 청취는 심미학적 음악치료의 슈퍼비전 과정에서 네 가지 단계 중 첫 번째 것이다(Lee & Khare, 2001). 다른 단계들인 임상적 평가, 해석 그리고 판단은 이 핵심 개념인 청취에서 유래된다. 임상적 청취에 대한 설명은 초기에 슈퍼바이저(Supervisor)에 의해 제시된다.

음악 중심 슈퍼비전(Supervision)의 주요 원칙 중 하나는, 음악적 관계 내에 포함된 음악적 구성물을 객관적이고 정확하게 듣는 것이다. 음악은 음악치료에서 복잡하고 다층적인 현상으로써 정확하게 평가, 고려 및 분석되어야 한다. 우리가 듣는다고 생각하는 것과 소리, 음악, 상호 관계의 현실을 분리하는 것은 우리 작업에 대한 새로운 기반과 이해를 제공할 수 있다. 음악을 아는 삶을 사는 것은 그 과정에 대한 우리의 감각을 극적으로 변화시킬 수 있다. 그러므로 음악은 우리의 더 큰 이해를 위한 출발점이며, 말이나 외부 임상 이론이 아니라 음악 자체의 순수한 현상이다. 음악치료 세션의 오디오 녹음을 들으면 즉흥 연주의 음악 구성 요소에 대한 더 크고 자세한 연구가 가능하다. 임상적 청취는

음악적·치료적 대화를 이루는 실제 음악과 잠재적 치료적 구성물 사이의 균형을 판단하는 능력이다. 슈퍼바이지(Supervisee)는 편견 없이 듣는 청지각 기술을 확장하여, 화음 진행, 멜로디 라인, 그리고 내담자의 반응 및 음악적 조합 등을 설명할 수 있어야 한다. 슈퍼비전 과정의 첫 단계는 슈퍼바이지가 더 해석적인 사정평가로 진입할 수 있는 기초를 제공하는 것에 있어서 기본이 된다. 임상적 청취에서는 알고 있는 것과 이해하는 범위를 재검토한다. 음악적 교류를 원자료로 알면 치료적 관계가 시작되는 곳과 앞으로 있을 가능한 임상 경로에 대한 더 큰 이해를 제공할 것이다. 슈퍼바이지는 균형 잡힌 치료적 선택을 하기 전에 정확하고 임상적으로 듣는 법을 배워야 한다. 슈퍼비전의 이 단계는 일반적으로 슈퍼바이지가 본능적으로 해석의 필요성을 느끼기 때문에 어려운 부분이다. 실제로 음악치료사의 교육은 관찰, 해석 및 임상적 지향성의 가정에 기반을 두고 있다. 음악치료는 치료사의 비평, 해석 및 진행 능력 없이는 존속할 수 없다. 따라서 슈퍼바이저는 치료적으로 중요하고 효과적이라고 생각하는 슈퍼비전 작업을 전달하는 음악적 토론을 위한 즉흥연주 부분을 선택하기를 원할 수 있다. 슈퍼바이저로서 이러한 가정에 도전하는 것이 중요하다. 처음에 탐색해야 할 테이프(자료)의 가장 중요한 부분은 즉흥연주의 시작 부분이다. 그 이유는 이러한 시작 부분에는 일반적으로 더 간단한 음악적 패턴이 포함되기 때문이다. 여기에서 음악치료사와 내담자는 계속되는 음악적 관계가 발전할 수 있는 음악적 기초를 탐구한다. 슈퍼바이지가 이러한 음악적 시작을 정확하게 설명함으로써 임상적 청취와 반응의 중요성을 이해하기 시작할 것이다. 이러한 시작 순간은 또한 즉흥연주가 발전하는 데 필요한 창조적인 음악적 씨앗을 담고 있다. 내담자, 음악치료사, 그리고 음악적인 관계에서 표현된 이러한 발전적인 음악적 세포들을 명확하게 듣는다면, 이어지는 치료 및 음악적 방향의 복잡성을 풀어낼 수 있다. 슈퍼바이지가 이러한 시작되는 순간들에 관하여 임상적으로 듣는 능력을 개발함에 따라서, 이는 진행 중인 작업에도 적용될 것이다 (p. 251).

다음에는 슈퍼바이지의 반영이 이어진다.

감정으로서의 음악은 즉각적이다. 나는 이러한 경험을 별개로 인식한 적이 없다. 내가 의식적인 분리가 잘 안 되어 발생하는 임상적 의미를 처음으로 이해하기 시작한 것은 슈퍼비전 기간이다. '임상적 청취'에서는 '나는 ……라고 느낀다'와 '나는 ……라고 생각한다'라는 말을 제거한다. 임상가의 개인적이고 음악적인 편견은 벗겨지고, 음악적인 의도와 임상적인 방향이 드러난다. 자신의 인식이 아닌 실제적인 음악적 경험, 즉 무엇이 실제로 음악적으로 일어나는지에 집중함으로써 치료적인 존재로부터 초점이 음악적인 존재로 이동된다.

초기에는 이 수준에서 청취를 수행하는 것은 두렵다. 자기 의심과 부족함을 뻔뻔하게 경험하게 된다. 그러나 이러한 능력이 듣기의 목적은 아니다. 지각적으로나 치료적으로가 아닌 '임상적으로' 듣는 것은 충격적이다. 우리는 매체의 고유한 특성에 대한 규칙과 기본 개념을 가지고 있다. 우리는 매체의 고유한 특성에 대한 규칙과 기본 개념을 가지고 있으며, 이를 무시하면 불장난과 비슷한 상황으로 이어질 수 있다. 음악의 심미학(심미성)은 심오한 감정과 근본적인 임상적 소질이 결합된 노력이다. 자신의 악기의 지형을 알면 자신의 감정적인 풍경의 지형을 지원할 수 있다. 그리고 내담자의 자기 성장을 지원함에 있어서, 감정에 영향을 미치는 음악의 정확한 적용을 알아야 한다.

임상적 청취는 당신을 기본으로 이끈다. 내담자의 악기/표현의 음색은 무엇인가, 음의 높이는 어떠한가, 음의 길이는 어떠한가? 선율/악구를 시작하는 것은 무엇인가, 그들의 리듬/멜로디 작업의 구절 만들기는 어떻게 되는가? 여기에서 우리는 스타일과 분리된다. 우리는 표현의 '느낌'을 묻지 않고, 그것의 정확한 측정을 묻는다.

나에게 다음 질문은 "소리를 어떻게 맞출 수 있을까?"가 아니라 "소리를 어떻게 만날 수 있을까?"였다. 이 개념은 치료사가 임상적 청취와 지각적 청취를 계속 분리하는 데 도움이 된다고 믿는 핵심이다. 내담자의 소리를 '만남'으로써 우리는 분리된 상태를 유지하며 우리 자신의 정체성과 목소리를 제시한다.

이는 궁극적으로 내담자를 지원하지만 내담자의 개별 목소리를 방해하거나 밟지 않는다. '맞추는' 것은 때로는 반복일 뿐이며, '만나는' 것은 의식적인 선택이다. 만나기는 공동의 창조를 지원하며 독립적인 사고와 현재의 인식을 촉진한다. 청취는 계발이 가능하다(p. 259).

임상적 청취는 배울 수 있고 발전시킬 수 있다. 슈퍼비전은 음악치료사에게 정확한 임상적 청취를 습득하기 위해 필요한 기술을 습득하는 데 필수적인 과정이다. 앞의 평가에서 보여 주는 대로 그것은 훈련과 헌신을 요구한다. 임상적 청취를 키우는 것은 자유롭고 창조적일 수도 있다. 자신의 이야기를 듣는 것은 내담자와 치료사가 경험할 수 있는 가장 역동적인 힘 중 하나이다. 들린다는 이해받음을 의미하며, 들리는 것을 이해하는 것은 인간의 통찰력을 얻는다. 일단 정확한 임상적 청취의 숙달이 이루어지면, 치료사는 실용적인 지식을 넘어 치료적 진실의 본질을 담고 있는 '초월해서 청취'(Listening Beyond, p. 90 참조)로 이동할 수 있다. 내담자를 음악적 본질로 듣는다는 것은 그들이 세상에서 살아남고 성숙해가는 과정에서 그들의 울림을 듣는 것이다. 따라서 음악적 존재의 실제를 듣는 것은 우리가 소리를 표현과 차별로 인식하는 것을 알려 줄 것이다. 정확한 임상적 청취를 통해 치료사의 창조성은 발산될 것이다. 음악치료사는 슈퍼비전을 통해 청취가 임상의 실제를 이해하는 데 가장 중요한 구성 요소 중 하나라는 것을 인정해야 한다. 임상적 청취가 손상되면 해석과 명확한 결과에도 영향을 미칠 수 있다. 예민하게 듣게 되면 음악, 내담자, 음악적 표현과 치료적 결과 사이의 교류를 명확히 이해할 수 있다. 임상적으로 듣는 것은 음악가와 치료사로서 반응하는 모든 섬세함과 뉘앙스를 가지고 듣는 것이다. 슈퍼비전을 통해 임상적 청취의 정확성과 영감을 탐구하고 성장시킬 수 있다.

임상적 반응

임상적 청취는 치료사로부터 임상적 반응을 요구한다. 현실적 반응은 음악적, 물리적, 단기적, 그리고 장기적 목표를 사실적으로 파악하는 것이다. 직관적 반응은 내담자, 음악 및 전체 치료 상황에 대한 더 해석적인 파악이다. 치료사가 자신의 직관적 반응을 어떻게 인식하는지는 세션이 진행되는 동안 현실적 반응으로 이어진다. 또한 직관적 반응은 치료사의 현실적 반응과 직접적으로 반대되는 것을 시사할 수도 있다. 우리는 언제 직관적 반응이 현실적 반응보다 더 중요하도록 허용해야 할까? 한 카테고리가 다른 카테고리보다 더 중요한 경우가 있을까? 언제 그리고 어떤 근거를 바탕으로 그러한 결정을 내릴까? 이상적인 과정은 ① 임상적 청취, ② 대응을 통한 ③ 대화 개발 및 ④ 임상적 개선이다. 하지만 치료는 거의 이렇게 깔끔하게 진행되지 않는다. 아무리 훌륭한 치료사라도 순간의 실제를 오해할 수 있으며, 경험이 항상 정확한 반응의 증거는 아니다. 우리가 어떻게 반응하는지는 우리의 전문성과 내담자에 대한 존중을 드러낸다. 청취에는 공간과 시간이 필요하다. 표현과 반응을 서두르지 않는 것이 중요하다. 임상적 청취와 반응의 질은 내담자로부터 질적인 반응을 이끌어 낼 수 있는 잠재력을 가져올 것이다. 치료사의 연주와 청취 의도를 통해 내담자의 참여는 발전하는 음악적 그리고 치료적 대화에서 점점 더 결정적인 요소가 된다. 이보다 낮은 수준의 참여는 참신하고 진정한 참여의 본질을 방해할 것이다.

그렇다면 내담자의 반응은 어떨까? 우리가 내담자의 기대를 충족시키지 못하는 방식으로 반응할 때 어떤 일이 발생할까? 치료사는 이러한 경험을 파악하고 인정하며 위기를 극복하기 위한 필요한 결정을 내려야 한다. 치료사의 반응이 명확하더라도 내담자가 어려움을 겪거나 진행되는 치료적 구조 내에서 자신의 위치를 찾지 못하는 경우가 있다. 반응은 이해를 기반으로 하지만 우리는 종종 잘못 판단할 수도 있다는 것을 알아야 한다. 이는 건강한 치료적 관계 발전 과정에서 자연스러운 일이며 치료사의 실패로 오해되어서는 안 된다. 이러한 시점에서 치료사는 재평가 및 지속을 위한 기반으로서 임상적 청취 이론으로 돌아가야 한다. 치료사는 임상적 즉흥연주에서 작곡의 독창성에 열려 있지 않으면, 내담자의 음악적 반응을 오해할 수 있다. 내담자의 혼란스러운 음악적 반응과 명확한 방향성을 갖지 못하는 것은 치료사가 통찰력과 이해력을 도전해야 할 때 더욱 분명해진다. 슈퍼비전과 사정평가는 지각적인 임상 반응을 개발하는 열쇠이며, 궁극적으로 내담자의 반응은 치료과정에 대한 치료사의 통찰력을 반영하게 된다.

능동적 청취

때때로 치료사나 내담자는 연주하지 않고 능동적으로 듣는 역할을 수행하기도 한다. 능동적 청취의 이유는 다양하고 복잡하며 내담자의 초점과 과정 단계에 따라 달라진다. 일부 내담자에게 능동적 청취는 정확한 음악적 반응 자체만큼 창조적인, 하지만 조용한 활동으로 강력한 역할을 수행하게 된다. 능동적 청취에서는 음악과 연결되면서도 동시에 분리될 수 있다. 공연에는 연주자와 청중 사이에서, 처음에는 분리될 수 있는 기반을 제공하는 고유한 거리가 있다. 청취자는 자신이 편안해질 때 개인적으로 더 가까워질 수 있다. 따라서 나는 자신의 기분과 참여 의지에 따라 수동적 또는 능동적으로 듣는 경험을 할 수 있다. 음악치료에서는 친밀감이 경험에 더욱 필수적이다. 내담자는 음악적 표현의 지속적인 잠재적 노출 속에서 노출되는 느낌을 받을 수 있으며, 능동적 청취자의 역할로 물러나야 할 필요를 느낄 수도 있다.

치료사가 능동적 청취자가 되는 것은 일반적이지 않다. 『Music at the Edge』(Lee, 1996)에서 치료사가 능동적 청취자가 될 때 나의 생각을 다음과 같이 설명했다.

…… 점차 나는 수용적 역할의 중요성을 이해하기 시작했다. 수용적이라는
것은 수동적인 의미가 아니라 음악의 실제적이고 지속적인 부분으로서 말이
없을지라도 능동적으로 공명하는 것이다(p. 156).

치료사가 능동적 청취자가 되면 음악적 활동 역할을 철회하고 음악적 고요
함을 선호한다. 이러한 역동은 치료사의 역할을 투입과 치료적 힘의 균형 측면
에서 시험할 수 있다. 또한 혁신적이고 필요한 방향을 과정에 제공할 수도 있
다. 특히, 프랜시스처럼 내담자가 명확하고 혼자 연주하고 싶다는 욕구를 분
명히 할 때, 음악적으로 수동적이면서도 관계 속에서 지시적인 자세를 유지하
는 것은 어려운 작업처럼 보일 수 있다.

프랜시스와 나의 관계의 조정은 불안하지만, 동시에 해방감이 든 순간이었
다……(Lee, 1996, p. 156).

프랜시스는 자신이 혼자서 하는 즉흥연주를 함께 하는 즉흥연주보다 더 영
향력이 있다고 생각하는 이유를 다음과 같이 설명한다.

혼자 즉흥연주를 할 때 나는 완전히 내 자신의 리듬과 영감을 따릅니다. 다
른 사람과 함께 작업할 때는 스스로는 사용하지 못했던 다른 문을 열 수 있습
니다. 함께 즉흥연주를 할 때 나는 당신의 리듬 중 일부를 받아들입니다. 두 사
람의 합은 다른 결과를 만들어 냅니다. 어떤 의미에서는 함께하는 것이 지원과
연대를 통한 에너지를 증가시키는 것이라기보다는 일을 함께하는 것입니다.
궁극적으로 나는 듀엣은 개인적인 기록으로서 덜 가치가 있다고 생각합니다.
내가 혼자 작업할 때는 매우 개인적인 진술이기 때문에 계시적이지 않습니다
(Lee, 1996, pp. 86-87).

내담자가 능동적 청취자가 되는 것은 더 일반적인 현상이다. 반응을 필요로

하지는 않지만, 내담자의 내면세계를 반영하는 반영적 즉흥연주를 통해 음악을 제공할 수 있다. 이러한 접근 방식의 예는 제12장과 데이비드와 리사의 사례 연구에서 찾을 수 있다.

결론: 청취와 삶

관계로서의 청취는 삶의 극치다. 우리가 듣는 방식은 살아가면서 감정적 영향을 이해하는 데 결정적인 역할을 한다. 임상적으로 청취하는 것은 내담자의 내면세계를 정확하게 드러내는 계시에 초점을 맞추는 것을 의미한다. 음악치료사는 다음과 같은 여러 수준에서 듣는 것이 중요하다.

- 음악가로서의 청취
- 치료사로서의 청취
- 인간으로서의 청취
- 음악적 청취
- 침묵적 청취
- 현실적 청취
- 창조적 청취

음악치료사가 깊고 창조적으로 경청한다면 그들은 내담자의 말을 자유로운 음악 정신으로 들을 것이며, 조직과 자유의 균형을 잘 알고 반응할 것이다. 하지만 음악치료사가 겉 소리만을 들을 수 있다면, 표면적인 수준에서만 반응할 수 있을 것이다. 임상적으로 청취하는 것을 배우는 것은 헌신과 통찰력을 필요로 하는 과정이다. 임상적 청취 기술은 배울 수 있는 것이다. 세션의 작은 부분을 선택하여 반복적으로 듣는 것은 치료사가 더욱더 복잡한 음악적 수준을 발견하는 데 도움이 될 것이다.

HIV를 앓고 있는 내담자인 마크는 지속적으로 반복적인 스타일로 즉흥적으로 피아노 연주를 했다. 반복성이 고착되는 것은 일반적으로 바꿔야 할 '막다른 골목'으로 여겨져 단조롭고 생명력이 없는 연주로 간주한다. 그러나 질문은 "어떻게 하면 그것을 깰까?"가 아니라, 오히려 "고착된 반복성은 치료과정에 관해 우리에게 무엇을 말해 주고, 그것에 대한 우리의 이해는 내담자의 말을 더 명확하게 듣는 데 어떻게 도움이 될까?"다. 나는 마크의 반복성에 맞춰 의식적으로 즉흥연주를 했고, 그의 연주를 방해하려고 하지 않았다. 외적으로는 소리가 규칙적이었지만, 그의 연주에는 더 상세한 청취를 요구하는 질적인 부분이 있었다. 나는 그의 표면적인 반복성 뒤에 있는 것을 들으려 했고, 놀랍게도 마크만이 이 지속적인 소리를 통해 표현할 수 있었던 수준과 명확성을 발견했다. 마크가 나에게 그의 음악 안팎을 허용한 것은 내가 그의 반복성을 정확하게 듣고 받아들였을 때였다. 이 일이 발생한 후, 그의 연주가 처음에 들었던 것처럼 막혀 있거나 고정되어 있지 않다는 것을 알았다. 음악을 살아나게 하고 창조적으로 만드는 미묘한 변화, 질감의 변화가 있었다. 나의 청취의 명확성이 높아질수록 마크의 반응은 더욱 정교해졌다. 이것은 그의 연주를 도전하는 직접적인 개입이 아니라, 내가 그의 음악을 받아들이고 집중적으로 들었기 때문에 궁극적으로 그의 반복성이 사라지는 결과를 낳았다. 이 일이 발생한 후 마크는 그의 반복성을 포기하고 앞으로 나아갈 준비가 되어 있었다.

심미학적 음악치료는 음악적 관계가 치료적 관계의 필수적인 요소라는 전제에 기반을 두고 있다. 추측 없이 정확하게 듣는 것은 이 접근법의 또 다른 근간이다. 이 책의 일반적인 주장은 음악이 그 자체로 이해되기 전까지는 음악에 대한 우리의 해석이 결함이 있다는 것이다. 따라서 해석은 현상 자체가 정확하고 정밀하게 설명될 때만 유효하게 된다. 심미학적 음악치료의 관점에서 이것은 음악의 기본적인 요소를 설명하는 것을 의미한다. 이를 달성한 후에는 이러한 지식을 치료과정과 음악과 말/언어의 균형에 대한 지속적인 이해와 관련시킬 수 있다.

"우리 존재 전체가 우리 경험의 영역에 들어오는 모든 것과 공명할 수 있도록 조율될 때, 듣기는 신성한 차원으로 승화된다"(McMaster, 1995, p. 72).

제 6 장

사례 연구-마이클: 음악과 상실

"음악의 부드러운 손길은 울리는 소리보다는 오히려 한숨 지듯 스칠 때, 상처를 입힌다."

—Robert Herrick, Soft Music(1891)

상실감을 표현하는 음악의 힘은 심미학적 음악치료 과정에서 필수적인 부분이다. 상실은 삶의 기본이다. 우리는 시작과 끝을 마주하며 슬픔의 충격을 극복해 나가는 것이 살아가는 데 필요하다. 죽음이라는 극심한 재앙에 직면하는 것은 고치거나 극복하는 것이 아니라, 살아가는 현실을 반영하고, 다시 조율할 수 있는 기회를 제공하는 것이다. 상실의 미로를 헤쳐 나가는 길은 강렬하면서도 조명을 던져 주는 경험이 될 수 있다. 음악치료사는 음악을 통해 상실감과 슬픔을 포용하며 안내해야 한다. 상실의 표현을 마주하고 인정하는 것은 궁극적으로 치료적 효과를 가져온다. 음악치료는 가장 영적인 수준에서 상실의 의미에 목소리를 낼 수 있게 조력한다. 음악에는 시작과 끝이 있다. 그리고 시간 속에 존재하며 사라진다. 음악의 구성은 삶과 죽음의 구성과 유사한가? 그렇다면, 우리는 어떻게 음악을 삶의 순환과 연결할 수 있을까? 가장 위대한 음악 중 일부는 상실에서 영감을 얻었다. 드보르자크, 베르크, 그리고 풀랑크와 같은 작곡가들은 개인적인 상실 경험에서 영감을 받아 감정적 강도가 높은 작품을 만들었다. 그렇다면 음악의 본질이 명확한 언어를 통해 가능하지 않은 방식으로 상실의 중대성을 표현할 수 있을까?

이 사례 연구는 내담자와 음악치료사의 회상적인 해석과 함께 세션에서의 음악적 예시를 통해 이야기하고 있다. 이는 우리의 작업을 철저히 요약하는 것을 목표로 하지 않고, 오히려 마이클이 그의 슬픔에 직면하는 데 도움이 되는 우리 음악적 관계의 본질을 포착하려는 시도이다. 이는 내가 애도하는 내담자와 함께 일한 첫 경험 중 하나였고, 따라서 내가 참고할 수 있는 틀은 지속적인 슈퍼비전에서 비롯되었다. 이 없이는 연구를 진행할 수 없었을 것이다. 발전 과정의 불확실성은 이전 호스피스 치료 경험과 비슷했고, 모든 치료 결정을 내릴 때마다 어려움을 겪었다. 심미학적 음악치료의 관점에서 볼 때, 이는 아마도 음악의 본질에 몰입된 치료과정의 가장 명확한 예시일 것이다. 연구가 진행됨에 따라 음악은 마이클(Michael)의 균형 추구 과정 및 이해에 더욱 중심적인 역할을 하게 되었다. 오디오 자료에 담긴 즉흥연주의 질감은 상실 앞에서의 음악치료를 역동적으로 표현하는 것을 엿볼 기회를 제공한다.

내담자의 이야기

처음 콜린(이 책의 저자)을 만난 것은 매주 자원봉사로서 자폐 아동과 음악 세션을 진행할 때 지도해 주던 음악치료사의 소개를 통한 것이었다. 우리의 음악 녹음을 들었을 때, 나의 슈퍼바이저는 왜 내가 종종 다섯 살 소녀가 가져온 강력한 음악적 표현에 맞추지 못하는지 궁금증을 표했었다. 마침내 내가 슈퍼바이저에게 어머니의 갑작스러운 사망에 대해 이야기했을 때, 그녀는 내가 이 상실의 슬픔을 극복하지 못했음을 즉시 이해하고, 콜린을 만나야 한다고 제안했다.

불과 1년 조금 전 1월 1일 내 집 근처 호수에서 어머니의 시신이 얼어붙은 채 발견되었다. 어떻게 그곳에 갔는지, 자살인지도 아무도 알지 못한다. 그녀는 수년 동안 조울증에 시달렸으며, 필요한 도움을 전혀 받지 못했다. 이혼 가정에서 외동아들이었던 나에게 그녀의 죽음은 슬픔과 동시에 안도감도 가져왔다. 그녀가 묻히기 바로 전날 아버지는 두 번째 아내와 결혼했다. 그의 정서적인 지지도 기대할 수 없었다.

콜린을 만났을 때는 고통과 외로움에 빠져 있었다. 처음 그를 만났을 때 그는 뛰어난 피아니스트이자 유능한 음악치료사라는 인상을 받았지만, 내가 표현해야 할 감정적 강도를 직면하지 못할 것이라고 생각했다. 다행히도 콜린은 이런 내 잘못된 생각에 도전했다.

치료사의 이야기

마이클은 나의 슈퍼바이저를 통해 소개되었다. 어머니가 몇 년 전에 돌아가셨고 음악치료의 가능성을 탐구하고 싶다는 것 외에는 별 정보가 없었다. 최초 면담 세션에서 마이클에 대한 내 첫인상은 조용하지만, 단호하고 표현력이 풍부한 청년이라는 것이었다. 영어가 그에게 모국어는 아니었지만, 정확하고 명료하게 말할 수 있었다. 마이클은 현재 그의 삶을 탐구할 수 있는 음악치료를 경험하고 싶다는 호기심이 있다고 말했다. 우리는 즉흥연주가 우리 작업의 잠재적 초점이 될 것이라고 이야기를 나눴다. 나는 음악이 음악치료 과정의 중심에 있다는 믿음에 근거한 나의 접근 방식을 설명했다. 음악과 말에 대한 논의에서 우리는 세션의 변화하는 성격에 필요한 균형을 찾기로 했지만, 그는 내가 우리의 작업을 심리역동적으로 해석하지 않을 것에 동의했다. 우리는 호스피스의 내 방에서 열리는 초기 10회 1시간 세션으로 합의했다. 흥분되고 불안한 기대감이 나를 스쳐 지나갔던 것을 기억한다. 흥미롭게도, 이 사정평가 세션 중에 마이클의 상실에 대해서는 논의하지 않았다. 그가 떠난 후, 앞으로 다가올 잠재적인 작업에 대한 흥분과 불안이 동시에 느껴졌던 것을 기억한다.

의사소통의 시작

몇 년 후, 이 책을 쓸 때, 우리의 초기 10회 세션에 대한 평가 작업에 함께 할 의사가 있는지 마이클에게 연락했다. 이 사례 연구를 교육과 발표에 광범위하게 사용했기 때문에, 심미학적 음악치료에 대한 나의 발전하는 철학에 이상적인 기여를 할 것이라고 생각했다. 함께 만나 세션을 듣고, 지금 우리의 느낌과 세션에 대한 기억을 자유롭게 이야기하기로 했다. 나는 마이클에게 어려운 경험이 될 수도 있다는 것을 알고 있었기 때문에 그런 작업을 할 만큼 정신적으로 강하다고 느끼는지 확인하고 싶었다. 당시 내가 가르치고 있던 보스턴 버클리 음악대학에서 이틀간 만나기로 했다.

초기 연락을 통해 마이클은 우리의 평가 작업 가능성에 대해 다음과 같이 반영했다.

나는 당신과 함께 일하고 우리의 세션을 반성하는 것에 관심이 있습니다. 그러나 개인적 탐구 측면에서 더 관심이 있습니다. 이 작업을 통해 다시 고통을 다룬다면, 그 고통은 분명히 어머니와 얽혀 있으며 영원히 그럴 것입니다. 하지만 내 이익이 가장 우선이며, 다른 사람들의 이익은 그다음입니다. 세션 자체를 돌아보면, 처음에는 당신이 내 감정을 받아들일 준비가 되었는지 의심스러웠습니다. 내 고통을 기꺼이 감당해 주실 수 있나요? 나는 당신과 함께 일하면서 너무 강렬해서 함께 일할 수 없었던 감정을 당신이 다루어야 한다는 것을 알고 있었습니다. 세션 동안 나는 당신이 내 고통을 듣고 그것을 받아들인다는 것을 알았습니다. 그러나 나는 당신이 그렇게 될 수 없을 것이라고 생각했습니다. 이것은 우리 활동의 기본 원칙 중 하나였으며, 내가 슬픔을 이해하는 데 도움이 되었습니다.

나는 당신이 제가 연주할 때만 연주했다는 점을 고맙게 생각했습니다. 적응하는 데 시간이 걸렸지만, 당신의 주의와 의도는 항상 명확하게 저에게 향했습니다. 처음에는 당신에게서 숨을 수도 없고 당신 없이도 있을 수 없었기 때문에 불편했습니다. 당신은 항상 제 곁에 있었습니다. 이를 이해하고 받아들이자, 비로소 나는 당신의 음악적 지원과 반영에 감사하기 시작했습니다. 이는 나에게 몇 가지 측면에서 인상을 남겼고, 나는 여전히 이 접근 방식과 그것을 통해 발견한 것에 대해 감사합니다. 용기 있다고 생각한다고 말했던 것을 기억합니다. 하지만 누구와도 그렇게 할 수는 없었을 것입니다. 당신과 함께 이 경험을 했기 때문에 이제야 비로소 용기와 같은 미친 것들을 고려할 수 있습니다. 또한 자신의 취약성을 인정하는 것이 중요하다고 생각합니다. 나는 여전히 이것을 배울 뿐이지만, 이제는 그것을 힘의 근원으로 보게 되었습니다. 이는 내가 이제 음악치료 경험이 나에게 어떤 의미였는지를 깊이 들여다보려는 대담함을 갖게 된 주요한 이유 중 하나입니다. 이제는 알지 못하는 것이 치료과정에 필수적일 수도 있음을 알게 되었습니다.

음악치료 스키마

마이클은 10개 세션이 다음과 같은 6개 부분으로 나누어지는 것을 기억했다고 설명했다.

① 배경 설정(세션 1-4): 분노, 슬픔, 그리고 그것을 다루는 방법. 콜린과 상호작용하는 방식.
② 관계 협상(세션 5-6): 공통점을 찾기 위한 고군분투. 행동 방식.
③ 고통(세션 7): 질문: '콜린을 고통스러운 곳으로 데려갈 수 있을까?'
④ 손을 내밀기(세션 8): 콜린이 내 노래를 듣는다. 고통스럽지만 아름답다. 심오한 일이 일어나고 있다.
⑤ 정체(세션 9): 우리에게 남은 일은 무엇인가?
⑥ 음악(세션 10): 휘파람-감정적 긴박감 없이-주로 음악.

일반적인 반영

우리의 관찰은 10개 세션을 듣고 나서 이루어졌다. 이후 우리는 세션 7, 8, 10을 더 상세하게 분석하기에 적합하다고 결정했다. 이 만남 동안 마이클은 자신의 치료과정을 검토하고, 나는 과정의 일부 측면에 대한 질문을 하며 그가 작업의 중요한 부분에 대한 자신의 느낌을 최선을 다해 기억하도록 했다. 마이클은 또한 적절한 경우에 본문에 포함된 노트를 만들었다. 우리 만남의 질적인 특성은 우리의 대화와 청취가 자유롭고 즉흥적인 성격을 띠도록 했다.

박자

M(마이클): 당신이 나를 따르고, 나도 당신을 따랐던 때가 기억나는데······ 정말 흥미롭습니다. 그리고 그 반대도 있습니다. 뭔가를 제안하는 것과 거의 같습니다. 나는 또한 내가 시작하는 박자와 빠르기에도 관심이 있습니다. 처음에는 음악이 매우 빨랐으나 세션이 진행됨에 따라 점점 느려졌습니다. 나는 내내 일정한 실로폰 박자를 연주했고, 그것이 다른 모든 박자와 어떤 관련이 있는지 궁금했습니다.

C(콜린): 실로폰 박자 연주는 세션 전반에 걸쳐 공통된 주제였습니다.

M: 나는 나 자신에게 구조를 주고, 나 자신에게 어떤 통일성을 주고, 내가 붙잡을 수 있는 무엇인가를 주고 있다고 생각했던 것을 기억합니다.

지속적이거나 변화하는 박자는 단일 세션 내에서, 또는 세션마다 반복되는 모티브로써, 내담자 안정성의 필요에 대한 정보를 알려줄 수 있다. 음악은 본질적으로 구조와 패턴으로 이루어져 있지만, 즉흥연주는 형태와 구조로부터 자유로울 수 있는 잠재력이 있다. 내 경험상, 구조가 없는 즉흥연주가 치료 목적으로 적절한 경우는 드물다. 대부분의 임상적 상황은 음악적 대화가 이루어지기 위해서는 어떤 형태나 모양이 필요하다. 마이클은 전체 템포가 더 느려졌다고 설명함으로써, 세션이 진행됨에 따라 그의 표현 강도가 어떻게 변했는지 암시하고 있다.

비탄과 슬픔

M: 내가 듣고 싶은 것은 다양한 제스처와 감정입니다. 처음에는 뭔가 행동하고 있는 느낌이었고, 그다음에는 비탄과 슬픔을 정당화하는 시점이 있었어요. 무한한 에너지와 분노를 듣는 것은…… 음, 분노가 적절한 표현이 아닐지도 모르지만, 그냥 높은 에너지였어요. 내가 이러한 다양한 감정 속에 머물 수 있는 시간은 제한되어 있습니다.

C: 당신과 즉흥연주하는 것은 지치지만 활력이 넘쳤습니다. 당신은 항상 음악을 앞으로 몰아가고 있었어요.

M: 음악 자체가 앞으로 나아갔어요. 마치 박자가 계속 이어지는 것 같고, 뭔가 오랫동안 후에…… 그런데 당신이 뿌리 같은 것을 제안했을 때, 나는 "안 할 거예요!"라고 말했어요. 어떻게 빠져나올지 몰랐고, 그게 불편했어요.

C: 빠져나오고 싶었나요?

M: 당시에는 확실하지 않아서…… 노래를 부르기 시작했어요. 목소리를 찾는 데 얼마나 시간이 걸렸는지 기억합니다. 노래는 말을 찾는 것과 같았어요. 표현하고 싶은 것과 가고 싶은 방향에 대한 아이디어는 있었지만 매우 흔들렸습니다.

C: 내 걱정은 당신의 혼란과 분노를 명확하게 표현할 수 있는 공간을 만들어주는 것이었습니다. 어떤 음악적 그리고 임상적 결정과 개입이 적절할까요? 나는 존중했지만, 때때로 당신이 표현하는 것에 두려움을 느꼈습니다. 때때로는 치료적 동맹과 치료사로서의 개인 안전을 위해 당신의 표현으로부터 물러나야 했습니다. 당신의 표현에 대한 나의 인식은 당신의

것과 달랐다고 생각합니다. 그것이 치료사로서 저에게 주어진 엄청난 도
전이었습니다.

M: 네, 세션이 진행되면서 그 역동을 더 자각하게 되었고, 작업이 끝난 후 몇
년 동안도 그랬습니다. 비탄과 슬픔을 다룰 수 있었으면 좋았지만, 그로
부터 물러날 수도 있어야 했습니다.

C: 나는 당신의 음악적 표현을 마주하고 싶었지만 당신의 날것 그대로의 모
습과 고통을 함께 견딜 수 없었던 때를 기억합니다.

음악치료에서 우리는 내담자의 표현을 경험하는 동시에 만나기를 열망한
다. 음악을 통해 그 표현의 진실성을 진정으로 느낄 수 있다. 그러나 치료사가
내담자의 강렬함에 너무 깊이 빠져들 수 있다는 위험이 있다. 상실과 고통을
음악적으로 표현한 마이클의 음악적 표현은 때때로 소리와 의미의 현실성 측
면에서 압도적이었다. 그의 분노와 고통의 표현으로 계속 구축하는 것은 내 개
인의 안전에 위험을 느끼게 했다. 음악적으로나 감정적으로나 거리를 두어야
했다. 이러한 개인적인 경계 설정은 우리의 치료적 동맹의 분명한 부분이 되었
다. 나는 이러한 상황에서 마이클을 위해 어떻게 최선의 치료자가 될 수 있을
까? 그의 상실감이 어떻게 그토록 강렬하고 즉흥적인 음악적 표현으로 옮겨질
수 있었으며, 그리고 이것을 어떻게 촉진해야 할까? 이는 마치 미지의 세계에
들어서는 듯한 느낌이 들었다.

음악

M: 당신이 해 주신 모든 것은 내게 필요한 것이었습니다. 그것은 내 본질을
담고 있다고 느껴졌습니다. 지금까지 여러 번 자살을 고려했지만, 실제
로 계획한 적은 없습니다. 어떤 시점에서는 경계를 설정하고 포기하는
방법이었죠.

C: 당신은 강하셨고, 음악적으로 마음에 들지 않는 것을 할 때 알려 주셨습

니다.

M: 그 말이 맞습니다. 처음부터 당신의 존경을 느낄 수 있었습니다. 이 세션들은 내 것이었고, 나는 원하는 것을 이야기할 권리가 있었습니다. 이것이 전체 경험을 그렇게 가치 있게 만들었습니다. 왜냐하면 이 공간이 내 것이라는 것을 알았고, 내가 필요한 모든 것을 따라와 줄 것이라는 것을 알았기 때문입니다. 나는 완전히 신뢰했고 지금도 의심하지 않습니다. 내 생각에는 항상 그랬던 것 같습니다.

C: 내가 치료사로서 당신이 필요한 것을 제공할 수 있을지 걱정하고 불안해했던 때도 있었습니다. 그 당시 당신이 저를 그렇게 많이 신뢰하고 있었다는 사실을 저는 알지 못했습니다.

M: 그것은 당신의 음악적 표현과 관련이 있었습니다. 당신이 음악을 어떻게 만들고, 내 연주에 어떻게 반응했는지에 관한 것이죠. 당신은 그것에 맞게 능숙했습니다. 첫 세션에서는 아마 그럴지도 모르겠지만, 두 번째 또는 세 번째 세션부터는 음악적으로 내가 갈 수 있는 어떤 곳이라도 당신은 함께할 수 있다는 것을 알았습니다. 지금도 저는 음악적으로 제가 무엇을 해도 당신은 대응할 수 있다고 절대적으로 확신합니다. 이것도 또한 이 관계를 맺은 후, 나는 절대적으로 지원받지 못했다고 느껴 본 적이 없는 이유입니다. 한 번만 있었는데…… 재밌는 것은…… 그것은 당신이 나를 만날 수 없었기 때문이 아니라, 내가 당신과 함께 가고 싶지 않았기 때문이었습니다.

C: 당신의 음악적 표현이 얼마나 놀라운지 알고 계셨나요?

M: 아니요, 당신의 관점에서 얼마나 큰지 알 수 없었고, 내 관점에서는 그저 거대한 것임을 알았습니다.

C: 나는 당신의 음악적 표현에 끊임없이 놀랐습니다.

M: 나는 아직도 그 엄청난 것, 그 중요성을 완전히 표현할 수 없는 느낌이 듭니다. 일부분만 가져와서 단 한 구절만 분석하는 것은 불가능할 것입니다. 때때로 우리는 음악 적 접촉을 시도했습니다. 그것들은 치료사와 내

담자로서 우리가 상호작용하는 방식에 영향을 주었지만, 우리가 이야기하는 진짜 것은 아니었습니다. 음악적인 관계라는 말입니다. 이 순간들이 어디서 나오는지는 정말 놀랍습니다.

마이클은 음악치료사들이 음악적으로 능숙해야 한다고 강조한다. 음악치료사가 단순히 치료사뿐만 아니라 뛰어난 음악가여야 한다는 것이 중요한가? 나는 음악치료사가 음악적으로 지지해 주고, 발전시키려고 노력하지 않으면 치료적으로도 지지해 주고 발전시킬 수 없다고 생각한다.

음악과 말

C: 우리가 같은 수준의 아이디어와 개념을 말로 표현할 수 있다고 생각하십니까?

M: 음악적으로 이런 일을 했다는 게 너무 값진 것 같아요. 말은 이 세상의 모든 사람이 서로 관계를 맺는 방식입니다. 어느 시점에서 나는 대학에서 (언어적) 상담사를 만났습니다. 그녀가 항상 말한 것은 우리가 실제로 그것을 경험한다는 느낌을 주지 않으면서 그 감정을 찾고, 살고, 경험해야 한다는 것입니다. 나는 그것이 터무니없다고 생각합니다. 이것은 완벽히머 돌이켜보면 우리가 함께 했던 음악치료와 내가 말로 했던 치료 사이에 큰 차이가 있다는 것을 알 수 있습니다. 우리가 한 일은 옳았습니다. 왜냐하면 그것은 삶의 방식에 관한 것이 아니었고, 내 삶을 어떻게 대하는 것에 관한 것이 아니었기 때문입니다. 그것은 실용적이지 않았습니다……. 그것은 순수한 감정이었고 그것은 나에게 꼭 필요한 것이었습니다. 오늘도 나는 그것에 대해 말할 수 없습니다.

경계

C: 우리 작업에는 어떤 경계가 있었다고 생각하시나요?

M: 작업 초반에 내가 하고 싶은 말을 하면 좋으나, 내 음악을 해석하지 않겠다고 말씀하셨던 것 같아요.

C: 그 점이 마음에 들었나요?

M: 네, 그랬어요. 세션이 끝난 후 그런 일이 한 번 이상 발생한 것 같아요. 우리가 말하고 구두로 해석하려고 하는 것이 거의 무의미해졌습니다. 경험에 도움이 되지 않았고…… 기분이 나빠졌을 것입니다.

C: 이것은 정신분석학 이론에 위배됩니다.

M: 네, 알아요. 하지만 우리의 음악적 표현은 말로 표현할 수 없을 만큼 뛰어났기 때문에 그것을 말로 표현하려고 하면 제가 탐구하고 있던 것이 줄어들었을 것입니다. 모든 일은 음악에서 일어납니다. 감정적인 작업…… 만날 때마다 분위기와 관계를 구축해야 합니다. 가서 치료사를 만나서 이야기를 나눈다면 세션이 진행될 때까지 실제 문제를 해결하지 못할 것입니다. 반면 음악에서는 더 빠르고 역동적으로 진행됩니다.

관계와 라이히(Reich)

M: "음악치료에 가야지……"라고 생각했던 게 기억납니다. 나는 대안을 찾으려고 노력했습니다. 우리 둘 다 필요한 말이 이루어질 거라는 걸 알았습니다. 실제로 그렇게 됩니다. 가장 심오한 생각이 나올 수도 있습니다. 치료사인 당신은 또 다른 사람입니다. 내가 당신과 함께 헤엄치고 싶다면, 당신을 물에 익숙하게 해야죠. 당신은 저를 손에 잡고, 자신은 가고 싶지 않지만, 저를 물로 인도합니다. 치료사인 당신이 가고 싶지 않은 곳이 있다는 것을 아는 것은 흥미롭습니다. 그것은 당신의 영역이 아니지만, 동시에 누군가를 함께 가도록 권유하기 때문이죠. 당신이 이끌고, 나

는 즉시 따라갑니다.

C: 당신의 음악을 생각하면 작곡가 스티브 라이히가 떠오릅니다.

M: 저는 스티브 라이히를 좋아합니다.

C: 라이히는 개별 연주자들이 하나로 만들어지도록 합니다.

M: 이 음악적 유사점은 나에 대해 많은 것을 말해 줍니다.

최소주의(Minimalism) 운동의 선구자인 스티브 라이히는 나의 음악치료사 및 작곡가로서의 작업에 큰 영향을 미쳤다. 최소주의 작곡은 통제되고, 즉흥 연주 과정과는 표면적으로는 거의 관련이 없다. 하지만 작은 구성 요소들의 결합과 발전은 임상/음악적 관계 발전에 직접적인 영향을 미칠 수 있다. 최소한 패턴을 음악 발전의 핵심으로 집중함으로써 중요한 결과를 가져올 수 있는 친밀한 결합이 나타날 수 있다(참고: 더 자세한 논의는 제16장 참조). 이러한 패턴은 종종 내담자가 시작하지만, 치료사가 직접적인 임상 개입으로 도입할 수도 있다. 일단 최소주의적 결합이 일어나면 치료사는 이러한 음악적 결합의 성격을 이해하고 해석하는 책임이 있다. 위험한 것은 개별 연주자가 하나로 뭉칠 때 음악이 관계적으로나 음악적으로 중복될 수 있다는 것이다. 치료사는 작업 방향과 관련된 방식으로 이러한 음악적 대화를 향해 나아가거나 벗어나는 방법을 알아야 한다.

길을 따라가다

C: 우리 음악적 대화의 의도에 놀랍니다.

M: 마치 길을 찾는 것과 같습니다. ……우리 둘 다 중요한 음악을 찾기 위해 진지한 의도를 가지고 있습니다. ……중요한 것들을 표현해야 합니다. 때때로 잠시 멈출 필요가 있습니다. 나는 스스로를 개방하지 않으면 도움을 받을 수 없습니다. 당신에게 외국의 음악적 언어로 말을 한다면…… 당신에게 비명을 지르고 소리 지르겠다고 결정하면 효과가 없을

것입니다……. 내가 무언가를 얻을 수 있는 유일한 방법은 당신과 소통하는 방법을 찾는 것입니다. 달려가거나 누르거나 질식시키지 않으면 다른 사람들과만 관계를 맺을 수 있습니다.

C: 때때로 저를 질식시키려고 했던 느낌이 들었습니까?

M: 네, 그렇게 생각합니다. 그것은 치료적으로 유효하고 사회적 학습치료라고 생각합니다. 반항심과 같습니다. 때때로 나는 가고 싶은 곳에 대한 이미지를 가지고 있었습니다. 당신이 항상 그곳에 가지 않으면 좌절했고 반항했습니다.

C: 때때로 나는 당신을 음악적으로 테스트할 수 있습니다.

M: 이것이 우리의 작업을 치료라고 만드는 것입니다. 우리는 이것이 음악 심리치료라고 말할 수 있습니다. 기록을 위해 분석치료사는 여기서 일어나는 모든 것을 자기애적 성격장애라는 관점에서 이야기할 것이라고 생각합니다. 내담자는 강렬한 감정을 표하고 있지만 말하지는 않습니다. 음악적으로 우리는 깊고 강렬한 수준에서 소통하고 있습니다. 이것이 바로 역설입니다. 당신과 소통하기 위해 나는 당신이 받아들일 수 있는 것을 제공해야 했습니다. 나는 비탄에 빠진 애도의 다양한 유형을 한정하려고 노력했습니다. 나는 감정과 표현의 영역이 다양하다고 믿습니다. 분노와 다른 종류의 애도…… 또 다른 종류의 비탄도 있습니다. 이러한 표현 방식을 찾는 데 도움이 되는 음악적 악상/동기가 있습니다.

개론적인 일반 대화가 끝난 후 세션 7, 8, 그리고 10에 대한 보다 심층적인 분석으로 넘어갑니다.

[오디오 자료 3: 세션 7(개시 후 10분)]

Arch_Track 03

마이클은 반복되는 A 음을 선택한다(실로폰).

- 치료사는 피아노에서 같은 음을 연주한다.
- 마이클은 목소리를 내기 시작하고, 치료사는 그것에 합류한다.
- 반복되는 A 음과 피아노의 화음과 함께 목소리 대화가 전개된다.
- 마이클은 심벌을 연주하기 시작한다.
- 마이클은 마침내 A 음에서 벗어나고, 치료사는 화음 반주를 소개하기 시작한다.
- 마이클의 목소리는 더욱 열정적으로 변한다.
- 음악은 강도를 높여 간다.
- 마이클의 노래는 비명/외침으로 바뀐다.
- 심벌 연주의 연장된 구간
- 연주는 마침내 잦아든다.

M: 우리가 여기서 하는 것은 완전히 해방적인 일입니다……. 마치 날아다니는 것 같아요.

피아노와 함께 연주되는 심벌즈는 위압적이지만 주의를 딴 데로 돌리지는 않습니다. 나는 목소리를 사용하기 시작하고 다음과 같이 적었습니다. "이 음악은 왜 나의 취약성을 명백하게 보여 주는 걸까요?" 나의 목소리는 부서지기 쉽고 취약해 보이는데, 다른 것들은 그렇게 강력합니다……. 모든 것은 아니지만 결정적인 많은 부분이 있어요. 그리고 실로폰에서 반복되는 'A'음을 들었을 때, 다음과 같이 적었습니다. "이 노래는 무엇일까요?…… 우리가 무엇을 부르고 있을까요?…… 나는 모릅니다."
당신도 'A' 음만 연주하셨나요?

C: 네……. 나는 당신과 동일한 음을 선택하기로 결정했어요.

M: 우리는 'A'로 시작했고, 목소리로 맴돌았어요. 이 노래가 무엇에 대한 이미지는 없어요. 말할 수 없어요……. 질문으로 가득 차 있고, 그런 다음 심벌을 다시 연주해요. 이것이 저를 돕습니다. 이것은 표현을 돕는 도구입니다. 내 목소리는 더욱 강하고 높아져요. 심벌은 애매모호합니다. 한 방면에서는 도움이 되고, 다른 방면에서는 주의를 분산시킵니다. 심벌은 역할을 갖고 있어요……. 장면을 설정하는 것과 같아요. 그것은 모순적인 역할을 가지고 있지만 목적을 위해 사용되고 있어요. 그런 다음 내 목소리를 표현하는 장면을 설정하기 위해 많은 연주를 합니다. 하지만 제 목소리는 완전히 나가지 못하는 비명으로 남아 있어요. 장면을 설정하려고 노력하지만 할 수 없어요. 완전히 소리치지 못하고 있는 것 같아요. 심벌은 표현할 수 없는 것을 표현하기 위한 닻 같아요. 거의 사소한 것 같아요……. 진정한 표현에 도달할 때까지. 그리고 당신은 장례 행진곡을 다시 소개하고, 나는 말합니다. "아무도 이걸 듣고 싶어 하지 않을 거야!" 이 세션은 마치 진단과 같아요. 여기서 진짜 문제와 치료의 목표를 볼 수 있어요. 병리학적인 것. 그리고 그때 공을 울리면서, 나는 그것이 마치 배경에 위협적이고 다가오는 엄청난 감정을 상기시키는 것 같다고 생각했어요. 그것은 리듬이 영원히 계속되기 때문에 위협적입니다.

C: 나에게 있어 이 경험은 완전히 몸으로 체험한 것 같아요.

M: 이 세션에서는 가끔 내가 스스로에게 반대해서 무언가를 했던 순간들이 있었어요. 왜 하는지는 모르지만 상관하지 않는 것처럼요.

[오디오 자료 4: 세션 8 개시 후 15분)]

Arch_Track 04

- 마이클은 조용하게 노래 부르고, 길게 늘어지는 구절들은 치료사가 반주한다.
- 치료사도 노래를 시작한다.
- 마이클은 치료사의 이름인 '콜린'을 노래하기 시작한다.
- 그는 '나는…… 나에게는……, 하지만……, 그래, 나는……'과 같은 부분적인 문장을 노래한다.
- 음악의 강렬함이 커진다.
- 첫 번째 기악적 클라이맥스
- 음악이 가라앉고 마이클과 치료사가 함께 조용히 노래한다.
- 마이클은 "이제 들어 보세요."라고 노래한다. 치료사는 노래를 멈춘다.
- 마이클은 노래를 계속한다. "내 노래를 들어요. 나를 들어요. 내 노래를 들어요."
- 두 번째 기악적 클라이맥스
- 음악이 가라앉고 마이클은 노래를 계속한다. "내 노래는 슬프다……. 그리고 내 노래는 길다……. 슬프고 길다……. 그리고 내 노래는 아름다움을 지니고 있지만…… 그래도 슬프고 너무 슬프다."
- 세 번째 기악적 클라이맥스
- 마이클의 심벌 연주는 강렬하고 자유로워진다.
- 음악이 가라앉고 마이클은 노래를 계속한다. "그리고 내 노래는 높고 낮다, 높다…… 낮다, 높다…… 낮다……."
- 네 번째 기악적 클라이맥스

• 음악이 조용하고 부드러워진다.

M: 우리가 처음부터 긴밀한 접촉을 통해 어떻게 대화를 전개해 나갔는지 보는 것이 흥미롭습니다. 우리가 관계를 조율하는 데 거의 30분 정도 걸렸던 이전 세션과 달리, 이번 세션에서는 즉시 나타났습니다. 지금 듣고 있으면 대화에 당신의 음악이 얼마나 많이 포함되어 있는지에 놀랐습니다. 좀 더 자신감 넘치는 음악적 역할을 맡고 계시네요. 내가 음악적으로 큰 역동을 연주해도 당신은 여전히 눈에 띕니다. 당신은 후퇴하지 않습니다.

C: 이번 세션에서는 우리의 관계가 달라졌습니다. 나는 음악적으로 더 두드러지고 지시적입니다. 우리 관계의 발전과 현재 음악적 표현의 성격 때문에 그것은 의식적인 결정이었습니다. 당신이 내 이름을 부르기 시작했을 때 나는 충격을 받았습니다. 내담자가 치료 중에 그런 일을 한 것은 이번이 처음이었습니다. 마치 꿈속에서 부름을 받은 것 같은 불편함을 느꼈습니다. "왜 나를 부르는 거지?"라고 생각했던 기억이 납니다. "나한테 필요한 게 뭐예요?"…… 너무 많은 감정이 내 마음을 맴돌았습니다. 당신도 나처럼 이 사실을 또렷이 기억하고 있나요?

M: 나는 내 노래의 감정이나 의도를 다시 연결하는 것이 어렵다고 생각합니다. 정말 모르겠어요. 그 당시 그것이 나에게 어떤 의미가 있었을 것이라고 확신하지만…… 무엇인지는 말할 수 없습니다. 나는 당신의 이름을 불러야겠다는 생각이 들었던 이 순간을 기억합니다. 대담한 일이라는 것을 알았기 때문에 망설였습니다. 그것은 마치 경계를 넘어서 있는 것과 같았습니다. 비록 우리가 이 경계가 있을 것이라는 데 결코 동의한 적이 없었지만 말입니다. 다른 사람과 연결하는 것과 관련된 일입니다. 내가 내담자라는 것을 알면서도 우리는 동등하게 함께 음악을 연주하고 있었습니다. 우리는 음악을 통해 표현하는 동등한 두 사람이었습니다. 두 번째 세션부터 우리가 음악적으로 같은 평면에 서 있다는 것이 분명해졌습니다. 당신의 음악적 능력과 테크닉은 나보다 더 좋고, 더 크고,

더 정교했습니다. 그러나 우리가 함께 표현한 측면에서는 동등한 기여였습니다.

C: 동등한 음악적 파트너가 된 것을 영광으로 생각했습니다.

M: 나는 고통과 외로움, 우울증을 가지고 있음을 알고 있습니다. 나는 이 세상에 있으며 외부를 볼 수 있게 해 주는 어떤 종류의 소통을 할 수 있습니다. 하지만 동시에 나는 "이봐요, 이것을 보세요…… 저예요…… 나를 들어주세요."라고 말합니다. 다른 인간에게 다가가는 것 말이죠. 누군가를 받아들이고 공개적으로 공유할 수 있는 입장에 있었던 몇 안 되는 소중한 순간 중 하나였습니다. 이것은 우리가 이전에 공유했던 어떤 것보다도 더 독특하고 강렬했습니다. 당신의 이름을 부르는 것이 무슨 의미를 가지게 될까요? …… 하지만 너무나 자연스러워 보였습니다. 당신이 연주하는 음악 속에서 당신은 저를 따라가고 있었습니다……. 그것이 이렇게 특별한 이유입니다.

C: 그러다가 노래를 부르기 시작한 순간이 왔어요.

M: 무슨 말을 해야 할지 모르겠어요.

C: 기억하시나요?

M: 내 노래가 슬프기도 하고, 또한 아름답다는 걸 표현하고 싶었어요. 아름다움도 있고 슬픔도 있습니다. 표현하는데 애를 먹었던 내용입니다. 노래에 있어서 말이 얼마나 중요한지 보여 주는 강력한 예입니다. 저번에 노래했을 때 내 노래가 높기도 하고 낮기도 하다고 불렀는데…… 그건 그냥 가사일 뿐이에요.

C: 나에게 이것은 정말 놀라운 경험이었어요.

M: 정말 심오합니다. 확실히…… 말 자체는 아닙니다. 삶이 힘들고 힘들고 슬프지만 그래도 아름다움이 있다는 사실을 말을 통해 인정하고 싶었어요……. 그게 다인 것 같아요.

C: 그 자체로 심오합니다.

M: 우리가 사용했던 음정들, 즉 우리 사이에서 일어난 음악적인 것들이 단

어보다 더 저를 사로잡았습니다. 리코더는 제 목소리를 대신하는 것이었습니다. 고통스럽고 울음과 같았지만, 실제 울음 표현에 가장 가까운 것이었습니다. 그런 다음 저는 심벌을 소개했습니다. 그것은 완전히 필수적인 부분이었습니다……. 항상 거기에 있었습니다. 내가 어떻게 그것을 유지하는지 놀랍습니다. 큰 변화가 있고 그다음에 지속적인 박자가 있습니다. 이 세션 전체에서 우리 사이의 균형은 훌륭합니다. 당신이 나와 함께하지 않은 순간은 단 한 번뿐이었습니다. 내가 정신을 차리고 거기에서 벗어날 수 있을 때까지 짧은 순간이었습니다. 당신은 아주 몇 가지 경우를 제외하고는 내가 어디를 가든지 따라다녔습니다.

C: 이것은 심미학적 음악치료의 완벽한 예입니다.

M: 돌이켜 보면 이 표현이 나에게 좋았다는 건 알지만, 그 이상은 말할 수 없을 것 같습니다. 어쩌면 지금은 다시 연결할 수 없는 것이 나를 위한 보호기제일 수도 있습니다. 역사이기 때문입니다.

C: 만약 당신이 그렇게 했다면, 너무 과한 것은 아닐까요?

M: 그렇지요. 누군가에게 이 세션들이 어떤 경험이었고 왜 그렇게 심오했는지 말해야 한다면 정말 어려울 것입니다. 나는 많은 사람들에게 우리 세션에 대해 이야기했고, 그것이 절대적으로 심오했다고 완전히 확신하지만 사람들은 "무엇을 했는가?", "무엇을 얻었는가?", "무슨 의미가 있었는가?"라고 물어봤습니다. 이런 질문들은 너무 막연해서 어렵습니다. 핵심은 내가 고통을 표현하고, 직면하며, 그리고 결국 극복할 수 있었다는 것입니다.

[오디오 자료 5: 세션 10(개막 후 10분)]

Arch_Track 05

- 마이클은 혼자 노래한다.
- 마이클은 실체 없는 음악을 휘파람으로 분다.
- 마이클이 리코더를 연주하고 치료사가 노래를 부른다.
- 치료사는 음성(치료사)과 리코더(마이클)를 남기고 피아노 연주를 중단한다.
- 치료사가 피아노 연주를 재개한다.
- 음성(치료사) 및 리코더(마이클)
- 아카펠라의 두 성부
- 음악은 가라앉고 마이클은 성가 배음으로 노래를 부른다.
- 결국 두 연주자는 모두 동일한 음표/성가 톤으로 휴식을 취한다.
- 음악이 사라져 버린다.

M: 여기서 음악적 관계는 얼마나 평등하다고 생각하시나요?
C: 완전히 동일합니다.
M: 그런 느낌이 들었어요. 나는 '단순한 음악'이라고 썼습니다. 우리는 단순히 음악을 연주하고 있었는데, 그 이상은 아닌 것 같아요.

치료사의 결론

음악이 본질인 임상 작업을 명확하게 표현하는 경우, 이 작업은 글을 통한 것보다 훨씬 더 강력한 오해의 가능성이 있다. 치료사로서 치료과정에서 음악의 역할을 명확히 하지 않으면, 음악은 우리의 동맹이 될 수도 있고, 반대로 적이 될 수도 있다. 치료 자체에서 음악의 역할이 오해되기 때문에 음악치료에 대한 음악 중심 접근 방식은 여전히 오해되고 있다고 생각한다. 임상적 즉흥연주는 계속해서 영감을 주지만 당혹스럽다. 본질적인 개인적 창조성의 틀 내에서 균형을 이루는 구조와 자유는 복잡하면서도 해방적인 현상이다. 심미학적 음악치료의 명확한 예인 이 사례 연구는 치료적 힘으로서의 음악이 어떻게 그 자체 내에서 완전한 과정이 될 수 있는지 보여 준다. 마이클의 음악적 명확성과 반성적 분석은 음악이 상실을 명시적으로 표현할 수 있는 잠재력에 대한 그의 믿음을 보여 준다. 그의 말은 지지와 정확성을 제공하지만, 치료의 핵심이 탄생하고 계발되는 것은 그의 음악에서이다. 즉흥연주는 그의 치료의 핵심이며, 그의 여정을 이해하려면 그의 음악적 페르소나의 본질을 이해해야 한다. 따라서 오디오 예제는 사별을 통한 그의 음악적 여정을 실현하는 데 있어 항상 음악으로 돌아가는 열쇠를 쥐고 있다.

세션 동안 그리고 지금 우리가 이 작업을 준비하는 동안 내 인생에서 마이클의 존재는 상당했다. 우리 작업이 시작되면서 그가 나에게 제시한 음악적 도전은 종종 압도적으로 느껴졌다. 과연 나는 이 도전에 응할 수 있을까? 어머니의 죽음으로 인한 극심한 고통을 음악적으로 번역한다는 것은 어떤 의미일까? 몇 년 후, 그에게 우리 작업에 대해 숙고해 달라고 요청하면서, 나는 이것을 곰곰이 생각해 볼 때, 매우 고통스러울 수 있다는 것을 알고 있었다. 나에게 그러한 모험을 제안할 권리가 있었고, 한편으로는 이 작업 자체가 또 다른 치료과정이 될 수 있었을까? 나에게 우리 작업을 분석할 수 있는 기회는 의심의 여지없이 치료적이었다. 우리 동맹의 더욱 복잡한 측면을 발견하면서 나는 우리 음악적 관계의 본질을 더욱 이해하기 시작했다. 나는 그 결과가 마이클뿐만 아니라, 직업으로서의 음악치료에 있어서도 가치 있는 결과였기를 바라는 바이다. 내담자는 음악치료사의 임상을 가르치고 정의한다. 마이클의 세션은 즉흥연주의 '예술'과 '과학' 사이의 균형과 상호작용, 그리고 둘 다 상호 배타적이지 않다는 것을 더욱 깨닫는 데 중추적인 역할을 했다. 창조성의 '과학'은 경험주의의 '예술'과 동등한 지위를 가지고 있다. 우리가 각 개인의 음악과 치료에 대한 개념을 형성하기 위해 필요한 열린 마음을 제공하는 것은 이 두 영역의 한계를 어떻게 정의하는지에 달려 있다. 이 사례 연구는 구체적이면서도 본질적으로 창조적인 이러한 발전하는 균형과 탐구를 강조한다.

내담자의 결론

음악을 들으면 소리 속에서 이루어지는 조율이 내게 매우 중요한 것을 가르쳐준 치료과정을 반영하고 있음을 즉시 이해한다. 지금 돌이켜 보면, 치료사 앞에서 단순히 감정을 표현하는 것만으로는 반드시 치료적인 것이 아니라는 것을 알 수 있다.

이 사례 연구를 위해 콜린이 선택한 발췌 내용을 처음 들었을 때, 나는 "격렬하게 징(공)을 치는 것으로는 충분하지 않다! 사람들은 내 고통과 고난이 얼마나 컸는지 정말로 이해하지 못할 것이다!"라고 생각했다. 하지만 조금 지나서 나는 내가 쳤던 엄청난 소리와 지속적인 북소리가 전혀 의미가 없다는 것을 깨달았다. 이제야 나는 콜린의 끊임없는 존재가 나에게 제공한 것이 바로 나의 외로운 지점에서 그에게 다가가는 것임을 이해한다. 큰 소리를 내어 그가 다가와 내 상처받은 영혼을 위로하도록 하는 대신, 도움과 위로를 찾을 수 있는 유일한 방법은 그에게 다가가는 것이었다. 당연히, 내가 그에게 제공해야 했던 것은 세련된 상호작용을 위한 더 많은 공간을 남겨 두는 덜 인상적인 음악이었다. 다행히도 그렇게 해서 기쁘다. 왜냐하면 내가 발견한 것은 콜린은 내담자가 도움이 정말 필요할 때 열정적이고 용감하며, 그리고 재치 있는 치료사였기 때문이다.

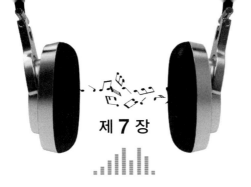

제 7 장

베토벤, 현악 4중주 15번 A단조-작품 번호 132: 창조성, 음악, 그리고 질병

> 베토벤의 마지막 사중주는 현대 음악을 정당화하는 것은 아니지만, 현대 음악은 사중주를 정당화하는 지점에 이르렀다.
>
> -Marion M. Scott, Beethoven(1934), Watson(1994)에서 인용

　젊은 시절, 음악에 푹 빠져 있던 나는 내 인식을 계속 확장해 줄 혁신적인 현대 사운드의 길을 찾아야 한다는 도전에 직면했다. 나는 20세기 아방가르드에 속했기 때문에 최근의 트렌드를 모두 알고 싶었다. 새로운 음악에 대한 갈증과 함께, 나는 위대한 작곡가들과 그들의 위대한 작품을 찾아보며 그들을 위대하게 만든 본질을 찾았었다. 내가 음악적 위대함의 심리학을 이해할 수 있다면 나도 위대해질 수 있을 거라고 잘못 생각했다. 베토벤 현악 4중주의 첫 녹음곡을 샀을 때, 나는 마치 유언장을 들고 있는 듯한 느낌을 받았다. 12개의 디스크를 담고 있는 육중한 상자는 어쩐지 거대하고 뚫을 수 없는 것처럼 보였다. 이 음악이 왜 그렇게 높은 평가를 받았는지 궁금했던 기억이 난다. 각 레코드를 주의 깊게 추출하여 첫 번째 4중주부터 마지막 4중주까지 이동하면서 악보 하나하나를 보고 들으며 공부했다. 모든 악장, 모든 악절, 모든 음표를 세밀하게 들어야 한다는 책임감이 있었다. 내가 후기 사중주의 영역에 들어섰을 때 나는 이 작품들이 나에게 미칠 영향에 대해 준비가 되어 있지 않았다. 참으로 그것들의 위대함은 빛났다. 반복해서 들으면서 음표 뒤에 무엇이 있는지 알아내려고 노력했고 그 소리의 아름다움에 빠져들었다. 이 음악에서 나는 음악과의 관

계에 깊은 영향을 미치는 책임감을 느꼈다. 내가 그 의미를 완전히 이해할 수 없다는 사실이 그 내용을 더욱 흥미롭게 만들었다. 그때 나는 이 음악과의 동맹이 평생의 헌신이 될 것이라는 것을 알았다. 오늘날까지도 나는 베토벤이 포착한 소리, 형식의 아름다움, 선율적 질감의 평온함, 그리고 그것들이 묘사하는 내면의 개인적인 투쟁을 경외심을 가지고 듣고 있다.

베토벤의 후기 현악 4중주는 지금까지 작곡된 음악 중 가장 완벽하고 심오하며 영적인 음악으로 평가된다. 이 곡들은 완벽함의 증거이며 그의 모든 작품 중에서 가장 개인적이고 드러나는 작품이다. 이 작품에서는 베토벤의 영혼이 드러난다. 그의 고통은 분명하다. 삶과 정신의 본질적인 부분까지 잘라냈다. 그들의 음악적 구성은 거의 완벽에 가깝다. 내용의 단순성을 통해 형태의 복잡성이 드러난다. 후기 4중주곡의 분명한 부분인 음표 뒤에 있는 음악을 정의할 수 있을까? 음악의 본질이 합리화를 넘어서는 것처럼 이 음악은 분석의 궁극적인 논리를 무시한다.

후기 현악 4중주가 임상적 즉흥연주자로서 나의 발전에 미친 영향은 상당했다. 베토벤은 내가 음악가로서 성장할 수 있도록 열정적으로 도와주었다. 음악치료사가 되자, 나는 음악적 자원을 개발하는 데 도움이 되도록 베토벤의 형식의 명확성을 다시 한번 살펴보았다. 나는 이제 임상가이자 예술가로서 피아노 소나타를 연주하면서 피아노 소나타와의 관계를 새롭게 했다. 둘 사이의 연관성을 고려하면서 나는 테마와 아이디어가 어떻게 내담자와의 작업으로 전달될 수 있는지 추측해 보았다. 나는 또한 그의 교향곡을 새롭게 들었고 그의 오페라, '피델리오'를 통해 묘사된 아름다움과 투쟁에 더욱더 연결되어 있음을 느꼈다. 이 새로운 동맹은 내가 현악 4중주와의 관계를 다시 확립하는 지점에서 정점에 달했다. 나는 첫 번째 4중주부터 마지막까지 다시 들었고 임상적 즉흥연주의 주제로 사용할 수 있는 가능한 음악적 아이디어를 악보에 표시했다. 나는 이 음악을 필사하고 연습한 다음 잠정적으로 감히 세션에 참여했다. 음악적 내용의 실용성과는 별도로 음악의 내면적인 성격에도 주목했다. 호스피스 분야에서 일하면서 삶과 종말, 그리고 고통에 대한 나의 감각이 바뀌었다. 이

제 이 작품들과의 개인적인 관계는 어떤 의미일까? 왜 그것들은 나에게 그토록 심각한 영향을 미쳤을까? 나는 어떤 영적인 연결을 맺었고, 음악치료사로서의 성숙한 작업을 돕기 위해 이 개인적인 연결을 어떻게 활용할 수 있을까?

내가 베토벤의 음악에서 새로운 의미를 찾기 시작하면서, 음악치료와의 연관성을 확고히 하는 임상적 직면이 나타났다. 마거릿은 인생의 마지막 날들에 나에게 내담자로 소개되었다. 그녀는 휠체어를 타고 있었고 조용했다. 나는 마거릿을 음악치료실로 조용히 데리고 가서 피아노 옆에 앉혔다. 우리는 조용히 앉아 있었다. 시간이 정지된 듯한 시간이 지난 후, 나는 부드럽게 그녀의 손을 잡고 건반 위에 올려놓았다. 마거릿은 내면의 고요함을 느끼며 연주하기 시작했다. 그녀는 건반을 어루만져 조용하고 천상의 음악적 분위기를 조성했다. 그녀가 이전에 피아노를 연주했는지 여부는 중요하지 않았다. 중요한 것은 음표 자체보다 그녀의 소리의 질감이었다. 마치 그녀가 음악 그 자체보다 더 깊은 무언가를 표현하고 있는 듯했다. 나는 그에 걸맞는 응답을 해야 했다. 마가렛의 음악의 비현실적인 성격을 듣자마자 나는 고민이 되었다. 어떻게 하면 그녀가 내적으로 표현하는 아름다운 소리와 음악적 표현을 만날 수 있을까? 베토벤의 후기 4중주 작품의 본질이 정확한 대답처럼 다가왔다. 베토벤 후기 사중주곡의 본질은 바로 그 반응인 것 같았다. 나는 베토벤의 현악기 작곡, 특히 느린 음악의 네 부분의 정확성에 중점을 두었다. 베토벤 음악의 내면적 특성을 담아내려고 노력했다. 나는 마거릿에 대한 반응으로 현악기 같은 부분을 즉흥적으로 연주하기 시작했고, 사중주에 대한 나의 열정적인 사랑을 그녀와 공유하려고 시도했다. 일종의 음악적 역전으로서 나와 사중주와의 임상적·음악적 관계에 대한 감각을 그녀에게 제공함으로써 관계는 즉시 열리게 되었다. 이것은 베토벤에 대한 나의 첫 번째 임상적 적용이었으며 작곡가 및 음악치료 자체와의 새로운 관계의 시작이었음이 입증되었다.

베토벤의 후기 작품과 심미학적 음악치료

베토벤의 후기 스타일은 문헌에서 오랫동안 논의됐다. 작곡가의 최종 작품이 항상 최고인 것은 아니다. 아도르노(Adorno, 1998)는 베토벤 작곡의 독특함은 그 수수께끼 같은 성격과 끊임없이 변화하는 스타일에 있다고 설명한다.

> 베토벤의 위대함의 진짜 이유를 묻는다면, 나는 아마도 우선 그가 단순히 좋은 베토벤 작품을 잇달아 만들어 낸 것이 아니라, 끊임없이, 거의 무한히 새로운 음악의 특성, 유형, 그리고 범주를 만들어 냈다고 대답할 것이다(Adorno, 1998, p. 159).

창조하고 재창조하는 것, 새로운 아이디어와 새로운 소리를 만들어 내는 것, 이미 인정된 것에 도전하는 것, 끊임없이 전진하는 것은 위대함의 특징이다. 베토벤의 후기 작품에 스며든 '영원성'(Dalhaus, 1991)은 그의 천재성의 진정한 심미학이다. 그의 음악은 그것이 작곡된 시대를 초월하며, 그것이 쓰여진 당시와 마찬가지로 지금도 현대적이다. 이러한 시대를 초월한 가치로 인해 베토벤의 후기 음악은 여러 수준에서 심미학적 음악치료의 원칙을 형성할 수 있는 잠재력을 가지고 있나.

베토벤의 후기 작품은 음악사에서 흥미로운 위치를 차지하고 있다. 그의 창조성의 마지막 시기는 다른 모든 작곡가들과 비교하는 기준이 된다. 베토벤의 후기 작품들은 마치 신성불가적인 존재처럼 여겨진다. 이는 음악 자체의 탁월한 명료함뿐만 아니라, 그의 진행성 난청 때문이기도 하다. 그의 장애가 작곡에 미친 영향은 청취자에게 부정할 수 없는 사실이며, 심지어 그의 많은 후기 작품이 완전히 청각장애를 겪고 있을 때 작곡되었다는 사실을 알면 더욱 의미가 있다. 베토벤의 청각장애는 그의 음악에 어떤 영향을 미쳤는가? 피아노 음악은 쇠퇴하고 다른 영역에서는 증가한 것으로 보인다(Cooper, 1990). 치료사로서 그의 후기 음악을 들으면, 매우 평온한 음악과 균형을 이루는 근본적인 고통과 절망에 놀라게 된다. 이 음악을 탄생시킨 사람은 어떤 사람이었을까? 우리는 단지 천재성만 보고 사람의 취약성은 보지 못하는 경향이 있다. 그는 내면적으로 어떤 개인적 위기를 직면했었을까? 이것이 사실임을 알고 치료사로서 그의 음악을 재검토하고 장애의 표현으로 듣는다면, 이는 임상의 실제에 어떤 영향을 미칠 수 있을까? 베토벤의 후기 작품은 창조성의 정점을 찍는다. 그것들은 또한 쇠퇴에 직면한 역경의 정점이기도 하다. 만약 우리가 하나를 다른 것으로부터 분리한다면, 마찬가지로 내담자의 음악적 능력과 그들의 질병을 분리한다면 우리의 그림과 이해는 불완전해진다. 음악치료사는 베토벤의 음악을 우리 자신의 학습뿐만 아니라, 질병에 직면했을 때 폭발하는 창조성을 조명하기 위해 임상적으로 고려해야 한다.

상실에 직면했을 때, 사람의 천재성이 꽃피운다는 것은 무엇을 의미하는가? 호스피스 분야에서 일하는 음악치료사들은 이러한 현상을 정기적으로 경험할 수 있다. 내담자의 창조성은 건강이 쇠퇴함에 따라서, 더욱 구체적이고 진정성이 높아지는 경우가 많다. 프랜시스(Francis)는 책, 『Music at the Edge』에서 이를 다음과 같이 설득력 있게 표현한다.

나는 한편으로 "어떻게 할 수 있을까?"라고 생각하며 앉아 있다. 지금 하고 있는 일의 연속성, 풍요로움, 그리고 절대적인 안정성에 놀라고 있다. 나 자신에게 놀라는 것이 아니라, 그것은 너무 자연스럽고 자동적이어서 놀랍지 않다. 나는 그 타당성에 기뻐할 뿐이다. 그것은 좋은 것처럼 보이며, 표현을 전달하는 것처럼 보인다. 그것은 의미를 전달하며 확실히 나에게 다시 말해 주고, 나는 그것이 당신에게도 말해 준다고 생각한다. 그래서 한 측면에서는 그것이 일어나는 것에 놀랍지만, 또 다른 측면에서는 그것이 내 안에 자연스럽게 속한 일부일 뿐이다……. 이것은 무언가에 구체적인 형태를 부여하는 욕망 뒤에 있는 것이다. 아마도 이것은 영혼의 본능적인 확장인 것 같다(Lee, 1996, p. 136).

프랜시스의 폭발적인 창조성은 실제로 여러 차원에서 나에게 의미를 주었다. 그의 죽음과 음악의 성장은 정말 특별한 현상이었다.

베그비(Begbie, 2000)는 "베토벤의 후기 4중주곡의 시간적 극단과 그의 임박한 죽음의 극단 사이에 어쩌면 연결이 있을지도 모른다"(p. 117)라고 제안한다. 후기 4중주곡은 분명히 이러한 주장을 뒷받침할 수 있는 일시적인 느낌을 지니고 있다. 만약 베토벤이 다가오는 죽음을 알고 있었고, 그의 작곡을 통해 개인적인 절망을 표현했다면, 음악치료사들은 음악과 상실에 대해 무엇을 배울 수 있을까?

베토벤의 평화적 묘사는 그의 음악을 전체적으로 이해하는 데도 중요하다 (Lockwood, 1992). C# 단조 현악 4중주곡 Op. 131의 네 번째 악장 변주곡을 듣다 보면, 정교하게 고요한 음악을 듣게 된다. 이것은 명료함과 균형의 음악이다. 내담자들이 종종 반대되는 스타일을 통해 자신을 표현하는 것처럼, 베토벤의 후기 음악 대부분은 직접적인 좌절의 표현보다는 모순적이고 불가사의하다.

말러(Mahler)와 다른 작곡가들에게 작곡은 자신의 무상함과 죽음에 직면한 고뇌를 반영하는 수단이었다. 따라서 역사적으로 베토벤은 혼자가 아니다. 하지만 개인적 소견으로는 그의 개인적인 상황의 복잡성과 그의 작곡적 표현은 독특했다. 'Hammerklavier' 소나타, 9번째 교향곡, 또는 후기 4중주곡을 들으면 균형, 평온 그리고 고통과 함께 어우러진 삼성을 들을 수 있다. 우리가 그의 고통을 완전히 알 수 없다는 것은 그가 직면한 일상적인 장애물을 완전히 이해하지 못할 것임을 의미한다. 하지만 우리가 들을 수 있는 것은 불확실성, 즉 미래를 모르는 사람의 느낌일 것이다. 이러한 스타일들이 결합하여 복잡한 성격을 반영한다는 것은 베토벤의 위대함을 더욱 증명하는 것이다. 만약 우리가 이 작품들을 새롭게 듣고, 음표 이상의 것들을 듣는다면, 아마도 음악, 감정, 그리고 치료적 의도의 의미를 더 잘 이해할 수 있을 것이다.

베토벤은 건강이 악화되며 어려움을 겪으면서 점점 더 커지는 천재성을 발휘했다. 그의 음악은 점점 더 인간의 상태를 명시적으로 번역하게 되었다. 현악 사중주 매체를 통해 베토벤은 다른 장르에서는 찾기 힘들었던 복잡한 감정의 범위를 포착했다. 베토벤은 다단조 현악 4중주곡 Op. 131의 진지한 대위법적 개막부에서부터 Grosse Fuge Op. 133의 강렬하면서 정확하게 측정된 강도에 이르기까지 작곡 구조에 대한 이해가 점점 더 명확해졌다. 후기 4중주곡은 청취자를 그의 음악의 내면으로 끌어들인다.

베토벤의 후기 4중주곡은 심미학적 음악치료의 핵심인 음악적 정밀성을 드러낸다. 심미학적 음악치료는 임상적 즉흥연주에서 비슷한 수준의 음악적 꼼꼼함을 찾기 위해 노력한다. 베토벤이 이 작품들에서 불필요한 음악적 표현을 다듬고 제거했듯이, 임상적 즉흥연주자들도 내담자에게 전달하는 음악적 반응에서 관련 없는 부분을 제거하려고 한다. 베토벤의 후기 4중주곡을 임상적 이론으로 연구하는 것은 음악치료의 진정한 잠재력을 확립하는 데 도움이 될 것이다. 음악적 요소, 연주자 간의 관계, 악장의 전체 구조, 그리고 베토벤의 정신에 대한 정확한 연구를 통해 작곡 이론을 임상적 인식과 연결할 수 있다. 따라서 베토벤의 후기 4중주곡과 심미학적 음악치료의 연결은 임상적 즉흥연주 발전에 대한 도전이라고 말할 수 있다.

"리디안 열쇠로 회복된 사람을 신께 드리는 거룩한 감사" 현악 사중주 15번 A단조, 작품 번호 132, 세 번째 악장 분석

A단조 현악 사중주 작품 번호 132는 베토벤이 황달로 인한 장기간의 병으로부터 회복한 후에 작곡되었다(O'Shea, 1990). 이 작품은 1825년 2월부터 7월 중순까지 작곡되었으며, 니콜라스 갈리친(Nikolas Galitzin) 왕자로부터 의뢰받았다(Imeson, 1996). 이 사중주는 다섯 개의 악장으로 이루어져 있으며, Assai sostenuto, Allegro ma non tanto, Andante, Alla marcia, Allegro appassionato로 구성되어 있다. 이는 5개의 악장으로 이루어진 첫 번째 사중

주로서, 다음과 같은 역설적인 구조를 포함하고 있다.

> 예상치 못한 멜로디 선율, 특이한 화음, 비정형적인 음색, 장르의 불일치, 급격하게 대비되는 음악적 사건의 병치, 그리고 다양한 수준에서 기대에 대한 실망……(Imeson, 1996, p. 125).

작곡 기법으로는 사중주의 전체 구조와 독립적으로 작동하는 음정들과 동기들의 사용이 포함되어 있다(Dalhaus, 1994). 이 음악은 즉흥적인 자유로움을 느낄 수 있도록 구성되어 있다.

음악치료사로서 이 사중주의 구성에서 느껴지는 긴장과 해소에 감탄한다. 음악은 어둡고 엄격한 분위기와 미묘한 세련됨 사이를 오가며 움직인다. 갑작스럽고 예상치 못한 대조적인 아이디어의 긴장감이 청취자를 끌어들여 작품의 강점을 드러낸다. 느리고 불분명한 음악은 명확한 멜로디 라인과 대비된다. 이 4중주곡은 베토벤 자신의 건강 문제와 싸움을 반영한 것일까? 고통과 불안의 표현인가? 확실한 답을 제시하기는 어렵지만, 명백한 갈망의 느낌이 있다. 이 갈망의 정확한 본질은 우리가 완전히 알 수 없을지도 모른다. 그러나 음악치료에 중요한 것은 베토벤의 감정을 음악으로 번역하는 것이다. 그는 이 4중주곡을 작곡함으로써, 어떤 치료적 효과가 있었을까? 그리고 그가 자신의 불멸성에 직면하고 이러한 감성을 음악적 표현과 의미로 번역하는 것이 얼마나 중요했을지를 생각해 볼 가치가 있다.

세 번째 악장 앞에 있는 제목의 번역은 다음과 같다. '병이 회복된 리디안 양식의 병자에게 하나님께 감사를 드리는 찬송' 베토벤은 이곳에서 질병에 대한 열정적인 표현을 보여 주고 있다. 음악은 엄숙함과 동시에 신비로움을 지니고 있다. 가벼움과 세련미의 배경 속에서 감정의 집중이 느껴진다. 이 음악은 두 가지 강렬하게 대립하는 주제(ABA'B'A'')를 가지고 있다. 첫 번째 주제(A)는 F를 기반으로 한 변격선법(Plagal mode)의 단순한 찬송가이다. 이는 D 장조의 화려하고 춤추는 듯한 두 번째 주제(B)와 균형을 이룬다.

　세 가지 버전의 찬송가의 시작 부분을 나란히 배치하면([그림 9] 참조), 베토벤의 멜로디와 장식에 대한 분석과 심미학적 음악치료와의 가능한 연관성을 고려할 수 있다. 찬송가의 첫 번째 구절([그림 9a] 참조)은 간단하면서도 완벽하게 조절된 구절이다. 베토벤은 복잡한 감성적인 의도를 표현하기 위해 간단한 음악을 사용한다. 음악치료사들은 내담자와의 소통을 위해 가장 간단한 음악과 가장 정교하고 감정적인 공유가 가능한 반응을 찾기 위해 노력해야 한다. 정확히 배치된 간격, 부드럽게 상승하는 악구 및 C와 F 사이의 균형이 음악적인 우아함과 세련미를 만들어 낸다. 두 번째 재현부([그림 9b] 참조)는 계류음과 추가적인 경과음을 포함하여 음악에 더 큰 강도를 부여하면서도 상승하는 음정들과 악구들의 고요한 성격을 유지한다. 세 번째로 주제를 되풀이한 부분([그림 9c] 참조)이 가장 진심 어린 감정과 힘을 지니고 있다. '가장 깊고 친밀한 느낌'이라고 표시되어 있다. 이 찬송가의 최종 버전은 서양 음악에서 쓰여진 가장 깊은 감동을 주는 음악 중 하나이다. 멜로디의 엮임과 복잡한 늘이기가 영감을 주며, 친밀한 실내악의 음악적인 경험을 선사한다. 파트의 이동과 계류음은 더욱 복잡해지지만, 고요함은 여전히 유지된다. 대조되는 멜로디와 부드러운 당김음은 감정적인 흔들림을 암시한다. 악장이 끝에 다다를수록 가벼워지고 투명해진다. 이 음악은 숨을 참게 만들며, 절대적인 신비의 음악적인 표현이다.

　이 테마의 발전 원리는 임상적 즉흥연주와 관련이 있다. 찬송가의 세 가지 버전을 연주하고, 임상적이고 예술적으로 얽힌 부분을 듣고, 계류음과 경과음의 영향을 고려하여 음악의 감정적 영향에 대한 아이디어를 풍부하게 얻을 수 있다. 단순하면서도 자연스러운 화음의 선명함은 일관된 임상적 즉흥연주의 틀이 될 수 있다.

　반대로 대조되는 주제 (B)는 경쾌하고 춤 같은 성격을 가지고 있다([그림 10] 참조). 조는 D장조이고 박자는 4/4에서 3/4로 바뀐다. 낮은 현의 스타카토 옥타브 연주는 질감에 가벼운 섬세함을 더합니다. 비올라와 첼로의 세 번째 박자는 조용하게 유지되면서 다음 강박 이전에 흔들림과 강점을 제공한다. f와

p 사이의 대조적인 역동성은 지속적인 놀라움의 요소를 제공하며, 두 번째 바이올린이 만든 당김음은 음악의 유리 같은 질감에 더욱 기여한다.

그렇다면 극명하게 대조되는 주제는 무엇이고, 베토벤의 작품은 어떻게 임상 기술 및 심미학적 음악치료의 철학과 연결될 수 있을까? 이전에는 베토벤이 이렇게 강력하게 반대되는 음악적 아이디어를 설정한 적이 없었다(Imeson, 1996).

[그림 9]

[그림 10]

　음악치료에서 반대되는 것에 대한 탐구(Lee, 1992; Aigen, 1998)는 흥미로운 연구이다. 치료사는 모호함을 제공하고, 기대하지 않게 하도록 강하게 대조되는 주제를 사용할 수 있다. 음악적 관계에서 음악적 익숙함은 예측 가능성만큼 중요하다. 내 생각에는 베토벤도 정확히 동일한 반대 개념의 느낌을 제공하고 싶었던 것이라고 생각한다. 가벼움과 동작에 비해 고요함과 희박함이 더 강력하다는 것을 보여 준다. 이러한 반대적 표현은 신뢰할 수 있지만, 예측할 수 없는 음악적 틀이 필요한 내담자에게 중요할 수 있다. 여기서 베토벤은 한 감정에서 다른 감정으로 이동하는 것이 무엇을 의미하는지 가르쳐 준다. 악보를 연구하면 두 가지 음악 스타일 사이의 전환이 단순하고 직접적이며 복잡하지 않다는 것을 알 수 있다. 우리는 또한 정서적 반대가 치료적 동맹에 결정적인 힘을 제공한다는 가설을 세울 수도 있다. 두 번째 주제(B)가 악장의 끝부분에서 반복되지 않는다는 점은 사중주의 자연스러움과 개방성과 불확실성의 잠재력을 강조한다. 악장이 끝나면 우리는 정지 상태로 남겨져 있고 확신이 없게 된다.

임상 가이드로서의 베토벤

수전은 30세 여성으로 시각장애, 언어장애, 사지마비가 있으며, 평생 집단 시설에서 거주했다. 나와 처음 만난 것은 시설에서 매주 열리는 집단 음악치료/물리치료 세션 중이었다. 수전의 창조성은 빛을 발했다. 즉흥적인 음악에 대한 그녀의 반응은 예민함과 이해력 측면에서 놀라울 정도였다. 수전은 신체적으로 움직이지 못하고 도움 없이는 악기를 연주할 수 없었지만, 그녀의 목소리는 자유롭고 의사소통 측면에서 세련되었다. 나는 즉시 음악적으로 연결되는 것을 느낄 수 있었다. 개별 음악치료 세션이 곧 마련되었다. 치료는 협력 치료사의 도움을 받아 자유 발성과 기악 즉흥연주로 구성되었다. 우리의 작업은 활기차고 생동감이 넘쳤으며, 음악적 경험에 깊이 녹아 있었다.

베토벤의 후기 현악 4중주곡은 우리 음악에 큰 영향을 미쳤다. 마거릿과 마찬가지로, 수전의 창조성을 이해하기 위해서는 명확한 음악 라인과 강력한 내용을 담은 즉흥연주가 필요했다. 수전의 발성적 기여는 정교하게 표현되었으며, 우리의 발전하는 음악적 관계에 대한 그녀의 인식은 예리했다. 수전과 내가 4중주곡에서 주제와 아이디어를 도입하면서 우리의 급속히 발전하는 음악적 동맹은 커졌다. 세션 9의 예시는 Op. 135(Lento assai, cantante e tranquillo)의 세 번째 악장에서 따온 핵심 주제의 포함을 보여 준다([그림 11] 참조). 나는 근본적인 화음 진행을 사용하여 4중주곡에서 직접 화음을 즉흥적으로 연주했다. 이 연결 선택의 이유는 여러 가지 요인에서 비롯되었다. 첫째, 내 경험상 내림 라장조는 안정과 힘의 조성이다. 수전의 많은 발성은 (내림마단조, 내림사장조)

같은 흑건반 음을 중심으로 자발적으로 이루어졌다. 둘째, 4중주곡의 이 부분은 고요한 질감과 멈춰 있는 듯한 시간 감각을 갖고 있다. 셋째, 간단하면서도 부드럽게 움직이는 화음 시퀀스(동형진행)는 이 세션에서 수전의 조용한 태도에 적합하다고 느껴졌다. 마지막으로, 4중주곡의 이 짧은 부분은 단순하고 아름다운 멜로디를 가지고 있다. 점진적인 움직임은 예측할 수 없는 움직임의 동형진행과 균형을 이루어 예상치 못한 균형을 가져다준다. 내 생각에 수전이 베토벤의 음악적 자원에 대한 반응은 음악의 영적이고 신비로운 본질과 그 근원에 대한 타고난 이해에서 비롯되었다. 나의 역할은 베토벤과 수전 사이의 촉매제 역할이었다. 베토벤의 음악을 임상적 즉흥연주에 도입함으로써, 수전에게 그의 음악과 직접적인 연결고리를 제공할 수 있었다. 작곡가/음악치료사로서, 이것은 내담자에게 제공할 수 있는 가장 치료적이고 중요한 경험 중 하나이다. 이 즉흥연주 과정에서 베토벤은 수전과 나 모두에게 강력하고 엄격한 임상적 가이드 역할을 했다. 베토벤의 작곡 성격을 이해하고, 그것이 임상적 작업에 직접적인 영향을 미치도록 허용하는 것은 모든 내담자에게 선물이다.

　음악치료는 음악과 치료적인 요소를 분리할 수 없듯이, 베토벤이란 인간을 이해하는 것은 베토벤과 그의 음악을 이해하는 것만큼 중요하다. 우리의 감정적 과정과 작곡 과정 사이의 영향에 대한 해석은 음악과 이용 가능한 역사 정보에서 비롯된다. 우리가 상상하는 베토벤은 헝클어진 외모와 감정적으로 불안정한 사람이다. 우리는 베토벤을 청력 상실에 분노한 작곡가로 생각한다. 이 단순화된 시각은 음악치료사로서 그의 작품을 들을 때 더욱 분명해진다. 우리가 추론하는 것은 실제로 정신적 고통을 겪는 사람이다. 또한 그는 예민하고 부드러운 사람이다. 베토벤의 후기 음악에는 억압과 자유를 갈망하는 예리한 표현이 있다. 이러한 감정은 스타일의 웅장함을 통해 음악적으로 표현된다. 베토벤은 개인적인 고통의 본질과는 반대되는 강렬하면서도 섬세한 음악을 창조한다.

　이와 같은 상황은 많은 내담자들이 직면하는 것이며, 음악치료사로서 우리는 그들을 완화시키고 보다 넓은 음악적 맥락 안에 위치시키려고 노력한다. 알려지지 않은 것에 직면하고 감정적인 딜레마의 미로를 통과하는 것은 친숙한 음악치료 상황이다. 우리의 내담자들이 세상을 이해하려고 애쓰는 동안, 마찬가지로 그들의 음악적 표현은 복잡하다. 나는 베토벤이 자신의 신체적 한계와 쇠퇴를 작곡의 안정성과 일관성을 통해 이해했다고 믿는다. 내담자에게 비슷한 균형을 제공하는 기회는 베토벤의 음악의 임상적인 적용에 대한 완전한 조사를 정당화하는 충분한 근거이다. 베토벤의 심리적 딜레마와 우리가 함께 작업하는 내담자들 사이의 이 유사성을 인정한다면, 음악치료의 미래에 어떤 함의가 있을지 생각해 볼 수 있다.

Original

Session

[그림 11]

제 8 장

분석과 사정평가

음악의 목적은 개인이 완전히 몰입하여, 직접적인 진실 속에서 자신의 의식을 잃고 하나가 되는 경지에 도달하는 것이다.

–Ianis Xenakis(1922~), 『The New York Times』, 1976년 4월 21일

음악치료의 음악적 내용은 항상 논쟁의 대상이 되었다. 음악치료에서 음악이 심리학, 의학, 심리치료에 비해 보조적으로 여겨지는 이유는 무엇이며, 어떻게 하면 임상의 실제에서 음악적 기준을 높일 수 있는 것일까? 음악적 질을 고려하는 것이 음악치료의 이해를 방해하는 것이라는 주장은 음악 중심의 관점에서는 이해하기 어렵다. 심미학적 음악치료의 분석과 사정평가에서 음악이론의 이해는 꼭 필요하다. 균형 잡힌 관점을 위해서는 음악적 및 치료적 구조의 인식이 중요하다. 음악 분석은 창조성의 본질을 파괴하는가? 음악치료를 오로지 음악적 용어로 분석하는 것이 가능한가? 답은 음악을 기술하고 분석하는 능력에 있을 것이다. 그렇다면 음악치료에서 음악을 자세히 이해하는 데 대한 저항은 음악 이론에 대한 익숙하지 않은 데서 비롯되는 것일까? 음악의 질과 의도가 희석되면 임상 환경에서의 효과도 희석될 것이다.

에이즈로 살아가는 찰스(Charles)는 임상적 즉흥연주에서 음악과 치료적인 요소를 동등하게 균형 있게 조화시키는 중요성을 가르쳐 주었다. 찰스와의 작업은 그의 삶과 질병을 반영하는 음악적 접촉을 시도하는 것을 기반으로 하였다. 테마는 찰스 자신의 음악적 창조성과 이전 세션에서 가져온 아이디어를 포

함한 나의 임상적 즉흥연주에 의해 시작된 동기에서 발전되었다. 이러한 테마들은 우리의 작업의 주요 구조물로 자유롭게 사용되었다(Carter, 1990). 아이디어의 계층적인 형성을 통해 사정평가, 해석 및 분석이 이루어졌다. 25번째 세션에서 포핸즈(Four-hands) 피아노 즉흥연주 중, 찰스는 다단조의 반주 주제를 개발하면서 나는 개방적인 멜로디를 즉흥적으로 연주했다. 이 부분 이전에 그의 음악은 강하고 격렬했다. 그의 즉흥연주는 그의 감정 상태를 직접 반영하는 것처럼 느껴졌다. 나의 역할은 주도적인 음악을 지속하고 밀어붙이는 동시에 지원하는 것이었다. 음악적 방향의 급격한 변화는 의미가 있다고 느껴져 자세한 조사가 필요하다고 느껴졌다. 즉흥연주의 마지막 단계에 대한 음악적 논의를 형성하기 위해 질감과 조성이 개발되었다. 3단계 분석을 통해서([그림 12] 참조), 나는 음악적 대화의 핵심이 되는 기저음을 발견했다. 세 가지 수준을 연구하고 핵심 음을 추출함으로써, 찰스의 다단조 하모니와 나의 내림라 (A)에 대한 응답 및 암시적인 마단조 멜로디 개요 (B) 사이의 관계를 확인할 수 있었다. 우리의 치료적인 관계의 복잡성은 우리 음악적 연결의 모호함에서 명확하게 나타난다. 찰스는 이 부분에 대해 다음과 같이 논평했다.

　　찰스의 말에 따르면, 그는 이 부분이 별개의 섹션이어야 했다고 느꼈다. 감정적 절정에 다다른 후 끝났기 때문이다. 그리고 조용한 부분으로 내려왔다. 그는 마치 인생 이야기를 충분히 표현했고, 그러한 절정에 도달한 후에는 그의 감정적인 측면을 다른 방식으로 표현해 보자고 생각했다고 말했다.

[그림 12]

나는 노트에 다음과 같은 관찰 내용을 적었다.

이 시점에서 우리의 치료적 역할이 반전되었다. 그는 내가 멜로디를 즉흥연주하도록 허락했다. 이제 함께 연주하고 있기 때문에 안도감이 들었다. 우리는 전환기를 맞이했다. 찰스의 연주에 나타나던 불안감이 사라졌다. 이 음악은 집중의 대상이 되었다. 그런 다음 음악은 다른 방향으로 흘러갔다. 이 음악은 좀더 표현적이고 온화하다. 아마도 덜 고통스러울지는 모르지만, 다른 것이다.

앞의 분석을 통해 무엇을 추론할 수 있으며, 3단계의 핵심 음은 1단계 및 2단계와 관련하여 내담자로서의 찰스의 성장에 대해 무엇을 말해 주는 것일까? 이 즉흥연주의 핵심을 형성하는 필수 음들은 중심적이다. 내담자와 치료사 사이의 반음 관계는 여러 수준에서 해석될 수 있다. 내담자가 핵심 음을 설정하고 치료사가 그것을 듣게 되면 치료사는 적절한 반응을 결정해야 한다. 이는 음악 형식과 관련하여 핵심 음을 듣고 내담자의 내면세계의 표현으로 듣는 것을 의미한다. 반음은 친밀감과 모호성을 모두 반영하도록 선택되었다. C와 D 플랫 사이의 상관관계는 흰색과 검은색 톤 중심의 조화로운 핵심과 함께 가까운 톤 근접성을 기반으로 한다. 치료적인 측면에서 찰스의 의미를 옆에서 지켜주는 느낌이 있었지만 억누르지는 않았다. 따라서 치료사의 치료적 반응은 음악, 치료, 그리고 이 둘의 접점을 고려한다.

임상적 즉흥연주 과정을 이해하기 위해서 그것을 구성하는 음악 과정에 대한 이해가 필요하다는 것은 논리적이다. 브루시아(2001)는 다음과 같이 말한다.

> 음악적 분석 방법이 없으면 즉흥연주 치료사는 내담자의 말을 듣는 데 초점이나 틀이 없고, 연구자는 즉흥연주적 치료의 과정과 결과를 연구할 방법이 없으며, 이론가는 임상적 근거를 설명할 근거가 없다(p. 7).

음악치료에서 더 큰 인식을 얻기 위한 수단으로서의 분석은 복잡하다. '예술'과 '과학'의 서로 다른 이론을 비교한다는 것은 종종 이론적 긴장을 야기하는 지식의 비약적인 도약을 의미한다. 음악 분석이 음악에 너무 깊이 고착되어 있다거나, 심리치료적 해석이 너무 주관적이거나, 음악치료가 너무 과학적이라 연결을 찾기 불가능하다고 주장할 수 있다. 아직 미약할지라도 연결을 찾는 것이 필수적이며, 이를 통해 내부에서 음악치료 이론을 발견해야 한다.

악보 기보법

음악적 의도와 치료적 결과를 평가할 질문을 정의하는 데 있어 공감적이고 관련성 있는 악보 기보법을 찾는 것이 가장 중요하다. 베르그스트롬 닐센

(Bergstrom-Nielsen, 1999)의 임상적 즉흥연주 그래픽 악보는 오디오 또는 비디오 녹화 이외의 세션 증거를 제공하는 중요한 발전이며, 음악치료를 도식적이고 그림적으로 필사하는 수단이다. 악보 단계는 소규모('속기 악보')와 대규모로 다양하게 진행되며, 세션에 대한 악보 표현을 제공할 수 있다.

세션 하나 이상을 연구하려면 정교한 악보를 만들 수 있다. 이를 통해 치료사는 음악을 어떻게 인식하는지, 세부 사항을 살펴보고 새로운 시각을 제공할 수 있도록 마음먹게 한다. 이를 통해 새로운 구조적 관계가 드러나 치료사가 주관적인 편견을 '뛰어넘어 보는 것'을 도울 수 있다(Bergstrom-Nielsen, 1999, p. 14).

그래픽 표기법은 통찰력 있고 창의적인 정보를 제공한다. 즉흥연주의 분석과 해석에 대한 자유롭고 창의적이며 음악적으로 비이론적인 접근 방식에 중점을 둔다.

즉흥연주의 음악 표기법은 구체적이며, '전통 음악학', 음악 분석 및 음악치료 간의 연관성에 대해 논란의 여지가 있는 문제를 제기한다. 다음 주장은 음악치료를 평가하는 유효한 형태로 기보법을 포함하는 것에 대한 저항을 보여주고 있다. 흥미로운 점은 스마이스터스(Smeijsters, 1997)가 다음과 같이 언급할 때 음악의 핵심을 잃어버린다는 것이다.

고전적인 표기법은 즉흥연주 중 발생하는 음악-심리사회적 과정의 본질을 포착하지 못한다(p. 197).

이글은 저자가 진행한 음악 분석 작업에 대한 논의를 다루고 있으며, 특히 이 과정에서 '음악 내용과 개인적(치료적) 중요성'(p. 11)을 연결하려는 시도에서 발생하는 '문제적인 상호작용(교차적 흐름)'과 방법론적/철학적 장애물에 대해 설명한다. 앤스델(2001)은 '음악 형태'를 '치료적 내용'으로 전환하는 과정에서, '이러한 전환 과정 자체'(p. 12)에 문제가 있다며 초점을 맞추고 있다. 브루시아(2001)는 음악 분석을 '음악치료사가 다른 음악가들과 소통할 수 있는 공통 언어'(p. 15)로 간주하지만, 이러한 관점은 다음 세 가지 단점과 함께 고려되어야 한다. 첫째, 전통적인 음악 분석 방법은 화성 이론에 지나치게 의존하고 있으며, 둘째, 즉흥연주의 임의적인 특징을 포괄하기에는 너무 구조화되어 있으며, 셋째, 즉흥연주를 청각적으로 정확하게 표기하는 것이 어렵다는 한계가 있다. 나 외에도 전통적인 음악 악보를 연구에 활용하는 몇몇 치료사들이 있지만(Aldridge, 1996, 2000; Ansdell, 1995), 앤스델(2001)은 이러한 접근 방식을 비판한다. 그는 자신의 연구를 포함하여 전통적인 음악학 방법론을 논의하면서, 이러한 방법론은 "가장 엄격한 노력에도 불구하고 과정을 구조물로 변환하는 경향이 있으며, 상황 맥락적 문제에 충분히 민감하지 못하다"(p. 12)라고 주장한다.

나는 나의 연구(Lee, 1989, 1990, 1992, 1995, 1996, 2000)와 음악 악보 사용을 옹호하기 위해 다음과 같은 다섯 가지 주장을 제시한다. 첫째, 음악 악보는 표준화된 음악 표기 시스템이며, 모든 음악가가 이해할 수 있다. 둘째, 적절하게 변형되고 창의적으로 사용된다면 즉흥연주 분석에 필요한 유연성을 제공할 수 있다. 셋째, 현재는 청각적으로 전사할 필요성을 완화시키는 컴퓨터 프로그램들을 사용할 수 있다. 넷째, 조성(Schenker, 1979)과 무조성(Forte, 1973) 화성, 멜로디, 리듬 등을 모두 다루는 다양한 음악 분석 방법들이 있다. 다섯째, '음악적 형식'과 '치료적 내용' 사이의 구분은 음악 자체의 기초를 이해함으로써 선행되어야 한다. 이를 치료적 맥락 안에서 이해하는 것이 본질적인 딜레마이다. 새로운 음악학의 현재 흐름에서 전통적인 분석 방법들은 시대에 뒤떨어져 음악치료와 관련이 없어 보일 수 있다. 그러나 나는 악보를 구식으로 무시해서는 안 된다고 믿는다. 오히려, 음악 분석과 악보의 어떤 측면이 음악과 치료의 구분을 이해하는 데 도움이 될 수 있는지 알아내려고 노력해야 한다고 생각한다. 이러한 문제를 다루는 최근 연구는 페라라(Ferrara, 1984, 1991)의 작업을 기반으로 한 알네이선(Arnason)의 연구(2002)에서 확인할 수 있다. 이 연구에서는 환자의 처리 과정, 그들의 일지, 치료사의 음악 분석 및 '오디오테이프 세션을 전사한 분석적 주석'(Arnason 2002, p. 17)을 균형 있게 조합하고 있다.

생성 세포(조직)

임상적인 즉흥연주에 대한 경험과 숙련도가 증가하고, 음악치료와 음악적 과정을 보다 깊이 연구하기 시작함에 따라, 많은 즉흥연주의 음악적 핵심이 작은 반복 동기에서 비롯되었다는 생각이 들었다. 첫 번째 청각적 감각은 동기가 주로 멜로디에서 기원한 것으로 보였다. 이후의 청취 과정에서는 리듬과 화음의 세포도 관찰되었다. 이러한 주제 또는 음계 그룹은, ① 내담자, ② 음악치료사 또는 ③ 음악치료사와 내담자 간의 자발적인 연합에서 시작되었다. 가설은 이러한 음표들을 추출하여 치료과정과 관련하여 연구함으로써, 음악적 관계의 미묘한 면과 복잡성을 이해하는 데 도움이 될 수 있다는 것이었다. 작은 멜로디 그룹의 임상적 중요성은 카터(Carter, 1990)에 의해 처음으로 확인되었다.

초기 단계에서 주목할 만한 작은 멜로디 구절이 등장한다. 처음 연주될 때는 즉시 눈에 띄지 않지만 사후분석을 통해 중요성을 발견하게 된다. 왜냐하면 연주된 내용의 중요성이 드러나는 데는 충분한 시간과 사려가 필요하기 때문이다. 이 작은 멜로디 구절은 개인의 주제(주도동기)가 되어서 들리게 된다. 모든 경우에서, 이 주제는 개인이 인정받기를 기다리는 인격의 한 측면을 소리로 실현하거나, 혹은 현저한 문제를 구체화하는 것으로 나타났다.

연구 과정에서 나는 작은 음표 그룹이 특정 임상적 의미를 구체적으로 나타내는 증거를 제공한다는 것을 알게 되었다. 이 개념은 '생성 세포(generative cell)'로 알려지게 되었으며 다음과 같이 정의된다.

즉흥연주 과정이 작은 음표 그룹에서 생성되는 것; 씨앗 모티프(seed motif): 즉흥연주 과정의 핵심을 형성하는 작은 음악적 주제(Lee, 1995, p. 49).

나의 후속 연구 가설 중 하나는 생성 세포 평가를 포함했으며, 이는 다음과 같이 기술되었다.

……특정한 음악적 주제 및 또는 모티프(동기)가 치료적 즉흥연주 전체의 생성 기반으로 (의식적으로 또는 무의식적으로) 사용된다(Lee, 1995, p. 44).

생성 세포가 식별 가능한 힘이 된 것은 나의 박사 연구(Lee, 1992)와 프랜시스와의 연구에 대한 후속 평가(Lee, 1996)를 통해서였다. 그 세포에 대한 프랜시스의 평가는 나로 하여금 다음과 같은 매혹적인 현상을 더욱 중요하게 생각하게 만들었다.

나에게 세포는 내가 느끼는 것을 가장 정확하게 나타내는 것이다. 제한적이고 동시에 확장적인 표현 강도를 담고 있다. 이러한 이중성은 매우 중요하지만, 내가 특정 중요한 즉흥연주라고 생각하는것의 전체 구성에서 세포가 얼마나 복잡하게 되었는지 전혀 알지 못한다. 세포는 내가 특히 죽음과 임종을 탐구할 때, 내가 나의 감정에 집중할 수 있는 구조를 제공한다(Lee, 1996, p. 57).

생성 세포의 중요성을 조사하기 위해 위의 즉흥연주를 다음 카테고리로 나누어 분석했다([그림 13] 참조).

- 순수적(Pure)-원래 순서대로 나타나는 세포
- 반전(Inverted)-반대 순서로 나타나는 세포
- 전치/조옮김적인(Transposed)-다른 음높이에서 시작하는 세포
- 순열적인(Permutated)-어떤 순서로든 나타나는 세포

- 화성적인(Harmonic)−화성을 기반으로 사용되는 세포
- 숨겨진(Concealed)−즉흥연주의 구조 안에 숨겨진 세포

〈생성적 세포의 예시〉

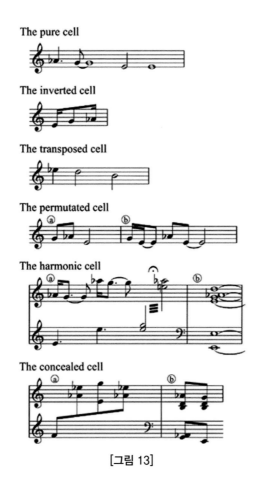

[그림 13]

　놀랍게도 생성 세포는 전체 즉흥연주의 필수적인 핵심을 형성했다. 세포(A 플랫, G, E)는 치료적 의도와 음악적 결과 사이의 연결고리를 제공했다. 단3도와 함께 균형을 이루는 반음과 장3도의 전체 음정은 음조의 회피를 암시했다. 다양한 조합으로 나타난 세포의 복잡성과 밀집된 사용은 치료과정에서 작은 그

룹의 톤 조합의 중요성을 보여 주었다. 이와 같은 하강하는 음정은 질병에 걸린 사람들과 함께 작업할 때 흔히 나타났다. 세포의 섬세하게 선택된 변화와 그 관계 및 후속 발전은 내담자가 질병에 대한 음악적 표현을 찾는 데 중요했다. 심미학적 음악치료에서 즉흥연주는 음악과 치료의 결합을 향해 발전하는 음악적 핵심에서 비롯된다. 심미학적 음악치료에서 생성 세포의 결과는 즉흥적인 음악 구조를 이해하는 수단으로서뿐만 아니라, 치료적 및 음악적 의미를 평가하는 데에도 중요하다. 음악 교육을 받지 않은 고객이 복잡한 세포를 확립할 수 있는 능력을 가지고 있다는 사실은 생성 세포의 의도와 의미에 대한 추가 조사가 필요하다.

인덱싱

인덱싱(Indexing)은 치료과정의 복잡한 흐름을 오디오와 비디오 녹화를 통해 평가하는 지속적인 평가 형태이다. 주로 개인 작업에 적용되지만, 집단 작업에도 사용할 수 있다. 인덱싱은 노르도프-로빈스(Nordoff & Robbins, 1977)에 의해 처음으로 어린이와의 개인 작업에서 도입되었다.

각 세션의 과정을 설명하는 인덱스 시트를 작성하여 중요한 임상적 세부 사항을 테이프 레코더의 해당 카운터 번호 옆에 나열한다. 아동의 응답에 대한 특정 음악적 사실 몇 가지를 기록하는 것이 중요하다. 그의 두드리는 속도 범위, 노래 부르기에서의 음정 범위, 자유로운 노래 부르기에서의 음색 등의 정보는 그의 응답에 대한 명확한 개요를 제공하기에 충분해야 한다(p. 92).

최근 개정된 '창조적 음악치료'(Nordoff & Robbins, 인쇄 중)에서 로빈스는 아이의 타악기 사용 특성, 리듬적 순서, 노래 부르기 특성 등과 같은 특정 음악 사실을 기록하는 중요성을 더욱 강조한다. 이어지는 상세한 인덱싱 예시는 이

맥락에서 상세한 평가의 복잡한 특성에 대한 명확한 이해를 제공한다.

심미적 음악치료에서의 인덱싱은 노르도프-로빈스의 연구에서 발전되었다. 인덱싱의 특성과 치료과정에 대한 이해를 밝힐 수 있는 잠재력은 세부 내용의 시간 소요량과 함께 균형 있게 고려된다. 세션을 인덱싱하는 데 할애할 수 있는 시간에는 제한이 없다. 개별 치료사는 세션의 중요성, 더 상세한 분석이 필요한 부분을 결정한다. 인덱싱은 세션 경험을 순간적으로 평가하기 위해 다양한 수준에서 사용될 수 있기 때문에 효과적인 평가 형태이다. 인덱싱은 가장 음악적이고 해석적인 평가 형태이지만, 동시에 가장 객관적이고 행동적인 형태이기도 하다. 정보는 집계, 해석, 그리고 내담자 그룹의 요구와 치료사의 임상적 지향에 맞게 조정될 수 있다. 치료사 두 명이 한 내담자와 함께 일하는 경우에는 팀으로 인덱싱을 완료하는 것이 좋다.

음악치료사의 업무 부담량 내에서 많은 내담자를 세부적으로 인덱싱하는 것은 불가능하기 때문에 두 가지 수준을 공식화하였다.

① 표면 인덱싱(1단계)에서 치료사는 테이프를 멈추지 않고 세션을 평가한다. 세션이 진행됨에 따라 인덱스 시트에 권장 사항을 작성한다. 세션이 끝나면 치료사는 연결과 추천 사항을 만든다. 1단계에서는 치료사는 눈에 띄고 중요하다고 생각되는 사건만 기록한다. 음악 표기는 간단한 선율, 리듬 테마 및 또는 간단한 화성 개요와 같이 간단하게 한다.

② 내면 인덱싱(2단계)은 보다 복잡하다. 이는 임상적으로 듣고 과정의 복잡성을 반영하는 시간이다. 여기서는 음악과 세션의 치료 목적 사이에 연결을 만드는 것이 중요하다. 치료사는 음악 표기를 가능한 한 상세하게 작성해야 하며, 경험이 쌓일수록 청각적으로 음악을 필사하는 기술이 더 숙련되게 된다. 중요한 구절은 두 번 이상 들어보도록 권장한다. 1단계와 마찬가지로 세션이 끝나면 치료사는 연결과 추천 사항을 만든다.

인덱싱에는 세 가지 분류가 있다.

1. 행동(Behavior)

사실적인 정보만 포함한다. 모든 비음악적 관찰 사항: 내담자, 자세, 방에 들어오는 방식, 언어적 설명 등.

2. 음악(Music)

여기에 모든 음악적인 요소를 포함한다. 가능한 한 청각적으로 최대한 많은 내용을 필사해야 한다. 중요한 음악적 순간 또는 악구를 추출하고, 음악이 전체 과정에 어떻게 적합한지 해석을 시도해야 한다.

3. 해석(Interpretation)

세션에 대한 해석과 과정에 대한 개인적인 반응을 포함한다. 객관적인 관찰과 그러한 관찰이 결과에 어떻게 영향을 미쳤는지에 대한 생각 사이에 연결을 만든다. 치료사 역할에 대한 생각, 성공 및 실패에 대한 인식을 포함해야 한다.

연결 및 추천 사항

결론 노트에서는 세 가지 분류 사이의 연결과 객관적, 음악적, 그리고 주관적 자료가 어떻게 상호 연결되는지를 고려하는 것이 중요하다. 일반화, 통찰력 및 생각에 대한 결론 노트를 작성하면 다음 세션에 더욱 집중하는 데 도움이 된다. 인덱싱을 다음과 같은 내용으로 끝내는 것이 중요하다.

① 세션과 관련된 장기 및 단기 목표에 대한 생각
② 다음 세션에 대한 지침
③ 치료사가 음악적으로 노력해야 할 부분
④ 앞으로 진행하고 연습할 음악적 주제 및 또는 아이디어

표면 인덱싱 예시([그림 14] 참조) 및 내면 인덱싱 예시([그림 15] 참조)를 참조

하기 바란다.

	Name: St.	Date: 11/1/00	
	BEHAVIOR	**MUSIC**	**PERSONAL**
0.05	St. enters + approaches piano	Humming loudly. I respond by humming on different pitches	Wearing her "angry" face
0.26	I encourage her to play		
0.38		I being Puccini theme	
0.49		St. plays drum (w/hand) I sing H + play S hums!	She seems to be in her own space
1.19		S "ma" + H + continues hums	
1.44		S makes more sounds	
2.05		I try "e i e i o"	It doesn't work S ingnores
2.42		S "splatters" on piano + hums	
3.03		I try "ba ba"s	
3.19		S responds w/ ba ba ba + we exchange "ba"s	
3.46		S plays piano + sings "ba"s	
4.05		I try "e i o"	NO! Fairly unresponsive
4.48	I suggest drum		
4.53		S plays drum w/ sticks	
5.03	I tell her sit + give her drums		
5.23		S sings short H + plays drum + sings ba's	
5.50		Fast beating–I make a din + we sing ba's	
6.10		A very loud sound + continued drumming	
		I accelerate but S stops–then continues at faster tempo	Very energetic drumming

8.30		S adds cymbals	
8.42		I try new theme	Really dumb
9.00		I try M.E.	
10.10		Get with for a second	
10.43		Hits drum 20 times (15)(20)(7)	
12.22		Lots of humming	
12.30	I invite S back to piano–she hands me sticks	Humming	
14.20		Loud expressive sound Gutteral–very loud	
15.30		A very expressive H	
16.23		Expressive humming + loud sounds	
17.32		I try Sp. Mode	
18.00		Try "e i e i" Loud sounds + humming Almost "keening"	NO A crying sound?
20.50	I suggest song		
21.48		S plays gong + hums + loud sounds	
23.00		S stops + I play Puccini softly	
23.25	I invite her back to piano		
23.50		S plays drum Loud + sustained	

[그림 14: 표면 인덱싱]

	Name: Jordan	Date: 2/16/2000	
	BEHAVIOR	**MUSIC**	**PERSONAL**
0.06	I play Greetings as J enters room	Change harmony + tempo–J sings to me	Singing weak
0.25	J sings + stands beside me as I---	J sings it in minor ----change to D minor	
0.40	w/o speaking or stopping I move-	----into a D ostinato etc...	I messed up the melodic phrase because I forgot to breathe
		J joins in 3rd bar:	I try to duplicate pitches on piano. He is reaching for a good idea, but too loud!
1.52		J sings (1st time in <u>steps!</u>)	
2.17	J smiles as we do this	Imitate each other w. Descending 5ths	
2.43		I change to ostinato + then move back in	Ostinato works well
3.15	J laughs quietly w. pleasure		
3.34		J ends on high F#. I follow with same, on piano.	A 3" improv

Tr.3	J laughs quietly w. pleasure		
0.05	J suggests gong next	J ends on high F#. I follow with same, on piano.	Good–he usually wants to stick to drum 1st and gong last.)I think he was "moved" by the mood we had created)
0.10		J hits gong–I respond w. loud organ	Perhaps too loug? Also I was affected by mood + continued in same key
1.45	J stops + goes to drum	J starts w. cymbal	Piano not always "spot on"
		Steady beat on cymbal and drum: ♩♩♩♩♩♩♩ I imitate rhythmic pattern + try to stay w. him J does cadenzas	11 times–nuts?
2.50	J stops	I suggest we play softer I try Spanish	I flounder a bit
3.44	J stops–says he hurt finger + comes to piano for me to kiss it		I suddenly realize what a little child he is!
	I suggest softer	Continue w. Spanish, trying to match J beats very steady	Not so good!
4.28		I switch to M.E. + then "take off"	I am not so good at this (too stuck in music to listen to J)

4.50		I try matching better + we get back on track. Bass is open 5ths ♪♪♪♪ etc... with M.E. melody	Lose the music (play Eb 7ths and Bb 7ths)
7.40	J yells (?) + hits under cymbal + stands on chair. We stop!		Not as chaotic as I thought, but had the feeling he might be on edge of losing control + he glared at me questioningly– (should I allow him to lose control?)
7.52	I direct J to piano to sing but---------	-------J starts to play softly on white keys–I respond w. chords (Debussyish?) + imitate his rhythmic pattern ♪♪♪♪♪♪	Is this bad, or is it better? Colin, listen please.

[그림 15: 내면 인덱싱]

자기 사정평가로서의 인덱싱

인덱싱은 그 과정에서 치료사의 역할을 명확하게 보여 준다. 개입 내용을 명확히 하고, 치료사의 성장에 대한 명확한 지표를 제공한다. 인덱싱은 임상적 음악사용과 치료사가 음악적으로 발전해야 할 부분을 강조하게 된다. 세션에서 테마와 아이디어를 추출하여 자원으로 사용하면 치료사가 발전하는 음악적 팔레트(범위)에 대한 자신감을 높일 수 있다. 질문은 "내가 어떤 음악적 개입을 했는가?" 그리고 "내가 어떤 다른 선택을 할 수 있었을까?"가 되어야 한다. 종종 접촉 시, 우리는 몇 가지 음악/치료적 선택 사항만을 생각하지만, 인덱싱과 성찰 후에는 실제로 수백 개의 선택 사항이 있었다는 것을 깨닫게 된다. 인덱싱은 임상가, 음악가, 그리고 치료사로서 자신을 견제하는 데 도움이 된다. 슈퍼비전과 함께 사용할 때 가장 효과적이다.

임상적 명확성을 위한 인덱싱

사실적이면서도 상상력이 풍부한 사정평가 형식인 인덱싱 작성은 음악치료의 모든 측면을 연결하고 비교하게 된다. 그 강점은 치료사가 자신의 작업에서 음악과 임상 사이의 연관성을 찾는 자기 성숙에 대한 열망에서 비롯된다. 인덱싱 생성은 창의적이고 자유롭게, 그리고 공개적일 수 있다. 그러나 인덱싱 작성의 정확성과 숙련도는 치료사의 성찰, 관찰, 청취 및 기보 기술에 따라 달라진다. 사정평가는 치료과정의 복잡성을 통해 길을 찾으려고 시도한다. 음악 중심적이고 인본주의적인 사정평가 형식인 인덱싱은 다른 더 정확한 평가 형식(Hintz, 2000; Scalenghe & Murphy, 2000)의 특수성과 심미학적 음악치료의 핵심인 창의적인 해석 감각을 결합한다.

마무리 생각

음악과 치료 간의 균형을 고려하는 것은 분석과 사정평가의 기본이다. 분석은 음악치료 관계에 대해 우리에게 무엇을 말해 줄 수 있을까? 어떻게 음악치료를 명확하게 설명하고, 이해하고, 평가하며, 그리고 해석한 다음, 그 과정에 대한 더 큰 이해를 바탕으로 내담자에게 돌려줄 수 있을까? 음악과 임상적 의사소통에 대한 인식을 사정평가함으로써 최종적으로 깨달을 수 있다. 인간 정신의 복잡성과 결합된 음악의 복잡성은 거의 무한한 가능성과 연결을 제공한다. 임상 실습을 신비스러우면서도 실질적인 도전으로 만드는 것은 바로 이러한 가능성에서 비롯된다.

심미학적 음악치료는 음악 중심적인 음악치료 접근 방식으로서 실험적이면서도 자유로운 분석과 사정평가를 제공하는 안내서 역할을 한다. 임상적 깨달음의 기초로서 생성 세포와 같은 음악적 구조를 찾는 것은 음악 자체의 원천으로부터 평가를 받는 근본적인 패러다임 전환을 가져오게 된다. 음악 표기의 문

제(오디오 및 비디오테이프에서의 전사 및 컴퓨터 생성 음악의 복잡성)은 종종 음악
치료사에게 음악 이외의 비음악적인 증거 형태를 찾아보도록 유도할 수 있다.
연주의 실제 음악을 공부하는 것에 대체될 수 있는 것은 없다. 멜로디, 리듬,
화성 및 음악적 질감의 복잡성을 보고 고려하는 것은 다른 어떤 형태에서도 얻
을 수 없는 상세한 정보를 제공할 것이다. 음악은 특정한 예술이며, 음악치료
는 더욱 그렇다. 음악의 본질과 구조를 무시한다면 음악치료 자체의 본질을 무
시할 위험이 있다.

제 9 장

음악 형식과 임상 형식

> 열심히 일하지 않으면 진정한 창조는 없다. 당신이 발명이라고 부를 수 있는 것—
> 즉, 생각, 아이디어—은 단지 나에게 책임이 없는 영감에 불과하다. 그것은 선물이
> 며, 나는 열심히 일함으로써 내 것으로 만들어야 할 것이다.
>
> –Johannes Brahms(1833~1897), Watson(1994) 인용

　음악치료를 음악 형식 측면에서 고려한다는 것은 무엇을 의미할까? 임상 형식과 음악 형식 간의 연결은 무엇이며, 음악 형식은 어떻게 임상 형식에 영향을 미칠 수 있을까? 세부적인 음악 형식 이해가 음악치료의 미스터리를 풀어내는 데 도움이 될까? 왜 음악치료사는 음악 형식과 임상 형식을 동등하게 이해하는 것이 중요할까? 연구에서 음악치료는 양적 · 질적 연구 방법론(Wheeler, 1995)을 사용하고, 음악 심리치료는 분석(Foulkes & Anthony, 1990), 전이(Bruscia, 1998), 이미지(Bonny, 1978)를 사용하며, 교육적 실습에서는 자료 수집 및 분석을 통해 이루어지고(Bruscia, 1998), 음악의학은 임상 시험을 통해 이루어진다(Standley, 1986). 이러한 외부적 영향은 이 분야를 정의하고, 음악치료를 확립되고 신뢰할 수 있는 전문직으로 인정하는 근거를 제공했다.

　하지만 음악 이론에 의해 영향을 받는 음악치료는 어떨까? 폴 노르도프는 그의 음악 및 음악적 표현 방식의 임상적 적용(Robbins & Robbins, 1998)에서 음악을 과정의 본질로 간주한다. 편집자의 서문에는 그의 가르침의 핵심이 음악이라고 명확하게 언급되어 있다.

치료에서의 임상 음악가의 음악적 기초는 폴 노르도프에게 깊은 의미가 있었다. 이 기초는 각 학생의 임상 능력과 음악 기술뿐만 아니라, 음악에 대한 인식, 음악 경험 지식, 그리고 멜로디, 화음 및 리듬 요소의 표현적 역동성에 대한 이해-느낌에 달려 있다. 그는 이러한 지각적 지식이 치료에서 음악을 반응적이고 창조적으로 적용하는 데 필수적이라고 믿었다(Robbins & Robbins, 1998, pp. xix).

노르도프에게 음악은 음악치료의 모든 뉘앙스에 대한 영감이자 정점이었다. 어떻게 아동이 반응하는지, 작업의 전반적인 목표, 음악의 표현적 특성 및 아동의 음악적 연결은 모두 음악 형식을 이해하고 임상적으로 평가하는 것에 영향을 받았다. 이 책에 대한 노르도프의 영향은 상당하다. 임상 작업과 음악가 정신의 영감을 통해 그의 가르침은 음악과 인간의 잠재력이 불가분의 관계에 있음을 보여 주었다. 음악을 치료로 간주하는 것은(Bruscia, 1998) 음악을 알고 이해하는 것이다. 치료와 음악 모두 정확성을 옹호하지만, 둘 다 삶과 관계의 창조적 자유를 담고 있다.

질병과 장애의 모습을 통해 심미적 음악치료는 인간의 상태와 경험 사이의 음악적 연결을 제안한다. 내담자가 자신의 삶의 상황을 탐색할 때, 치료사는 수많은 감정을 풀어내야 한다. 치료사는 내담자 자신의 자폐적 음악을 탐색할 때까지, 자폐의 음악적 표현 자체를 찾지 못할 것이다. 그때까지 음악은 치료사의 자폐증에 관한 인식 수준과 일치할 것이다. 자폐아는 자신의 음악 세계관을 점유하고 있으며, 이들의 창조성을 이해하기 위해 치료사는 자폐증의 타고난 음악적 표현을 만나고 그리고 찾으려고 노력해야 한다. 자폐성 음악은 다양한 요인에 따라 달라진다.

- 개인적 특성(Individual character)
- 임상 진단(Clinical diagnosis)
- 음악적 선호도(Musical preference)

- 정서적 안정성/불안정성(Emotional stability and instability)
- 문화적 경험(Cultural experiences)
- 삶의 경험(Life experiences)

베토벤의 작품이 말러(Mahler)의 작품과 극적으로 다르듯이, 한 내담자의 음악은 다른 내담자의 음악과 다를 것이다. HIV와 함께 사는 내담자인 에디는 복잡하고 정교한 음악을 사용했고, 자폐증이 있는 청소년 코리(Cory)는 복잡하지 않은 음악을 사용했다. 두 사람을 연결한 것은 복잡성이나 정교함이 아니라 음악에 담은 의도와 명확성이었다. 코리의 음악은 에디의 음악과 동등했으며, 치료사는 깊고 활발한 청취와 반응으로 둘 다 만났다. 코리는 자폐증이 있는 젊은 남성이었지만 치료적 관계에 대한 반응으로 나타나는 음악은 에디의 음악적 표현만큼 복잡하지 않았다. 서로 다른 내담자의 음악적 작업과 치료적 작업을 분리하는 것은 실수다. 코리가 피아노에서 만들어 낸 단일 음은 에디의 복잡하고 무조적인 드럼과 피아노 연주와 동등하다. 음악의 관계적 내용을 분리하는 것은 질병이나 장애가 아니라, 치료사가 내담자의 음악적 형식을 얼마나 깊이 듣는가에 달려 있다. 궁극적으로 내담자의 음악 형식에 대한 이해는 치료사의 반응에도 영향을 미쳐야 한다.

'트리스탄' 코드: 임상적 의미

[바그너의 트리스탄과 이졸데]

[그림 16]

바그너의 트리스탄 화음([그림 16] 참조)은 음악 문헌에서 가장 논의되고 분석된 화음 진행이다. 이 화음이 주목받는 이유는 크로마티즘(반음계 사용), 조성 중심의 부재, 그리고 무조성 음악(atonality)을 향한 잠재적인 이동 때문이다. 도약 (1)에서 크로마티즘 (반음계 선율)으로 이동하는 선율선은 (2) 긴장과 (3) 해결의 복합적인 화음 감각에 의해 뒷받침된다. 트리스탄 화음에 대한 분석은 다양하다. 쉰베르크(Schoenberg, 1954)는 이 화음을 무조성 음악의 전조라고 보았고, 샤이예(Chailley, 1963)는 이 화음을 가단조의 지배음화음으로 분석했다. 나티에즈(Nattiez, 1990)는 트리스탄 화음 분석을 두 가지 그룹으로 분류했다. 첫 번째는 특정 화음 진행에 기반을 둔 기능 분석이고, 두 번째는 화음의 기능보다는 구조 자체를 중요시하는 비기능적 분석이다. 트리스탄 화음은 세 가지 방식으로 임상적 관점에서 분석될 수 있다.

1. 화음의 모호성

즉흥연주는 결코 예측 가능해서는 안 된다. 치료사의 음악적 탐색은 관계의 본질과 성숙해지는 치료 목표를 반영할 수 있다. 즉흥연주는 또한 무한한 가능성에 열려 있어야 하며, 치료사의 과정 이해가 깊어질수록 평가되어야 한다. 트리스탄 화음의 화음적 모호성을 분석하면 임상적 즉흥연주와의 가능한 연결을 강조할 수 있다. F, B, D#, G# 화음의 세뮤음 (2)은 선율적인 A와 A#을 거쳐 최종 E 장조 화음 (3)으로 이동하면서 무형하지만 안정감 있는 한 화음 진행을 제공한다. 이러한 모호함 뒤의 해결은 임상적 즉흥연주에서 중요한 힘이 될 수 있다. (2)의 화음적 불확실성은 음악이 어디든지 갈 수 있다는 느낌을 주며, 해결을 통해 이끌면 임상적 즉흥연주에서 중요한 힘이 될 수 있다. (2)의 화음적 불확실성은 음악이 어디든지 갈 수 있다는 느낌을 주며, 반음계적 선율을 통해 불가피한 E 장조 화음의 해결로 이끌 수 있다. 트리스탄 화음은 화음적 자원이자, 다른 진행의 기초가 되어 치료사에게 복합적인 모호한 음악적 표현 범위를 제공한다. 내담자는 종종 음악적 또는 정서적으로 모호함에서 안정으로 이동하는 능력이 부족한 경우가 많다. 트리스탄 화음을 임상 자원으로 활용하면 내담자의 음악적 불균형을 바로잡고 치료적 관계에 연속성을 더할 수 있는 가능성이 있다.

2. 선율 진행

트리스탄 화음의 선율 진행은 흥미롭고 임상적 즉흥연주에 직접적으로 적용할 수 있다. 선율이 올라갈수록 음정이 작아진다. 처음 나타나는 6도 (1)는 F 장조 조성을 가정한다. 이 추론은 장 3도(1-2) 도입과 함께 무너지고 선율 조성을 분명하게 E 장조로 옮겨 놓는다. 임상적 관점에서 볼 때, 개방 음정과 반음계 간격 사이의 균형은 내담자의 표현적인 선율적 상상력을 반영하는 데 중요한 이해를 보여 준다. 알드리지(Aldridge, 1999)는 음악치료에서 선율의 중요성을 다음과 같이 표현하고 있다.

전개되어 가는 멜로디의 경험은 완전함, 게슈탈트, 그리고 개별 요소들의 합보다 더 많은 특징을 가진 창조물의 경험이다(Aldridge, 1999, p. 151).

알드리지의 견해를 고려할 때, 트리스탄 진행은 자발적인 멜로디 형태에 대한 우리의 인식을 밝힐 수 있는 잠재력을 가지고 있다. 내담자의 멜로디를 세련된 표현으로 생각한다면, 치료사의 음악적 사고에 중요성을 부여할 수 있다. 작은 음정으로의 움직임은 개방성의 느낌을 표현하며, 특정한 임상적 상황과 관련시킬 때, 영향을 미칠 수 있다. 트리스탄 코드에 설명된 것과 같은 중요한 진행을 연구하고, 연습하고, 직접적으로 연관시키는 것은 치료사의 임상적 사고와 음악적 사고의 세세한 부분을 밝히는 데 도움이 될 수 있다.

3. 긴장과 이완

즉흥연주에서 나타나는 즉각적인 긴장과 해소는 내담자의 음악적 표현을 반영하고 필요한 경우, 이를 지시하는 데 결정적인 요인이 된다. 트리스탄 화음은 불확실성(2)에서 명확한 조성 중심(3)으로 이동하는 완벽하고 세련된 예시이다. 이 화음은 즉흥연주를 시작하는 데 도움이 되는 자원으로 활용할 수 있다. 치료사는 진행을 실험하고 탐구함으로써 세션의 특정 시점에서 필요할 수 있는 음악적 특징을 찾을 수 있다. 트리스탄 화음과 그 해소는 치료사에게 발전하는 치료 관계에서 중요할 수 있는 긴장과 해소의 측면을 지원하고 유발하는 음악적 범위를 제공할 수 있다.

음악적 구조와 치료적 구조

임상적 즉흥연주에서 창조성과 자유는 필수적이지만, 구조가 없으면 음악과 치료과정은 존재할 수 없다. 방향과 조직은 임상 실습의 핵심을 이룬다. 우리는 음악 구조에 대한 이해를 통해 치료 구조에 대한 이해를 어떻게 향상할 수 있을까? 반대의 경우도 마찬가지다. 심미적 음악치료에서는 이 둘의 균형이 치료과정을 이해하는 데 필수적이다. 음악은 임의적이고 길서 있는 조합으로 사용되는 한정되고 통제된 구조를 포함한다. 음악은 작곡과 즉흥연주의 창조성을 균형 있게 유지하고 발휘하기 위해 규칙을 지키면서도, 반대로 깰 수 있어야 한다. 치료 역시 작곡과 마찬가지로 결과에 영향을 받지만, 결과에 의존하지 않는 이론을 포함한다. 관계의 개별성은 질서 있고 자유로운 작곡적 사고를 통해 강화되는 창조성과 유사하다. 작곡가가 음악의 구조를 통해 자신의 독특한 목소리를 찾기 위해 노력하는 것처럼, 치료사는 음악적 자율성과 설계 범위 내에서 내담자의 표현력을 드러내기 위해 노력한다. 음정, 리듬, 화음 균형, 음조 방향과 같은 음악 이론은 모두 치료 관계 이론과 관련될 수 있다. 음정, 음정의 관계 방식, 음의 조합 및 방향(유사 운동과 반대 운동), 질문과 답변은 모두 즉흥연주에서 내담자/치료사 관계와 평행을 이룰 수 있다.

예를 들어, 2성부 바하 인벤션에서의 대화는 음악적 연결과 소통에 대해 무엇을 말하고 있을까? 두 선율선이 갈라지고, 도약한 후 다시 음정적 근접성으로 돌아올 때, 이는 어떻게 음악/치료 관계와 일치할 수 있을까? 즉흥연주에서 내담자와 치료사 간의 연결은 섬세하게 균형을 이루는 관계다. 2성부 인벤션과 마찬가지로 음악적인 것뿐만 아니라, 제스처 적이고 개인적인 단서도 있다. 하지만 음악적 방향과 치료적 방향, 즉 음악의 구조, 치료의 구조, 그리고 관계의 구조를 만드는 것은 바로 구조이다. 구조는 바로 임상적 즉흥연주를 질서 있으면서도 자유로운 경험으로 만드는 요소다. 임상적 즉흥연주는 다음과 같은 다양한 근원으로부터 구조를 가져온다.

- 목적과 목표의 구조
- 각 세션의 음악적 구조
- 각 세션의 치료적 구조
- 각 음악적 순간의 구조
- 각 즉흥연주의 발전 구조
- 각 세션의 발전 구조와 아키텍처적 · 구조적 형태

임상 즉흥연주자는 세션이 순간순간 발전하는 과정 안에서 구조의 균형을 맞추어야 한다. 치료사는 즉흥연주를 할 때 다음과 같은 질문을 던져야 한다.

① 음악의 구조적 내용은 무엇인가?
② 이 구조는 무엇을 달성하고자 하는가?
③ 구조는 과정의 창조적 성격에 어떤 영향을 미칠 것인가?
④ 구조는 자유와 함께 어떻게 균형을 이루고 있는가?

음악적 구조와 치료적 구조는 서로 독립적이지만, 서로에게 정보를 제공하는 동맹 관계여야 한다.

치료사는 음악 구조를 분석함으로써 음악적 표현과 치료 결과 간의 연결에 대한 추론을 도출하기 시작할 수 있다. 내담자가 협화음 선율을 즉흥연주하다가 갑자기 무조성 연주로 옮겨 갈 수 있다는 것은 중요한 지표이다. 이는 발전하는 관계와 반대되는 음악적 극성 내에서 표현하려는 내담자의 요구에 대해 무엇을 말해 줄 수 있을까? 이 움직임은 내담자의 정서 상태와 그들이 그것을 어떻게 표현하는지에 대해 무엇을 말해 주는 것일까? 심미학적 음악치료는 치료사가 음악적 대화의 깊은 구조, 즉 즉시 청각적으로 명확하지 않은 구조로 돌아가면 발전 과정을 이해하는 데 중요한 단서를 찾을 수 있다는 믿음을 바탕으로 한다.

브람스의 교향곡의 작곡적 완벽성을 이해하고, 이 지식을 임상 실습과 연관시킴으로써 음악적 의도와 치료적 의도 간의 연결을 더 잘 이해하기 시작할 수 있을까? 이는 브람스의 음악 구조를 분석하는 데 몇 시간을 쏟아야 한다는 의미가 아니다. 그의 형식 감각, 그의 아이디어와 그 발전의 완벽성, 그리고 재현의 힘을 의식적으로 평가함으로써, 음악의 구조가 어떻게 작용하는지에 대한 더 큰 이해를 얻을 수 있다. 이 지식을 즉흥연주에서 내담자에 대한 우리의 음악적 반응에 영향을 미치도록 허용함으로써, 훨씬 더 상세하고 복합적인 반응 목록을 얻을 수 있다. 브람스의 대화, 응답 악설, 세련된 화음, 형태와 형식의 대비는 모두 음악과 소통을 이해하는 데 단서를 제공한다. 치료사로서 브람스를 듣고 내담자와 치료사라는 측면에서 음악적 대화를 듣는다면 브람스 교향곡과 음악치료 사이의 간격은 그렇게 크지 않다는 것을 깨닫게 된다. 브람스의 음악은 디자인이 완벽하면서도 매우 감정적이다. 그는 어떻게 이러한 균형을 달성했으며, 음악치료는 그의 작곡적 설계로부터 무엇을 배울 수 있을까? 음악치료는 작곡가의 작품과 임상 실습 사이에 거리를 만들어 왔다. 심미학적 음악치료는 이러한 거리가 존재하지 않아야 하며, 실제로 존재하지 않는다고 믿는다. 제4장, 제9장, 그리고 제13장에서 보인 것처럼, 서구 음악 연구는 심리학

이론 연구만큼이나 음악치료에 자연스러운 것이어야 한다.

교향곡 형식의 임상적 즉흥연주

음악치료에서 즉흥곡을 창작하는 것은 작곡가가 교향곡을 작곡하는 것과 같다. 각각은 빈 페이지로 시작하여 무한한 가능성을 포용한다. 교향곡 및 또는 세션이 시작되면 작곡가/치료사는 잠재력의 광대한 지평에서 선택을 해야 한다. 음악/세션이 발전함에 따라 작곡가/치료사는 과거의 창작곡과 이것이 음악/세션의 미래 방향에 미치는 영향을 기반으로 결정을 내린다. 매 순간은 연주되는 음악의 반영이며, 다가올 음악의 형성에 동기를 부여한다. 세션에서 창조성과 예술적 · 치료적 형식에 대한 영감은 새로운 교향곡의 첫 연주와 유사하다. 청중/내담자가 음악에 어떻게 반응할까? 현대적인 영감과 독창성을 부여하기 위해 어떤 새로운 음악적 관점을 제공할 수 있을까? 오늘날의 음악이 새롭고 종종 논쟁의 여지가 있는 관점을 제공하는 것처럼, 각각의 새로운 내담자는 고유하며 새로운 임상적, 그리고 음악적 사고를 요구한다.

HIV를 앓고 있는 내담자와의 세션에서 피아노 포핸즈 즉흥연주의 시작을 분석하면([그림 17] 참조) 교향곡의 잠재력을 고려하는 것이 가능하다. 음악치료 세션의 시작과 마찬가지로 교향곡의 오프닝 주제는 작품의 범위와 규모에 대한 경계를 설정한다. 즉흥연주는 음악이 크고 광범위하다는 것을 암시하는 명확하고 강력한 주제로 시작된다. 내담자의 오프닝 7번째 (1)은 두 연주자 모두가 자발적으로 G를 판단하는 치료사의 강력하고 움직이는 베이스를 뒷받침한다. 이 아이디어의 반복 (2)는 즉흥연주 내에서 필수적인 주제가 되는 것에 대한 신뢰를 주게 된다. 치료사의 날카로운 코드 (3)은 색상을 추가하고 내담자의 단일 톤에 치료적으로 도전한다. 내담자가 즉흥적으로 연주한 D 플랫의 추론된 키 (4)에 G가 추가되어 색칠되고 치료사는 베이스에서 강조된 흰색 음표 클러스터를 연주하여 내담자에게 다시 도전한다. 두 연주자 모두 B로 이 악

절을 끝낸다. 즉흥연주는 이 주제와 다른 두 가지 반대 주제를 계속 발전시켰
으며 길이는 23분이었다.

　이 분석을 통해 음악적 의미, 교향곡적 의도, 치료적 가능성을 어떻게 추론
할 수 있을까? 개막 부분의 즉흥연주의 강점은 교향곡적 사고와 연관성을 보
여 준다. 개막 주제는 발전과 명료성을 갈망하는 기원이다. 이는 치료과정의
시작과 다르지 않다. 내담자의 진술(음악적, 언어적, 또는 몸짓적)은 반영과 성숙
을 요구한다. 내담자의 성장에 필요한 감정 변화 과정에서 내잠자와 치료사는
파트너이다. 반영적 매개체인 음악은 내담자가 최대한의 잠재력을 발휘할 수
있도록 균형을 찾는 데 노력한다. 이 예시와 다른 많은 예시에서 확인할 수 있
듯이, 치료적 과정과 교향곡적 과정은 서로 다르지 않다.

　작곡가이자 음악치료사로서 나는 모든 세션을 마치 교향곡을 만드는 것과
같다고 생각한다. 세션의 각 부분은 서로 다른 악장과 같다. 내담자에 대한 반
응에서 관현악적으로 생각하면서 세션 내에서 완벽한 교향곡적 비율을 감정
적으로, 그리고 음악적으로 만들기 위해 노력한다. 작곡가로서 나는 교향곡
이 작곡 기술의 아마도 가장 완벽한 표현이라고 생각한다. 음악적 완성도에 대
한 지식을 내담자에게 전달할 수 있다면, 이것은 어떤 가능성을 가져올 수 있
을까? 그러나 발생하는 문제는 음악치료가 음악뿐만 아니라, 전체적인 음악치
료 과정을 구성하는 치료적, 그리고 임상적 복합성 전체와 관련이 있다는 것이
다. 세션이 교향곡만큼 완성될 수 있다는 생각은 아마도 음악치료사에게 너무
높은 기대를 가하는 것일 수 있으며, 이를 통하여 음악적 성과를 얻는다는 느
낌은 비실용적이고 상상하기 어려울지도 모른다. 하지만 최고의 음악적 및 치
료적 기준을 달성하는 것은 이 분야의 자연스러운 발전 과정이어야 한다. 나는
이러한 음악적 도전이 미래에 음악치료의 '예술'로서의 가치를 입증하기 위해
직면해야 한다고 믿는다.

[그림 17]

관현악기의 임상적 활용

치료사의 피아노와 기타 사용, 내담자의 조율된 타악기와 비조율 타악기 사용은 독특한 '음악치료 사운드'를 만들어 냈다. 음악 교육 과정에서 관현악기를 배운 많은 음악치료사들은 이 분야에 들어서면서 종종 관현악기를 포기한다. 만약 표현을 위해 전체적인 관현악기와 실내악 조합이 사용 가능했다면 음악치료는 어떻게 발전했을까? 현악 4중주, 심포니 오케스트라 또는 재즈 밴드가 집단 치료사로 반응할 수 있다고 상상한다면, 이는 완전히 새로운 음악적 가능성을 가져오게 된다. 비록 이는 부적절한 추측처럼 보일지 모르지만, 내담자에게 더 넓은 음색과 질감의 세계를 열어주는 것은 항상 우선순위가 되어야 한다. 피아노, 기타, 그리고 타악기는 여러 음색을 사용할 수 있지만, 때로는 밖을 바라보고 새롭고 흥미로운 소리를 찾아야 할 때가 있다. 심미학적 음악치료는 음악치료에 모든 관현악기를 임상 실습에 포함시킬 것을 촉구한다. 치료사가 첼로 연주에 능숙하고 수년 동안 공부했다면, 덜 편안하고 익숙하지 않은 악기를 포함시키려고 노력하기보다는 그 악기를 임상적으로 사용하고 적응시켜야 한다. 이를 위해 관현악 연주자들은 자신들의 악기에 특화된 특정 임상 기술을 정의하기 시작해야 한다.

목관, 금관, 그리고 현악기는 인간과의 접촉을 위한 엄청난 가능성을 제공한다. 플루트의 음색은 바순과, 트럼펫은 호른과, 그리고 바이올린은 첼로와 본질적으로 다르며, 각 악기는 내담자에게 그들이 경험하지 못했던 소리와 질감의 감각을 제공할 수 있는 능력을 가지고 있다. 현악기를 직접 듣는 것은 강력한 경험이며 치료과정에 중요한 의미를 가질 수 있다. 현 위에 활을 움직이면 음색, 배음, 질감, 그리고 목소리를 모방하고 표현할 수 있는 음질을 만들어 낸다. 현악기는 인간적/정서적 내용을 담은 프레이즈를 연주할 수 있다. 목관 및 금관악기도 또한 목소리와 밀접한 관련이 있다. 소리를 생성하는 데 필요한 호흡은 물리적 특성에서 소리까지 인간이 직접적으로 확장한 것이다. 내담자가 목관 및 금관악기에 강하게 반응하는 것은 이 악기들의 시간적이고 유연한 음색 때문일 수 있다. 처음에는 단일 선율선을 연주할 수 있는 관현악기의 단점으로 보일지 모르지만, 이는 또한 장점이 될 수 있다. 음악치료사는 완전하고 완전한 음악을 제공해야 할 필요성에 사로잡힐 수 있다. 이는 종종 훌륭한 임상석 슥홍연수에 필요한 투명한 특성과 상중한다. 단일 선율을 연주하는 관현악기는 우아한 선명함과 음악적 선의 단순함을 제공할 수 있는 잠재력이 있다. 또한 관현악기에서 정확하게 사용한다면 단일 선율의 효과를 보완할 수 있는 화음을 연주하는 것도 가능하다. 바순이나 트롬본의 물리적 존재감은 소리의 근원과 내담자의 반응, 그리고 잠재적인 연주를 연결하는 촉각적 자극을 제공할 수 있다. 치료사가 운지하는 동안 내담자가 바이올린을 켜거나 트럼펫이나 클라리넷을 불게 하는 것은 악기를 임상적으로 사용할 수 있는 끝없는 가능성 중 하나다.

음악치료는 임상 실천에서 모든 관현악기를 표준으로써 수용해야 한다. 소리를 증폭시킴으로써, 악기가 더 큰 음량의 범위를 가질 수 있다. 스트라디바리우스와 같은 악기가 손상되지 않도록 작업용 악기를 구입하는 것도 중요한 고려 사항일 것이다. 일정한 음악 및 물리적인 실용성을 고려하면, 음악치료에서의 관현악기의 잠재력은 엄청나다. 심미학적 음악치료가 음악의 즉시성에 물들어 있다는 것처럼, 모든 악기는 새롭고 영감을 주는 소리 풍경을 제공할 수 있는 잠재력을 갖고 있다. 이러한 새로운 임상적인 소리 풍경과 함께, 인류음악학과 음악 테크놀로지의 발전은 음악치료에서의 무한한 가능성의 문을 더욱 열어 줄 것이다.

아키텍처적인 으뜸음(AT)

임상적 즉흥연주의 과정은 복잡하다. 음악치료사가 음악과 치료적 분석과 결합하는 방식은 누적 과정의 이해를 나타낸다. 기본적으로 임상적 즉흥연주를 포함하는 세션은 어렵게 느껴질 수 있다. 세션의 디자인을 알고 이해하는 동시에 매 순간의 세부 사항에 세심한 주의를 기울이기는 실로 어려운 일이다. 내담자의 음악을 음악 자체로 인식하고 해석한 다음, 그것을 그들의 심리적, 그리고 감정적 존재의 반영으로 해석하는 것은 이 과정의 '과학적' 측면을 구성한다. 치료사는 효과적인 즉흥연주를 위해 필요한 많은 방향을 익히고 배우며, 그리고 자유롭게 탐험해야 한다. 제1장의 심미학적 음악치료 정의에서 설명된 대로, 임상적 즉흥연주는 치료사가 세션 전체의 구조를 이해한 후에 부분들을 분석해야 한다는 개념을 기반으로 한다. 반영적 슈퍼비전과 평가를 통해 음악적 그리고 치료적 의미를 해석하고 추론하는 것이 가능하다. 그렇다면 순간은 어떨까? 우리는 확장된 임상적 즉흥연주가 요구하는 거대한 잠재적 구조를 어떻게 음악적으로 개념화할 수 있을까?

나는 심미학적 음악치료를 통해 음악 형식에 대한 인식을 바탕으로 임상적 즉흥연주에 대한 접근 방식을 개발했다. 발전하는 작업에서 임상 분석을 시도하기 전에 즉흥연주의 음악적 구성을 설명하고 이해하는 것이 중요했다. 나는 즉흥연주에 어떻게 음악적으로 접근하는지 고려하고 분석하기 시작했다. 발전하는 음악적 대화에 필요한 음악적 배경을 제시하기 위해 어떤 기법을 사용했을까? 이 질문은 많은 창조적이고 연관된 사고의 발판을 제공했다. 아키텍처적 으뜸음(AT)이 나의 주된 관심사가 되었다. 음악 분석을 통해 즉흥연주는 종종 단일 핵심 음으로부터 시작된다는 것을 발견했다. 완전한 즉흥연주에서 전체적인 조성감을 유지하는 닻 역할을 하는 근본적인 음이 있는 것 같다. 핵심 음을 식별할 수 있다면, 내담자, 내담자-치료사 관계, 그리고 전체적으로 발전하는 작업에 대해 무엇을 배울 수 있을지 생각하게 되었다. 각 세션의 서로 다른 AT 사이에 연결이 있었는데, 과연 이것들은 전반적인 치료과정 이해에 어떤 영향을 미쳤을까? 교향곡의 각 악장의 조성 중심이 전체 작품의 핵심 조성을 반영하는 것처럼, 세션이나 일련의 세션에서 즉흥연주의 그룹에 대한 조성 중심 역시 더 큰 치료적 그림에 대한 우리의 이해에 영향을 미칠 수 있다. AT는 내가 지속적으로 인식하는 임상적 즉흥연주 구조에서 필수적이고 계시적인 요소가 되었다.

세션 중에 AT를 제시하고 판별하는 것은 즉흥연주의 새로운 형태에 대한 내 이해를 크게 변화시켰다. AT는 다음 세 가지 중 하나에서 유래되었다. ① 내담자, ② 치료사, 또는 ③ 두 연주자 모두의 산물. 일단 판별되면, AT는 안정성과 명확성 있는 음악적 사고의 구조적 기반을 제공했다. 즉흥연주하는 동안 AT를 정확하게 파악하는 것은 음악이 전개됨에 따라 집중적으로 그리고 치료적으로 듣는 것을 의미했다. 불필요한 소리를 제거하고 필수적인 핵심을 듣는 것은 치료적으로 계몽적인 일이며, 내담자와 더욱 깊은 수준에서 대화할 수 있도록 해 주었다. AT를 판별, 생성 및 구축하는 것이 심미학적 음악치료의 특징이 되었다. 그것은 단순하지만, 나는 AT와 관계하는 임상 즉흥적 사고와 표현의 중요한 방식을 믿는다. AT는 치료사와 내담자에게 보안을 제공한다. AT는 일단 판별되면 쉽게 되돌릴 수 있고, 지속적인 일관성과 안정성을 제공하기 때문에 음악적 사고의 자유와 해방을 허용한다. AT로 변조하거나 AT에서 멀어지는 것은 밀접하게 또는 멀리 관련된 다른 톤을 개발하기 때문에 중요한 기술이다. 치료사는 다양한 AT를 선택한 다음 이를 음악적 자원 개발을 위한 기초로 사용할 수 있다.

AT의 음악 형식은 이 장의 시작 부분에서 제기된 많은 질문에 답하고 있다. 음악치료의 '과학'은 결과의 복제 가능하고 환원주의적인 측면을 탐구하는 방법론에 기반을 두고 있다. 이 이론은 음악치료의 핵심 구성 요소를 요약하고 정량화함으로써 음악치료가 어떻게 작동하는지 이해할 수 있다는 믿음에 기초하고 있다. AT는 이러한 경험적 관점을 음악적으로 동등하게 표현한 것이다. 과정을 뼈대 형태로 축소함으로써, 우리는 음악과 치료가 그토록 가깝고 효과적인 동맹인 이유를 찾을 수 있다. 음악의 본질에 대한 이해와 반응을 감소시키는 것은 전체를 담는 기본음의 중요성을 보여 준다. 음악으로서의 심미학적 음악치료는 음악 중심이자 치료인 음악 형식과 임상 형식 간의 연결을 제공한다.

제 10 장

무조성 음악: 임상적 의도와 심미적 현실

…… "이전에 들어 본 적 없는 리듬에 맞춰 춤을 추어 보세요. 소통할 수 없다면 실험하지 마세요. 그리고 장벽이 보인다면 무너뜨리세요."

-Trans-Global Underground 'Yes Boss Food-Corner'(2001)

음악치료사로서 초기 몇 년 동안 나는 극도로 흩어져 있고 비구조적인 스타일로 연주하는 내담자들에게 매료되었다. 이 연주는 그들의 병리를 이해하는 데 어떤 영향을 미쳤으며, 그들의 음악적 예측 불가능성을 직접 만난다면 그것은 무엇을 의미하는 것일까? 나는 그들의 표현을 틀로 잡기 위해 구조를 제공해야 할까, 아니면 그들의 음악적 모호성을 인정하고 계속 진행해야 할까? 되돌아 듣고 인덱싱을 만들면서 나는 완전한 자유로움의 통로처럼 보였던 것에도 실제로 구조와 형식이 있음을 발견했다. 비록 명확한 조성 음악보다는 더 복잡하고 미묘하지만, 그럼에도 불구하고 내담자의 창작에는 한정된 의미가 있었고, 나는 이것이 치료적 동맹에서 그들이 되어 가는 모습을 더욱 직접적으로 반영한다고 느꼈다. 그리고 그 순간의 무조성 음악에 대응하고 평가를 통해, 내담자와의 치료적 동맹이 더욱 깊어짐을 깨달았다. 우리는 예측 가능성과 동일성의 세계에 살고 있다. 대부분의 내담자들은 그렇지 않다. 이를 고려할 때, 무조성은 조성보다 내담자의 정신을 더 자연스럽게 표현하는 방식일 수 있을까? 그리고 이 표현을 더 조성적인 틀에 넣는 것은 무엇을 의미할까? 지금은 15년이 넘게 지났지만, 임상적 즉흥연주에서 무조성의 역할에 대한 이해가 더욱 깊어졌음에도 불구하고, 무조성이 조성을 높이고 내담자의 표현을 진정으로 나타내는 음악적 풍경을 제공하는 잠재력을 이해하도록 계속해서 영감을 받고 있다.

무조성 즉흥연주는 자주 사용되지만, 임상 실습의 과정과 결과에 미치는 영향적인 측면에서 음악적으로 논의되거나 분석되는 경우는 드물다는 것을 알게 되었다. 무조성은 거의 또는 전혀 음악적 지시가 없는 양식화된 접근 방식을 의미하게 되었다. 경험은 복합적인 음악적 형식이라기보다는 음악적 풍경에 가깝다. 무조성에 대한 우리의 이해는 음악적 인프라에 덜 의존하게 되고, 경험에 대한 비음악적 분석 해석에 더 의존하게 되었다. 이 장에서는 임상적 즉흥연주에서의 무조성이 실제로 내담자, 치료 단계 및 즉각적인 음악적 반응에 따라 달라지는 정확한 음악적 자원이라는 것을 제안한다. 무조성은 조성만큼이나 광범위하며, 음악적이고 치료적인 사고의 복잡성을 요구한다. 무조성은 조성만큼이나 광범위한 음악적 그리고 임상적 사고의 복잡함을 요구한다. 음조 표현과 무조 표현의 극성 사이를 이동할 때 각각에 대한 우리의 지식은 동일해야 한다.

음조(조성)적인 중심음이 없이 즉흥연주하는 것의 함의는 무엇이며, 이론적으로 구조나 형식이 없는 음악을 내담자에게 제공하는 것은 무엇을 의미할까? 무조성은 조성보다 더욱 근면 성실하고 주의 깊게 제공되어야 할까, 아니면 단순히 흩어진 느낌을 충족시키고 촉진하는 도구로만 사용될 수 있을까? 마지막으로, 무조성을 통해 조성에 색깔을 부여하려면 어떻게 해야 하며, 이는 내담자와 치료과정 이해에 어떤 의미인가? 나는 임상적 즉흥연주에서 무조성 음악을 사용하는 것에 점점 더 매력을 느끼고 관심을 갖게 되었다. 그 잠재력에 매료되었고 음악치료사가 대부분 무조성을 단조로운 자원으로 활용하는 것 같다는 점에 관심을 가졌다. 이는 스페인 작품(Spanish idiom) 같은 특정 모드를 사용하는 것과 유사하다. 조성 음악과 무조성 음악 사이의 변화는 음악치료 과정의 모든 측면에 광범위한 결과를 가져올 수 있는 복잡하면서도 단순한 현상이라는 것이 나의 견해이다. 조성과 무조성 사이의 음악적 균형을 평가하고 반영하는 방법은 우리가 내담자를 위해서, 그리고 내담자와 함께 창조하는 음악/임상적 철학에 대한 이해를 말해 주는 것이다.

무조성의 이해와 분석

무조성은 많은 이론가들에 의해 여러 가지 방식으로 정의되었다. 아도르노(Adorno)는 무조성을 숭배하는 가장 큰 옹호자일 것이다. 그는 자신의 책인 『현대 음악의 철학』(1973)에서 조성과 무조성이 공존할 수 없다고 말하며, 시벨리우스(Sibelius)와 같은 작곡가들을 조성 구조 내에서 무조성을 사용한 것에 대하여 규탄했다. 현재 고레키(Gorecki)와 타베너(Tavener)와 같은 작곡가들이 조성으로 돌아왔기 때문에 아도르노가 조성에 대해 '저속함'과 '진부함'이라는 용어를 사용한 것은 이상하게 느껴질 수 있다. 그의 작품은 거의 완전히 제2비엔나 학파와 연재/음렬주의(Serialism)의 형성과 관련이 있다. 쇤베르크(Schoenberg, 1966, 1967, 1984)는 '음렬 작곡'의 대표적인 인물로서 어떤 음이 다른 음보다 우세한 것이 없는 음악 언어를 주창했다. '십이음/십이음계 작곡'이란 한 음이 다른 열한 음과 동일한 무게로 연주되기 전까지는 한 음을 반복할 수 없다는 개념이다. 열두 음—음열—은 "전통적인 음조 전통에서 대위법 작곡에서 친숙한 모든 방식으로 배열되고, 반전되고, 변형된다"(Scruton, 1997, p. 282). 그의 동시대 음악가이자 동료였던 베르크(Berg)와 베베른(Webern)은 음렬주의 이론을 다르게 해석했다. 베베른은 그의 음악 소재를 짧고 집중적인 작품으로 압축했고, 베르크는 음악치료에 더 흥미로운 방식으로 로맨티시즘과 조성을 그의 바이올린 협주곡이나 오페라 '룰루'와 같은 작품에 더했다. 만약 우리가 조성과 무조성 사이의 연결을 인정한다면, 아도르노의 순수주의적 이념과 음렬주의 이론은 임상 실습에서 음악의 발전에는 관련이 없으며, 적용할 수도 없다. 최근에 샤프의 논의에서 "무조성 음악으로 전환하면 특정 종류의 듣기가 가능한 반복이 거의 없다"는 주장이 나왔다(Sharpe, 2000, p. 191). 이는 스크루톤의 정의보다 음악치료에는 덜 관련될 수 있다. 스크루톤은 "무조성은 조성적 구조를 무시하고 음악적 요소를 자유롭게 사용할 수도 있고, 어떤 경쟁 음악 시스템에서 기반을 둘 수도 있으며, 조성 음악에 대한 경쟁적인 순서를 추구하거나, 전통 언어의 조직 원칙을 대체할 수도 있다"고 정의했다(Scruton, 1997, p. 281). 여기에 단서가 있다. 둘은 상호 배타적이지 않으며, 무조성은 자체적인 언어를 가진 음악 형식으로 조성을 상호 보완하는 또 다른 방법이다. 무조성적 음악언어와 조성적 무조성주의를 창조하고 있다는 것이 사실이라면, 이는 임상적 즉흥연주에 광범위하고 중요한 영향을 미칠 수 있다.

재즈에 관한 최근 작품들은 무조성에 대한 우리의 이해에 있어서, 또 다른 매혹적인 관점을 제공한다. 오넷 콜먼(Ornette Coleman)은 프리 재즈의 불협화음을 발전시키는 데 선도적인 인물로 자리 잡고 있다. 그는 온음계적 사고의 구조에서 벗어나 구조, 선율적 디자인, 그리고 화성적 형식이 자유로운 스타일을 지향했다(Heble, 2000, p. 56). 그의 음악은 창조적 자유와 선구적인 음악적 사고의 증거이며, 임상적 즉흥연주에서 자유와 형식 사이의 균형에 직접적인 영향을 미치고 있다. 베를리너(Berliner)는 재즈 즉흥연주에 관한 그의 기념비적인 책에서 디지 질레스피(Dizzy Gillespie)가 어떻게 무조성을 '어떤 종류의 화성적 참조도 없는' 멜로디 라인으로 설명하는지 보여 준다(Berliner, 1994, p. 225). 그는 계속해서 "화성 및 리듬의 참조가 부족하기 때문에 연주자는 미리 결정된 하나의 화성적 목적에서 다른 화성적 목적으로 이동하거나, 시정된 기간 동안 특정 음조 중심 내에 머무르는 것에 대한 걱정 없이 자신의 파트를 만들 수 있다"라고 말한다(Berliner, 1994, p. 225). 여기에 다시 임상 실제에 대한 단서가 있다. 우리가 음악을 어떻게 개념화하느냐에 따라 내담자에게 제공할 수 있는 음악이 결정된다. 음조성 인프라 내에서 생각한다면 우리 음악은 그 개념을 반영할 것이다. 그러나 우리가 고전적인 음조 이론에 얽매이지 않는 음악 형식 내에서 즉흥연주하는 방법도 배울 수 있다면, 우리의 음악은 내담자의 음악적 요구를 더욱 정확하게 충족시키기 위해 더 자유로워질 수 있다. 이전 장에서 논의한 것처럼 아키텍처적·구조적 으뜸음은 정확한 임상적 즉흥연주가 시작될 수 있는 음악적 기반이 될 수 있다.

분석적 용어로 포트(Forte, 1988)는 '음높이 클래스 구조'라는 후기 낭만 음악을 이해하는 방법을 제안했다. 이는 "주어진 멜로디 내의 음들은 분석을 위해 다양한 형태와 반복 진행으로 정렬될 수 있다"는 아이디어를 기반으로 한다(Lee, 1990, p. 8). 이전 인용문이 나온 논문에서 나는 무조성 즉흥연주 악구에서의 일부를 분석하여 음악 과정의 복잡성과 더불어 음악치료 과정 전체를 이해하려고 했다. 이러한 '건조하고' 복잡한 연구를 통해 배운 것은 무엇일까? 나는 이와 같은 임상적 즉흥연주(Lee, 2000)에 대한 다른 상세한 음악 분석을 시도하고, 그리고 실제로 이 책을 쓴 이유는 음악치료에서 음악에 대해 얼마나 적게 알고 이해하고 있는지를 보여 주기 위한 것이다. 무조성을 이해하는 것은 완전히 새로운 복잡성과 수수께끼를 초래한다. 이러한 분석을 통해 내담자의 무조성 표현이 왜 잠재적으로 중요한지 이해하기 시작할 수 있다고 생각한다.

음악치료를 위한 질문은 다음과 같다.

- 즉흥연주에서 조성과 무조성 중심은 어떻게 구성되는가?
- 조성과 무조성의 임상적 · 심미적 · 음악적 균형은 무엇이며, 음악치료 과정과 관계에 미치는 영향은 무엇인가?
- 우리는 어떻게 무조성을 우리의 음악 자원 범주에 통합할 수 있을까?
- 무조성 사용은 언제 적절할까?
- 조성과 무조성 음악은 치료적 관계에 어떤 영향을 미칠까?

조성의 방향, 예측, 기억력 및 반복

조성은 명확하고 구체화된 방향성과 형태를 지니고 있다. 음악 구성의 모든 요소는 명확하게 정의된 스키마(도식)에 맞도록 조작된다. 하지만 조성의 복합적인 규칙과 이론은 수 세기에 걸쳐 변화해 왔다. 따라서 4부 화음과 관련된 화성 이론은 현대 조성 이론에서 거의 적용되지 않는다. 예를 들어, 바흐의 조성 음악적 기본 원리는 푸치니의 원리와 매우 다르다. 대중음악은 명확한 조성을 선호하는 경향이 있고, 정통 음악은 불협화음과 무조성을 향해 나아가면서 '대중음악'과 '예술음악' 간의 음악적 갈등을 야기했다. 정통 음악에서 조성이 무조성 방향으로 확장됨에 따라 대중음악은 조성 음악적 관점에서 점점 더 기본적인 형태로 변모했다. 거슈윈(Gershwin)의 풍부한 화음과 오늘날 대중음악의 기본적인 화음을 비교해 보면, 점점 더 단순한 조성적 언어로 정제되는 양상을 볼 수 있다. 슈토크하우젠(Stockhausen)과 불레즈(Boulez)와 같은 작곡가들은 정통 음악에서 불협화음을 극한까지 끌어올렸다. 최근에는 패르트(Part)와 타베너(Tavener)와 같은 작곡가들의 명백한 영성주의(Spiritualism)와 글래스, 라이히(Reich)의 미니멀리즘(Minimalism: 최소주의)을 통해 더 많은 조성적 요소로의 복귀가 이루어지고 있다. 조성과 무조성의 풍부한 변화 양상과 대중음악 및 정통 음악 발전과의 연관성은 복합적이지만 매력적인 주제이다. 문화, 사회적 요구, 그리고 청취 수준 간의 연결은 음악치료에 직접적으로 적용되고 관련성이 있는 변수들을 만들어 내고 있다.

임상적 음악에서 음악에 대한 기대, 기억, 그리고 반복의 본질은 매우 중요하다. 노래가 음악치료의 기본이 되는 이유는 이러한 모든 요소들이 치료과정에 필수적인 부분으로 포함되기 때문이다. 조성적인 음악에 대한 기대는 무조적인 음악에 대한 기대보나 훨씬 간단하다. 화음 진행과 멜로디 주제는 명확하게 정의된 프레임워크 내에서 반복되고 재현된다. 무조적인 음악은 기대감이 다른 방식으로 형성되지만, 조성 음악에 적용되는 모든 요소를 더욱 강력한 경험으로 재현할 수 있다고 제안하고자 한다. 모차르트 아리아에서의 음악적 기대감은 현대 대중가요와 매우 유사하다. 둘 다 반복진행과 주제를 사용하며 예측 가능성을 지니고 있다. 하지만 이것들을 해리슨 버트위슬(Harrison Birtwistle)의 현대 음악과 비교해 본다면 어떨까? 그의 음악적 사고를 구분하는 영역은 조성 중심과 무조성 중심 사이의 자유로움이지만, 공통점이 있다.

즉흥연주는 전체적으로 더 복잡한 문제이다. 예측, 기억에 남음, 그리고 반복은 좋은 임상적 즉흥연주자의 특징이다. 그러나 이러한 요소들은 그 자체로 는 임상적 즉흥연주와 음악적 자원의 초기 기반만을 형성하며, 음악적 관계의 자연스러운 흐름을 방해해서는 안 된다. 암시된 조성적 예측 가능성이 음악적 흐름의 자유보다 더 중요해지면, 이는 내담자와 음악치료사 간의 치료적 파트 너십을 방해할 것이다. 조성과 무조성 사이의 이동은 음악치료 과정의 복잡성 과 같이 자유롭고 신중하게 점진적으로 이루어져야 한다. 우리는 재즈를 포함 한 다른 즉흥연주 학파에서 음악적 구조와 무조성 음악적 사고를 어떻게 균형 있게 발전시켰는지 배울 수 있다.

　나는 인간이 본래적으로 조성 음악과 예측 가능성에 더욱 친숙하다는 주장 (Lerdahl & Jackendorff, 1983)에는 동의하지 않는다. 우리는 사회가 우리에게 자 연스러운 것이라고 알려 주는 것에 영향을 받는다고 생각한다. 우리는 라디 오, 텔레비전, 공공장소 등에서 조성적인 음악에 둘러싸여 있다. 무조성은 지 역 음악에서 안전하게 철회되었다. 우리는 일치성과 기대에 대한 규칙에 따 라 살고 있으며, 이는 분명하게 우리의 음악적 범주로 전달된다. 훌륭한 음악 은 즉시 기억되고 곧바로 부를 수 있는 음악인 것일까? 멜로디를 즉시 부르거 나 기억할 수 없다는 이유로 덜 중요한 것인가? 현대 정통 음악이 직면하는 문 제 중 하나는 형태의 복잡성 때문에 한 번 듣기만 해서는 음악을 이해하고 그 중요성을 완전히 파악하기 어려운 경우가 많다는 것이다(Sharpe, 2000). 학생 시절 나는 처음에는 티펫(Tippett)의 음악 언어를 완전히 이해하거나 감동 받을 수 없었기 때문에, 그의 음악에 매료되었다. 그가 표현하려고 하는 것은 내가 이해할 수 없는 것이라는 느낌이 있었다. 하지만 반복해서 듣는 과정을 통해 그의 음악은 극적으로 빛을 발했다. 돌이켜보면 처음에는 얼마나 많이 놓쳤으 며, 더욱 공감대를 형성하는 청취 방식을 찾는 과정이 무엇이었는지 놀라울 뿐 이다. 지금까지도 나는 즉시 나에게 영향을 미치지 않는 음악에 매료된다. 청 취자로서의 도전 과제는 그 너머를 바라보는 것이다. 나는 즉각적으로 기억되 는 멜로디나 반복되는 화성적 반복진행이 음악치료에서 중요하다고 제안하고 싶다. 그러나 쉽게 기억되지 않는 멜로디와 예측하기 어려운 화성 또한 확실히 음악적 혹은 치료적 관계에서 똑같이 중요하다.

무조성에 대한 또 다른 반론은 그것이 어떤 식으로든 부정적이고 미개한 것이라는 주장이다. 우리는 '아방가르드' 음악을 불쾌하거나 기억하기 어려운 것으로 생각하는 것은 그것이 새롭고 우리 귀에 낯설기 때문이다. 라디오에서 음악을 듣는 경우 청취자로서 별다른 요구 사항이 없다. 하지만 새로운 관현악 작품의 초연을 관람한다면 훨씬 더 깊은 차원에서 음악을 들어야 한다는 것을 알게 된다. 만약 대중적인 조성 음악의 예측 가능성이 예술적으로 단조롭다고 생각한다면, 대중음악 사용에 중점을 두는 음악치료는 무엇을 의미하는 것일까?

왜 음악치료는 대중음악에 영향을 받았으며, 현대 정통 음악의 발전과는 거의 무관했을까? 나는 이러한 초점이 음악치료에서의 음악 발전에 그릇된 영향을 미치고 결과적으로 임상적 실제의 가능성과 잠재력을 저하시켰다고 믿는다. 내가 제안하건대, 음악치료는 대중음악의 영향을 받았는데, 왜냐하면 조성 음악에서는 음악 구조를 예측할 수 있기 때문에 치료사와 내담자에게 안전한 환경을 제공할 수 있기 때문이다. 우리는 과연 무조적인 인사 노래를 제공하는 것을 생각할까? 나는 그렇다고 생각하지 않는다. 그렇다면 음악치료사가 무조적인 인사 노래를 부적절하다고 생각하는 이유는 무엇일까? 이러한 활동에서 우리는 샤프(Sharpe)가 중력적 매력(Sharpe, 2000)이라고 부르는 것의 해결에 의존한다. 중력적 매력은 내담자가 음악 구조 내에서 사신의 위치를 명확하게 알 수 있게 해 준다. 그러나 이러한 매력은 자유로운 음악적 창작과 균형을 이루지 못한다면 대화에서 불필요한 요소가 될 수 있지 않을까? 음악적 기대가 실현되지 않으면, 더욱 극적이고 중요한 다른 길을 열어 줄 수 있다. 이것이 내가 즉흥연주를 그토록 강력한 임상 도구로 여기는 이유라고 생각한다. 즉흥연주는 예측 가능하고 안전한 것뿐만 아니라, 반대로 예측할 수 없고 안전하지 않은 것 또한 제공한다. 치료는 항상 안전을 반영해서는 안 되며, 이는 인간의 잠재력과 창조성의 위험에 대한 것이다. 나는 우리가 내담자에게 제공하는 음악은 임상 실습의 핵심인 잠재력과 신비감이라는 감각을 반영해야 한다고 믿는다.

내담자는 성장에 필요한 음악적 기대감을 필요로 한다. 무조성은 기대감을 없애 버리고, 이는 임상적 음악의 성장에 어떤 의미가 있을까? 신중하게 조절된 무조성 음악은 동등한 수준의 기대감을 가질 수 있다고 주장하는 바이다. 변화하는 것은 음악적 스타일이며 음악적 의도는 변하지 않는다. 무조성에서는 음악적 결과를 예측하고 확신할 수 없다고 주장된다. 하지만 이 장에서는 무조성도 마치 조성과 같은 방식으로 구조와 협화음을 지닐 수 있다고 반박하고 있다. 우리의 내담자는 종종 병리학적 특성과 더불어 본성적으로 예측하기 어렵다. 예측할 수 있는 조성적인 음악을 제공함으로써 우리는 '정상'으로 간주하는 조성적 안정과 협화음으로 내담자를 이끌 필요성을 충족시키고 있지는 않은가? 우리는 이 단어의 한계가 제한적이라는 것을 정말 오랫동안 싸워 왔지만, 음악적 담론에서 명백한 조성 음악을 음악적 정상의 기반으로 사용하고 있다. 나는 이러한 것들은 내담자의 불안감이 아니라, 우리의 음악적 불안감이라고 주장하고 싶다. 음악치료는 예측 가능한 조성의 틀을 벗어나 더 적은 조성적 변수들을 포용함으로써 음악적 지평을 획기적으로 확장해야 한다.

임상적 즉흥연주의 극적인 순간을 돌아보면서 나는 내담자와 음악 사이의 공통적인 특징을 찾기 시작했다. 세션이 내가 '오페라적 임상 형태'라고 부르는 느낌에 도달했을 때, 뭔가 흥미로운 일이 일어나고 있었다. 이러한 특별한 절정에 기여한 요소는 무엇이며, 이 신비스로운 경험으로부터 어떻게 음악적 의미를 추출할 수 있을까?

다양한 내담자와 함께했던 이러한 경험을 되돌아 듣고 보니 공통적인 음악적 실타래, 즉 무조성이 드러났다. 내가 조성적 구조의 제약에서 벗어날 수 있을 때, 내담자는 종종 음악에 대한 반응과 연결에서 해방감을 느끼는 것 같다. 이러한 임상적 무조성을 고려할 때 두 가지 중요한 요인이 있다. 첫째, 언제 조성 음악의 굴레에서 벗어날지 결정하는 것이고, 둘째, 치료사로서 내가 즉흥연주를 택할 조성-무조성 연속체상의 특정한 지점에 관한 것이다. 두 번째 요소는 이 장의 다음 부분에서 논의할 것이다. 첫 번째 요소는 다음과 같이 살펴보려 한다.

임상적 즉흥연주에서는 많은 음악적 도전 과제에 직면하게 된다. 언제 어떻게 내담자에게 반응해야 할까? 개입은 이전 세션의 자료에 근거하여 진행할 것인가, 아니면 매 순간 즉흥적으로 연주할 것인가? 표면적으로 연주할 것인가, 아니면 더 깊은 수준의 청취와 헌신을 요구하는 진지한 음악적 반응을 제공할 것인가? 노래 형식으로 즉흥연주할 것인가, 아니면 교향곡 형식으로 연주할 것인가? 이러한 모든 가능성과 그 외의 것들은 즉흥연주의 순간순간 경험에서 음악/치료적 관계에 영향을 미치는 역동적인 요소이다. 그렇다면 무조성은 언제 적절하고 언제 적절하지 않을까? 첫째, 치료사는 무조성의 구조와 임상적 의도를 이해해야 하고, 둘째, 무조성적인 스타일로 즉흥연주하는 데 능숙해야 하고, 셋째, 치료사는 조성과 무조성 간에 이동하는 데 익숙해야 하며, 그리고 마지막으로는 자신의 감정적 반응을 이해해야 한다.

그러면 무조성의 심미학적 특징은 무엇이며, 이 심미적 사고는 치료과정에 어떤 영향을 미치는 것일까? 이 책의 주요 주장 중 하나는 심미적 반응이 주관적이라는 것이다. 우리가 비화음적인 음악을 인식하고 듣는 방식은 내담자의 그것과 다를 수 있다. 불협화적인 음악 연주에 대한 감정적 반응은 불안감과 활력을 동시에 불러일으킬 수 있다. 16세의 비언어적 자폐증 청소년 코리(Cory)와 함께 일할 때, 무조성은 가장 극적인 음악적 만남이 일어나는 기반이 되었다. 무조성적이고 자유롭게 구성된 음악의 심미적 특징은, 내 생각에는, 그에게 자신의 존재의 고립감과 혼란을 표현하는 사유를 제공했다. 코리의 거친 본성은 우리의 자유로운 불협화음 연주를 통해 묘사되었다. 하지만 우리의 즉흥연주가 완전히 조성이나 형태가 없었던 것은 아니다. 사실 항상 암시적인 조성 중심, 리듬적 형태, 그리고 형식적 감각이 존재했다. 이러한 극적인 경험의 순간, 즉 '오페라적 임상 형식'의 특징이 되었던 것은 코리의 연주와 발성이 더 높은 수준의 의미로 끌어올려졌다는 것이다. 마치 무조성 음악의 자유로움과 강렬함 덕분에 그는 자폐증의 한계에서 벗어날 수 있었던 것 같다. 나는 코리의 무조성의 심미적 특성이 우리의 조성적 특성만큼이나 자연스러웠다고 믿는다.

임상적 즉흥연주에서의 조성 및 무조성적 형식의 구조: 연속체의 균형 조정

작곡가이자 음악치료사로서 나에게 있어 창작 음악가로서의 탐구의 핵심은 조성과 무조성 간의 균형이다. 무조성 음악에 대한 내 첫 번째 분석(Lee, 1990)은 다운 증후군이 있는 내담자와의 즉흥연주 구간에 대한 심층적인 조사를 통해 이루어졌다. 이 건조한 논문은 20세기 분석 이론들을 다양하게 활용했지만, 사실 조성과 조성 사이의 연속성과 이러한 이해가 음악치료에 미칠 수 있는 영향을 연결하고 이해하는 데 어려움을 겪었다. 연구는 다음과 같은 결론을 내렸다.

치료적 즉흥연주 내의 음악적 내용을 분석하면 즉흥적인 순간은 처음에는 혼란스러워 보일지라도 사전 구성된 작품과 똑같은 방식으로 협화음적인 구조를 가질 수 있다는 것을 보여 준다. 즉흥연주는 발생하는 한 오래 지속되고 존재하는 반면 작곡된 음악은 창작자가 사전에 구상한 수준에 따라 만들어지고 설계된다. 아마도 차이점은 처음 보는 것만큼 크지 않을지도 모른다. 둘 다 근본적인 개념적 통일성을 지니고 있다. 하나는 예술가의 펜에서 나온 것으로 찬사를 받고, 다른 하나는 치료적 상황의 우연한 산물로 간주된다. 하나는 소위 '정상적인' 사람이 작곡한 것이고, 다른 하나는 그렇지 않다. 그렇다면 치료적 즉흥연주는 현대 예술 작품과 비교될 수 있을까? 이 질문에 답하는 것은 음악 내용의 질만 비교하는 것이 아니라, 음악적 의도와 방향도 함께 비교하는 것이다. 음악치료사는 작곡가처럼 행세하고 싶어 하지 않을 수도 있고, 반대의 경우도 마찬가지지만, 둘 다 창조하고 말하는 것이 동일한 구조적 고려 사항과 내적 관계의 영향을 받는다는 것을 보여 줄 수 있다면, 이러한 분석적 통찰은 음악치료 발전에 기본적인 것이 될 것이다(Lee, 1990, p. 11).

박사학위 논문(Lee, 1992)에서도 음악적 표상과 치료과정 간의 연결을 고려하기 위해 조성 및 무조성적 즉흥연주의 일부 구간을 분석했다. 최근 저서인 『Music at the Edge』(Lee, 1996)에서는 임상 음악에서의 조성-무조성적 균형과 음악적 자원 개발에 대한 시사점을 논의했다.

대부분의 음악치료의 즉흥연주는 조성적인 성향을 띠고 있다. 폴 노르도프의 음악적 자원에 대한 교육(Nordoff & Robbins, 1977)은 낭만주의 전통을 기반으로 한 오랜 역사에서 발전되었으며, 현대 클래식 음악은 거의 다루지 않았다. 그의 연구는 나의 무조성적인 영향을 받은 음악에 대한 좀 더 면밀한 분석 욕구를 높였다. 나는 노르도프와 로빈스(1977)가 제안한 음악적 자원 습득 기법을 현대 작곡가들에게 적용함으로써 이 문제를 해결했다. 불레즈와 버트위슬과 같은 작곡가의 음악에 이 접근 방식을 적용하고 세션에서 실천과 경험을 통해 조성과 무조성 간의 균형 감각을 발전시키기 시작했다. 자신감이 커질수록 세션 내에서 이러한 음악적 영향을 즉흥적으로 포함시키는 것이 더 쉬워졌다. 나는 스타일을 강제로 실행하려고 하지 않았으며, 대신 적절할 때 활용할 수 있는 자원이 되었다. 그 후, 나의 즉흥연주 기술은 음악가이자 작곡가로서 나 자신에게 충실하면서 임상적 상황을 수용할 수 있는 작업 방식으로 성숙해지기 시작했다(p. 21).

계속해서 논의하자면, 다음과 같다.

보다 세밀한 음악적 연구는 더욱 정교한 청취를 요구한다. 음악치료사가 이에 접근하는 한 가지 방법은 즉흥연주가 명확한 조성적 스타일에서부터 강한 조성적 암시를 지닌 무조성을 거쳐 무조성적 연결을 가진 조성 중심에 이르는 연속체상의 어느 위치에 있는지를 평가하는 것이다. 이 척도에는 극히 미미한 변화가 있으며, 이 모든 것은 동일한 질문을 강조하면서 공개적으로 다루어질 수 있다(p. 21).

임상적 즉흥연주에서 조성과 무조성 사이의 균형에 대한 이러한 고려 사항은 나에게 지속적인 영감을 주며 이 주제를 더 깊이 연구하도록 자극한다.

임상적 즉흥연주에서 한 구절을 분석([그림 18] 참조)하면, 조성-무조성 연속체를 따라 나타나는 균형이 분명해진다. 낮은 음역대의 베이스 라인은 C의 조성 중심을 암시하는데, 이는 화성적 베이스보다는 리듬적 고정점으로 볼 수 있다. 중동(Middle-eastern) 모드를 암시하는 단계적 동기가 간략하게 소개된다. 이 아이디어는 나중에 즉흥연주에서 개발된다. 치료사(오른손)는 A 플랫, D 플랫, E, E 플랫을 기반으로 하는 당김음 화음으로(6:54-7:01) 베이스와 균형을 맞추고 있다. 이는 A 플랫의 암시적 화성 중심을 제공하며, 치료사의 전체적인 베이스인 C와 함께 배치된다면 많은 음악적 가능성을 열어줄 수 있다. 7:01에서 치료사는 빠른 역 삼잇단음 반주 리듬으로 미니멀리즘적인 베이스 라인을 방해하여 음악의 안정성에 도전한다. 여기서 보여지는 음악적 대립은 치료적 관계에 직접적으로 반영되었다. 치료사로서의 나의 역할에는 내담자가 다른 음악적 관점의 잠재력을 깨닫도록 하기 위해 내담자의 끈질긴 연주에 도전하겠다는 분명한 결심이 있었다. 그의 정체감은 그의 성격과 우리의 발전하는 관계의 모든 측면을 지배했다. 암시적인 무조성과 리듬적 분산의 음악적 표현은 의식적이고 적용 가능한 임상/음악적 도구였다.

음악치료에 입문하기 전 나는 조성이후음악(posttonal music)에 매료됐다. 작곡가로서 무조성은 음조보다 내 음악적 성장에 더 직접적인 영향을 미쳤다. 나는 슈토크하우젠(Stockhausen), 베리오(Berio), 불레즈(Boulez)와 같은 작곡가뿐만 아니라 브리튼(Britten), 모(Maw), 특히 티펫(Tippett)의 덜 공격적인 영국 전통에 음악적 에너지를 쏟았다. 내 자신의 작곡을 통해 나는 내 음악적 성장을 반영할 음악 스타일을 만드는 데 필요한 음조 감각을 옹호하면서 무조의 길을 찾았다. 이러한 균형을 강조하기 위해 나는 폴 노르도프(Paul Nordoff)의 플루트 소나타에서 한 악절을 선택했다([그림 19] 참조). 음악은 비록 고정된 조는 아니지만 조성과 균형을 이루고, 아마도 조성과 더욱 긴밀하게 연관된 황홀한 아름다움을 발산하고 있다. 이것은 조성과 무조성의 중간에 있는 음악의 완벽

[그림 18]

[그림 19]

한 예시이다. 이러한 축을 중심으로 하는 표현은 노르도프의 음악치료사로서
활동하면서부터 임상적 즉흥연주에 많은 영향을 주게 되었다.

'예술'로서의 음악과 '치료'로서의 음악에서 불협화음(dissonance)과 해결
(resolution)은 평행 관계를 이룰 수 있다. 내담자가 음악적으로, 그리고 심리적
으로 표현하는 불협화음과 해결의 연결 과정, 그리고 치료사가 이러한 변화를
촉진하는 역할은 음악적 표현과 치료적 방향 사이의 연결고리를 고려할 때, 가
장 중요한 요소이다. 이러한 연속체의 균형을 맞추는 것이 임상적으로 적절한
즉흥연주를 가능하게 한다.

사례 연구: 에디

다음 예시들은 AIDS 증상을 갖고 있는 내담자와의 세션에서 무조성적인 음악을 사용하는 것을 보여 주고 있다. 에디에게 무조성은 음악적 및 치료적 표현, 그리고 그가 질병과 죽음에 직면하여 살아가는 방식 모두에 매우 중요했다. 에디와 나는 총 42회의 세션을 진행했다. 에디는 정식 음악 교육을 받지 않았지만, 세련되고 창조적인 음악가였다. 다음 예시들은 조성 및 무조성 음악 제작의 기울기/변화를 보여 준다. 모든 스타일은 현대적인 성격을 지니고 있다. 첫 번째 예시는 17회 세션에서 나온 것이다(에디: 타악기, 콜린: 피아노). 이는 무조성의 명확한 예시이다. 에디의 연주는 겉보기에는 흩어져 있지만 통제력이 있으며, 모든 리듬이 신중하게 배치되어 있다. 내 음악은 그것에 호응하여 무조성을 띤다. 이 예시 전체에서 기대감과 예상감을 느낄 수 있다. 에디의 음악적 해방감은 우리 관계에서 새로운 친밀감을 예고한다. 이 예시는 자유롭지만 명확한 음악적 구조에 대한 세련된 감각에서 나오는 치료적 음악 표현의 순수함을 강조한다. 이 부분에서 내 즉흥연주는 메시앙(Messiaen)과 불레즈의 영향을 받았다.

[오디오 자료 6: 세션 17]

Arch_Track 06

다음 예는 24번째 세션에서 나온 것이다. 마지막 예가 메시앙과 불레즈의 영향을 받았다면, 이 예는 라이히(Reich)의 영향을 받았다. 피아노는 없고, 에디와 나는 조율되거나 조율되지 않은 다양한 타악기를 연주한다. 악기는 원 안에 배치되었다. 두 개의 실로폰에서 반복적인 당김음 패턴이 나타난다. 화음과 멜로디의 내용은 본질적으로 조성적이다. 그러나 리듬적이며 아키텍처적인 구조는 신선하고 거침없다. 이것은 조성−무조성주의의 분명한 예시다. 음악적 방향의 일시적 정지는 더욱 다양하고 충격적인 음감을 예고한다. 드럼과 결국 심벌즈가 음악적 긴장감을 조성하는 것처럼 보인다. 이것은 조율된 타악기와 조율되지 않은 타악기, 그리고 미니멀리스트 음악과 음악치료 사이의 연결을 보여 주는 훌륭한 예이다.

[오디오 자료 7: 세션 24]

Arch_Track 07

21세기를 위한 음악적 언어의 일관성을 형성하는 데 있어서 조성과 무조성의 미래: 음악치료에 대한 함축적 의미

무조성은 음악치료 문헌에서 아직 구체화되지 않은 특정하고 정제된 임상적 음악 자원이다. 임상적 즉흥연주에서 조성과 무조성 간의 균형은 복잡하고 정교한 과정이다. 내담자의 연주에 대한 응답으로 음악 구절, 구조, 그리고 형식을 결정할 때, 우리는 우리의 음악적 및 임상적 의도를 균형 있게 하도록 하기 위해 다양한 가능성을 고려해야 한다. 조성에서 무조성으로의 연속은 내담자, 치료사, 그리고 이로 인해 발생하는 치료적 관계에서 다양한 반응 중 하나다. 어떻게 화음 기반을 고려하고 조성 중심 사이의 변동이 우리와 내담자의 관계에 대한 이해를 반영하는지는 우리의 선택에 달려 있다. 무조성이 반드시 불협화음을 의미하는 것은 아니다. 무조성은 조성과 마찬가지로, 음악적 소리의 아름다움을 나타낼 수 있다. 사실, 정교한 무조성적 연주를 통해 가능한 긴장과 해방은 명확한 조성보다 더욱 강력할 수 있다. 따라서 무조성은 음악치료사에게 가장 흥미로운 음악적 도구 중 하나가 될 수 있다.

스크루톤(1997)은 조성에 대한 반대로서 쉰베르크의 정밀한 무조성 이론과 아도르노의 철학적 사색을 통해 "음악뿐만 아니라 음악 청취 및 연주의 습관에 변화가 있었으며, 조성적 언어에 의문을 던졌다는 사실을 설명한다. 이 변화는 전체 주변 문화에 관련되어 있고, 오직 현대성 이론을 통해서만 이해할 수 있으며, 그리고 음악 외의 영역에서도 살펴보아야 한다"고 설명한다(p. 292). 나중에 그는 이견을 제시하면서 자신의 견해를 균형 있게 표현한다. "조성 음악이 우리에게 진정으로 의미 있는 유일한 음악일 수 있다는 가능성이 남아 있으며, 때로는 무조성 음악이 들려오는 것은 그 안에 잠재된 조성적 순서를 끌어내기 때문일 수 있다"(p. 308). 이로부터 우리는 조성의 가정된 자연적 현상에 대항하는 비자연적 경험인 무조성에 대한 복잡한 질문을 받게 된다. 나는 조성-무조성 연속이 스크루톤이 제안한 것보다 더 복잡한 문제로서 이것을 제안한다. 만약 우리가 각각을 분리한다면, 무조성은 실제로 조성보다 덜 자연스럽다고 주장될 수 있다. 그러나 우리가 각각이 다른 것에 의해 채색되도록 허용한다면, 둘 사이에 등거리에 있는 새로운 음악적 언어가 발생하게 된다. 이미 현대 음악의 모든 측면에 영향을 미치는 것은 바로 이러한 조성-무조성적인 균형이다. 음악치료가 이러한 발전을 무시하는 것은 잠재적으로 임상 실습의 미래를 억압하는 것이다.

의학과 실용적인 증거뿐만 아니라 음악학, 심미학, 그리고 사회적 변화의 영향을 받는 '새로운 음악치료법'이 등장하고 있다고 감히 말할 수 있을까? 새천년에 음악치료가 성숙해지려면 의학과 음악에서의 역할에 대한 결정을 내려야 한다. 이러한 극성이 더욱 분리될 것인가, 아니면 예술적 측면과 경험적 측면이 서로 긍정적인 영향을 미칠 수 있는 균형을 찾으려고 노력할 것인가? 우리의 조성적 언어에 문제가 있고, 이것이 어떻게 그리고 왜 변할 수 있는지 이해하기 위해 음악 외부를 살펴보면 음악치료가 잠재적으로 중요한 역할을 할 수 있다. 조성적 연주의 경계를 벗어나지 않는다면, 임상 음악은 더욱 형식적이고 진부해질 것이다. 이는 임상 음악이 완전히 조성이 없거나 협화음적인 구조가 없어야 한다는 것을 의미하는 것이 아니라, 오히려 우리가 다른 무조성 영향에 더 개방적이어야 한다고 주장하는 것이다. 음악의 풍부한 질감은 우리의 치료적 관계에 풍부한 질감을 제공할 것이다. 정제된 무조성을 추가하고, 무조성의 이론을 탐구하며, 그리고 이를 음악 자원 개발에 적용하는 것이 임상적 즉흥연주의 미래에 큰 영향을 미칠 수 있다고 믿는다.

제 11 장

존 케이지, 준비된 피아노를 위한 소나타와 간주곡: 아름다움과 혁명

음악을 작곡하는 목적은 무엇인가요? …… 우리가 살아가는 그 자체의 삶을 깨우는 방법, 그것이야말로 우리의 마음과 욕망을 내려놓고 그것이 스스로 행동할 수 있도록 하는 것이죠.

–John Cage, 『침묵(Silence)』(1961), 『실험 음악(Experimental Music)』(1957)

나는 1970년대 후반에 자라난 젊은 음악가로서 실험 음악의 유행에 사로잡혔다(Nyman, 1974). 음악은 그 한계로 밀려나고 있었다. 이론은 버려지고, 장벽은 무너지며, 그리고 관습은 파괴되고 있었다. 이것은 음악적 갈등과 반란의 시기였다. 악보는 덜 정확해지고, 음악, 연극 및 무용 사이의 구분은 덜 명확해졌다. 규칙을 어기는 이들로부터의 흥분이 있었고, 음악의 본질이 파괴된다고 느낀 이들로부터의 불만도 있었다. 학생으로서 나는 이 음악적 혁명의 중심에 있었을 때 기뻤다. 음악과 소리 사이의 경계가 덜 명확해졌다. 그래픽 표기법은 우연과 즉흥적인 요소를 허용했으며, 어느 누구도 똑같은 연주를 할 수 없었다. 개방적인 이 움직임의 신선함은 일부에게는 환영받았고, 다른 이들에게는 멸시되었다. 더욱 흥미롭게 만든 것은 모든 흥분과 개방성 가운데 전통적인 음악의 주요 주축들로부터의 강한 불신이 있었다는 것이다. 이것이 진짜 음악일까? 케이지와 그의 추종자들은 사기꾼일까? 음악이 단순히 존재하지 않을 정도까지 얼마나 더 밀어붙일 수 있을까? 나는 코넬리우스 카듀(Cornelius Cardew)의 '위대한 배움'에서 '문단 I'의 공연을 듣던 것을 생생하게 기억한다.

그에 따른 폭동은 그 시기에 음악에 대한 불신과 오해를 보여 주었다. 코넬리우스 카듀와 존 케이지(John Cage)는 나의 영웅이 되었다. 나는 카듀의 피아노 작품 '네 개의 겨울 감자'와 '너를 기억해'를 연주하고, 케이지의 악보를 공부했다. 나는 내 작품에서 그래픽 악보와 우연의 요소를 실험하기 시작했다. 즉흥연주는 작곡가이자 피아니스트로서 나의 작업의 자연스러운 연장이었다. 표준 악보로부터의 자유는 배운 것과 즉흥적인 작곡 사이의 간극을 좁히는 데 도움이 되었다. 나는 또한 케이지의 철학적 글쓰기, 특히 그의 책 『침묵』(Cage, 1961)에 몰입했다. 음악에 대한 그의 영향력의 척도는 글을 통해서도 비슷하게 가중치를 두는 것 같았다. 그의 책은 그의 음악만큼이나 디자인 면에서 신선하고 상상력이 풍부했다. 케이지와 그의 동시대 사람들의 작품은 나에게 실험 음악의 핵심이었던 예측 불가능성과 논란의 요소를 더 탐구하도록 영감을 주었다.

이후 25년이 지난 지금 되돌아보니, 이 음악적 반란은 음악가로서 그리고 음악치료사로서의 나의 정체성을 형성하는 데 있어 가장 중요한 경험 중 하나였음을 깨닫게 되었다. 이것은 나에게 지금 음악과 음악치료의 새로운 발전의 타당성을 판단하는 기초를 제공했다. 현대적이라는 것은 혁신적이라는 것이다. 과거를 바라보는 음악은 중복된 것일 뿐이며, 새로운 아이디어를 탐색하지 않는 음악치료는 임상적 실무를 발전시킬 수 없다. 음악의 실험적인 움직임은 짜릿했고 지금까지 음악에서 확립된 모든 규칙을 깨뜨렸다. 그렇다면 음악치료에서의 규칙을 깨는 것은 어떨까? 우리는 대부분의 음악 이론을 강요함으로써 임상적 실무를 제한했을까? 만약 존 케이지와 동등한 인물이 오늘날의 음악치료에서 나타났다면, 어떻게 반응할까? 그 직업은 논란의 여지가 있는 아이디어를 환영할 것인가, 아니면 이미 지배적인 이론에 반하는 것으로 거부할 것인가? 전진(아방가르드)적인 작곡가/음악치료사로서 음악치료에 접근할 때, 나는 현대적인 이상을 내 작업에 살려보려고 노력했다. 임상적 즉흥연주에서 현재의 음악적 유행을 반영하는 음악을 구상하기 위해 노력했다. 현대 음악에서 무슨 일이 일어나고 있는지를 알고 이해하는 것이 음악치료사에게 중요한가? 여기서 말하는 현대적인 것은 대중음악의 유행뿐만 아니라, 클래식, 재즈, 그리고 세계 음악의 모든 측면을 말한다. 만약 우리가 오늘날의 음악에 대해 알지 못한다면, 우리는 자신과 우리의 내담자 모두에게 임상적으로 불리한 입장에 있지 않을까?

실험적 음악이 치료사로서의 나의 작업에 미친 영향은 상당했다. 종종 내담자들은 조성적 경계에 대한 필요성 때문에 방해를 받지 않으므로, 조성 중심, 규칙적인 리듬 박자 및 균형 잡힌 멜로디 라인(제14장에서 강조된 것처럼)이 없는 음악은 치료적 성장을 판별하는 데 필요한 자유를 제공할 수 있다. 실험적 음악의 임상적 적용은 복잡하다. 임상 음악에 대한 이러한 접근 방식을 사용하는 균형 있고 일관된 방법을 찾는 데는 수년간의 분석, 개선 및 슈퍼비전이 필요했다. 케이지의 음악이 음악치료사로서의 나의 작업에 미친 영향을 정의하는 것은 수수께끼 같으면서도 무언가를 드러내 주는 과정이었다. 나는 이론적인 음악 구조에서 자유로운 내담자를 위해 즉흥연주를 제공했던 첫 경험을 기억한다(Lee, 1990). 내가 처음으로 형식적인 음악 구조(Lee, 1990)에서 벗어난 내담자에게 즉흥연주를 제공한 경험을 기억한다. 다운 증후군을 가진 30세의 비언어 내담자인 스티븐(Stephn)은 28번째 세션에서 봉고에서 놀랍도록 활기차고 형식적인 음악 구성에서 벗어난 개방 구절을 즉흥연주했다. 그는 이렇게 연주한 것이 처음이었고, 그 당시 나의 직감은 나의 대응이 비슷한 수준으로 자유로워져야 한다는 것이었다. 그의 음악을 조화롭게 만드는 충동을 느끼지 않기 위해 나는 그의 소리의 해방을 만끽하고 인정했다. 나는 음악의 성격과 그의 연주의 질적인 특성을 주의 깊게 듣고, 나를 악기/치료적으로 동등한 위치에 놓았다. 그렇다고 해서 구조감을 포기한 것은 아니다. 실제로, 나의 음악적 기여는 더욱 꼼꼼하고 정제되었다. 그의 리듬과 질감이 공중으로 날아가는 동안 나는 그것을 잡아내고 나의 복잡한 음악적 구조 안에 그것을 놓을 필요가 있었다. 음악은 단지 두 명의 격렬하게 연주하는 연주자가 만든 것이 아니라, 우리의 치료적인 관계를 정확하게 반영했다. 음악이 더욱 황홀해지면서 실험적인 감각이 펼쳐졌다. 창작의 강렬함은 서사적이고 오케스트라적인 비율의 20분짜리 즉흥곡으로 절정에 달했고, 숨이 멎을 듯한 감동과 영감을 선사했다. 즉흥연주를 다시 듣고 자세히 인덱싱하면서 실험적인 음악을 통해 우리의 관계가 더욱 돈독해졌음을 깨달았다. 우리는 평등해졌고 스티븐은 새로운 수준의 관계와 음악 창작을 발견했다.

존 케이지: 존경받는 즉흥연주가

케이지의 음악에 대한 논문은 많이 발표되었고, 케이지 자신도 음악에 대해 많은 글을 썼다. 20세기 음악에 미친 그의 영향은 막대하다. 켈러(Keller, 1994)는 케이지의 음악성 부족에 대한 자신의 견해를 다음과 같이 표현한다.

> 존 케이지…… 음악성이 없는 사람만큼이나 소통 없는 자극에 가까워진다.
> 이 말로 그를 모욕하려는 것은 아니며, 그는 음악성을 믿지 않고 실제로 자신을
> 음악가라고 생각하지 않기 때문이다(p. 122).

또한 쇤베르크는 케이지를 '작곡가가 아니라 천재적인 발명가'라고 말한 것으로 알려져 있다(Yates, 1968). 그의 음악과 마찬가지로 그의 말은 흥미롭고 신선하며 논란의 여지가 있다. 그는 동양 철학, 특히 선 불교의 무위(無爲) 사상에 대한 관심을 통해 우연의 요소와 동전 던지기를 음악적 순서 및 진행을 결정하는 데 활용했다. 케이지가 평론가와 동료 음악가들에게 일으킨 반응들은 항상 강하고 다양하며, 명백했다. 일부에게 그는 현대 음악의 구원자이고 다른 사람들에게는 파괴자였다. 그의 죽음 후 약 10년이 지난 지금, 그의 작품에 대한 부활이 이루어지고 있음은 슬픈 동시에 경계해야 할 이야기이다. 케이지의 역사 속 영향력과 위치는 이제 그에 합당한 규모로 이해되고 있다.

그의 가장 논란이 많은 작품인 '4분 33초'(1952년)은 서양 음악의 기초에 도전한 것이었다. 이 작품은 세 부분으로 나뉘어 있으며 각 부분은 'Tacet(명령

형으로서 정지/휴지하라)'로 제목이 붙어 있다. 연주자는 제목에서 지정된 전체 시간 동안 침묵한다. 음악은 작품이 공연되는 건물의 우연한 소리가 된다(Kostelanetz, 1970a). 피아니스트 데이비드 튜더가 첫 공연을 하였고, 이 작품이 공연되는 이웃 숲에서 새의 소리가 명확하게 들렸다고 한다(Nattiez, 1990). 이 작품에 대한 반응은 극단적이었다. 켈러의 비평은 작품의 거의 시적인 본질을 잡아내고 있다.

> ······ 그의 조용한 작품 4분 33초(tacet: 멈춤)······ 지구상에는 없는 것처럼 들린다. 달 위의 어떤 것처럼 들립니다. 청자-창조자에게 완전한 자유를 제공한다(Kostelanetz, 1970, p. 243).

'4분 33초'에서 케이지는 청자에게 일상생활의 모든 뉘앙스를 아우르는 것을 듣게 한다. 케이지에게 있어서 음악 주변의 소리는 음악 자체보다 중요한가? 이 가정은 임상적 청취와 발전 중인 치료적 관계에 대한 음악치료사들의 해석에 어떻게 도전적인가? 실험적 음악의 악보 작성은 표준 서양 악보의 경계를 논란의 여지가 있게 했다. 4'33"은 음악의 기보적 구현이 더욱 자유로워진 일련의 작곡 중 첫 번째 작품이다. 그 후의 케이지와 그의 동료들의 악보에는 미술, 시, 그리고 움직임과 같은 음악 이외의 요소들이 포함되었다(Nyman, 1974). 케이지의 여러 현대 작곡가들에 의한 악보 컬렉션은 자세한 악보부터 20세기 미술과 닮은 넓은 획과 다이어그램까지 포함하고 있다(Cage, 1969). 이 책 자체가 바로 바람직한 주역(I-Ching: 점술 체계)에 의한 우연한 작업들로 구성되었다.

코스텔라네츠(Kostelanetz, 1970b)는 음악치료에 중요한 함의를 지닌 세 가지 비유를 제시한다. 첫째, 완전한 침묵은 물리적으로 불가능하다. 소리는 항상 침묵을 둘러싸고 있다. 음악치료사의 침묵에 대한 감각은 소리에 대한 감각만큼이나 예민해야 한다. 음악이 멈추면 침묵을 감싸는 소리가 중요해진다. 외부(새의 노래)든 내부(신체적 움직임이나 조용한 무의식적인 소리)든 모든 수준의 침묵은 임상적 정밀함으로 들어야 한다. 둘째, 작품의 모든 연주는 다르다. 이는 음악치료 세션의 불확실성과 관련이 있다. 의도하지 않은 마지막 소음과 잡음은 음악 자체만큼이나 중요하다. 의도적이든 비의도적이든 비음악적 소리에 대한 임상적 해석은 동등한 비중치를 두고 고려해야 한다. 내담자가 제공하는 음악을 들을 때, 우리는 즉각적이고 미묘한 소리에도 귀 기울여야 한다. 각 소리는 우리에게 음악적 및 치료적 목표의 방향에 대한 단서를 제공할 것이다. 따라서 '4분 33초'의 철학과 작곡 의도는 음악치료에 중요한 시사점을 제공한다.

케이지의 저술은 방대하다. 이 매력적인 문학은 그의 음악에 대한 생각과 인식뿐만 아니라, 삶, 정치, 그리고 종종 우주에 대한 그의 인식을 우리에게 보여 준다. 그는 현대 음악과 정치에 대한 논평을 썼으며, 동료들의 작업을 가혹하게 비판하기도 했다. 케이지는 버섯(1981)과 머드파이(Cage & Long, 1988)에 대한 전문가였다. 그의 글은 종종 강의 형식으로 쓰여졌으며, 일정한 시간 내에 읽어야 했다(1982). 무작위성(1959), 실험적 음악(1968) 및 『피네건의 경야』(1983)와 같이 다양한 주제를 다루며, 케이지의 아이디어는 종종 우연에 의해 결정되었다. 바너드(Barnard, 1980), 레탈락(Retallack, 1996)과의 대화 및 불레즈(Boulez)와의 편지를 통해 그의 삶, 그의 음악에 대한 믿음 및 그의 자기 불안에 대한 흥미로운 인상을 얻을 수 있다. 철학자, 음악가, 그리고 동료 예술가에 대한 케이지의 영향은 작품집(Gena & Brent, 1982; Kostelanetz, 1970c)에 더욱 잘 나타나 있어서, 이 복잡하지만 참신하고 성실한 예술가에 대한 우리의 이해를 더해 준다.

그렇다면, 존경받는 즉흥연주자로서의 케이지는 어떠한가? 그의 음악의 많은 부분이 강한 즉흥적 요소를 지니고 있지만, 케이지는 즉흥연주에 어느 정도 반대했다. 왜냐하면 그는 즉흥연주가 기억과 습관에 기반한다고 믿기 때문이다(Retallack, 1996). 실험적 음악의 우연적 요소는 연주자가 준수해야 할 패턴을 설정하므로 즉흥의 반대라고 볼 수 있다. 그러나 케이지와 그의 동료들의 우연한 요소들이 바로 예술적인 것과 임상적인 것을 연결시킨 것이다. 실험적 음악을 통해 영감을 받은 작곡적 자유를 제공하는 것은 신선함과 자발성을 유지하는 것인데, 이것이 심미적 음악치료의 본질이다.

소나타와 간주곡: 음악치료를 위한 새로운 공명

'준비된 피아노(The prepared piano)'는 1938년 공간이 제한된 댄스 그룹에 타악기 음악을 제공하기 위한 필요성에서 나왔다(Nyman, 1974). 케이지는 헨리 코웰(Henry Cowell)의 피아노 내부 실험을 연구하여 현(피아노 줄) 사이에 다양한 물체(볼트, 나사, 고무줄, 동전 등)를 배치하는 시스템을 개발했다(Revill, 1999). 케이지(Kostelanetz, 1970a)는 다음과 같이 설명한다.

> 그 결과 음계와 선법의 음조 특성이 일치하지 않고, 낮은 옥타브에서 높은 옥타브로 이동하는 사운드 영역이 탄생했다. 이 소리는 하프시코드와 비슷하게 다양한 음색과 데시벨 범위를 가지고 있다. 실제로 준비된 피아노는 한 명의 연주자가 제어하는 타악기 앙상블이다(p.76).

케이지는 준비된 피아노를 위한 여러 곡을 썼는데, 그중에는 1951년에 쓴 준비된 피아노와 관현악단을 위한 협주곡도 있다. 소나타와 간주곡은 1946년 2월부터 1948년 3월까지 쓰여진 케이지의 가장 야심 찬 작품 중 하나이다. 준비된 피아노에 의해 부과되는 변화하는 음조와 조성들로 인해 악보가 항상 들리는 소리를 대표하는 것은 아니다. 이 작품은 16개의 짧은 소나타와 4개의 간주곡으로 이루어져 있다. 흰색 감정을 영웅적, 에로틱, 유쾌하고 경이로운 것으로 분류하는 동양 철학과, 두려움, 분노, 불신, 슬픔을 검은 감정으로 균형을 이루는 것이 이 작품의 핵심이다(Retallack, 1996). 소나타와 간주곡은 이러한 감정을 평온으로 향하는 방향으로 모아내고 있다. 음악의 질감은 이국적이며, 명확한 구성이 아름다운 공명음을 만들어 낸다. 전체적으로 이 작품을 들으면, 시간이 멈춘 듯한 느낌과 아이디어가 집중된 간단한 구조가 느껴진다.

심미학적 음악치료와의 연결은 즉시 드러난다. 음악치료 세션에서 준비된 피아노를 사용할 수 있는 잠재력은 무엇일까? 호화로운 소리와 준비된 피아노의 독특한 음향 환경이 음악/치료적 관계에 어떻게 이바지할 수 있을까? 예측할 수 없는 변화하는 질감은 치료적 동맹에서 종종 필요한 예측 불가능성을 제공할 수 있다. 준비된 피아노는 내담자가 연주하는 퍼커션 악기와 더 가까운 타악기적 특성을 갖고 있다. 실험적 음악에서 영감을 받은 작곡의 자유를 제공한다면 소나타와 간주곡은 특정한 음악적 구성 요소도 제공할 수 있다. 임상적 레퍼토리를 확장함으로써, 이러한 소리들은 음악치료사의 음악적 범주를 확장하는 데 귀중할 수 있다. 음악치료사는 항상 새로운 소리와 질감을 창조할 준비가 되어 있어야 한다. 소나타와 간주곡을 듣고, 연주하고, 그리고 이해함으로써 그것들이 처음 쓰였을 때, 음악 세계에 미친 영향과 유사한 음악치료에 대한 잠재력이 있을 수 있다.

[그림 20]

이 임상 사례([그림 20] 참조)는 17번째 세션을 진행하던 AIDS 환자인 청년과
의 작업 과정에서 발췌된 것이다. 음악 교육을 받지 않은 존은 실험 음악, 특히
즉흥연주 그룹 AMM(Nyman, 1974)의 작업에서 큰 영향을 받았다. 런던에 기
반을 둔 이 그룹은 세 명의 재즈 뮤지션인 키스 로우(Keith Rowe), 루 게어(Lou
Gare), 에디 프레보(Eddie Provost)의 작업으로부터 시작되었다. 코넬리우스 카
듀(Cornelius Cardew)는 AMM 창설 초기부터 참여했다. AMM의 즉흥연주 스타

일은 자유롭고 비전통적이었다. 존의 음악적 표현은 이러한 음악 장르의 영향을 크게 받았다. 따라서 나는 음악치료사로서 그와 유사하게 자유롭고 비전통적인 음악적 공간을 찾는 데 도전받았다. 나는 실험 음악에 대한 이해와 지식이 있었기 때문에 이 스타일의 임상적 적용은 자연스러운 선택이었다. 존은 피아노 줄 사이에 물체를 삽입하여 자신의 '준비된 피아노'를 만들었다. 그는 서스테인 페달에 의자를 놓고 지속적인 음의 물결을 만들기도 했다. 존은 타악기를 비전통적인 방법으로 연주했고, 그의 피아노 연주는 폭넓은 클라이맥스 클러스터의 음악적 풍경처럼 들렸다. 본질적으로 자유로웠지만, 그의 즉흥연주는 매우 선택적이고 형식적인 디자인을 지니고 있었다. 그는 자신이 필요한 음악을 정확히 알고 있었으며, 정확한 소리를 창조하기 위해 긴 시간을 실험하는 데 시간을 들였다. 존의 음악은 서구적인 조성적 음악이 아니라, 시간과 관계를 중단시킬 수 있는 폭넓은 절충주의적 음악이었다. 음의 질감과 중동 음색의 특성부터 음악적 창조성은 무한하며, 임상적인 즉흥연주는 이를 반영해야 한다는 믿음에 이르기까지 우리 작업에 존 케이지가 미친 영향은 상당했다.

　이 예시([그림 21] 참조)는 처음에는 이질적으로 보일 수 있다. 케이지의 음악적 디자인은 속단할 때는 단순하게 느껴진다. Sonata No. II와 비교한 임상적 즉흥연주는 빠르게 움직이는 아포자투라(앞 꾸밈음)를 기반으로 한다. 리듬적으로 소나타의 주요 부분은 당김음화되고 강조되며, 마지막 두 줄에서 자유롭게 연주된다. 임상적 즉흥연주는 자유로운 흐름을 띠며 리듬적인 규칙은 없다. 두 곡 모두 리듬적 자유를 공유한다. 조성적으로, '준비된 피아노'의 음높이 변화를 고려할 때, 두 곡 모두 동기적 시리즈([그림 22] 참조)에 기반한다. 시리즈를 비교하면 두 곡이 어떻게 생성되었는지와 그것들이 발전하는 데에 기반이 되는 음악적 특징을 알 수 있다. 케이지의 시리즈는 중동 선법에서 유래되어 소나타에 명확한 음색을 제공한다. 임상적 즉흥연주는 음정적으로 고려할 때, 두 개의 삼음음계 시리즈를 중심으로 하며 음악적 및 관계적 핵심을 나타낸다(a-반음, b-반음, c-동일음).

　그렇다면 곡들 사이의 임상 및 음악적 연결은 어떨까? 여기에는 대담함과,

케이지의 경우에는 간결한 형식이 있다. 케이지의 소나타에 스며드는 질감과 임상적인 즉흥연주의 튀는 소리는 모두 자유롭지만 세심하게 구성된 음악적 풍경의 예이다. 음악적 자유가 조화와 형태를 띤 것이 아니라는 아이디어는 여기서 반박된다. 두 곡 모두 명확한 형태를 가지고 있으며, 명료한 음향, 또는 정형적인 리듬적 박자에 기반하지 않는다. 음악적인 본질은 창조성이 깃든 작곡의 정확성에서 비롯된 잠재적 치료적 이점을 갖고 있다. 이 명료함은 음악, 소리 및 질감이 끝없는 가능성을 가지고 있다는 지식에 기반한다. 음악치료사들은 현대 음악에 대한 경험, 지식 및 이해 부족으로만 어려움을 겪을 뿐이다.

존과의 작업은 자유로우면서도 복잡했다. 실험 음악을 임상에 적용하려면 정교함과 치료적 정확성이 필요하다. 이런 종류의 음악 제작은 초점이 맞지 않고, 임상적으로 부적절한 연주로 변질되기 쉽다. 존과 내가 공유한 즉흥연주는 매우 신선하게 소개된 비전통적인 실험 음악을 기반으로 했다.

[그림 21]

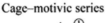

[그림 22]

나는 음악치료에 대한 도전/반란을 일으키고 있는 것인가

임상적인 것은 정확하고 심사숙고하며, 분별력 있는 것이다. 예술적인 것은 정확하면서도 날카로우며 자유롭고 속박받지 않은 것이기도 하다. 이상적인 균형을 유지하는 것은 임상 실제에 대한 우리의 이해를 밝히는 것이다. 임상 선생님으로서의 케이지는 이론은 깨져야 하고 새롭게 밝힌 신념 아래서 재건되어야 함을 우리에게 보여 준다. 심미적 음악치료는 음악 구성 요소, 관계 그리고 예술성의 과학이다. 또한 우리가 이해하는 것을 재정의하는 도전이기도

하다. 우리는 양적으로 정량화하는 필요성에서 항상 우리의 직업이 예술가들의 직업임을 잊어서는 안 된다. 예술가들은 도전받고 도전해야 한다. 예술가들은 창조적인 현재에 살아야 한다. 음악치료를 완전히 경험적인 과학으로 만드는 것은 이 직업이 탄생시킨 본질을 꺼내는 것이다. 나는 케이지가 서양 음악에 도전함으로써 이를 호소했다고 생각한다. 이것은 음악의 자유롭고 신선함을 잊지 말아야 한다는 호소를 말하는 것이다. 새로운 소리를 발견할 수 있는 많은 새로운 것들이 있다는 호소를 했다. 음악은 항상 성장해야 하며, 현재 이해하기 어려운 것이 미래에는 당연한 것이 될 것이라는 호소를 했다. 마찬가지로, 음악치료는 새로운 것이나 논란이 되는 것을 무시하거나 비난해서는 안 되며, 미래에 이러한 아이디어가 중요할 수 있다는 점을 염두에 두어야 한다. 케이지는 음악에 대한 더 큰 그림을 제시했으며, 그 결과로 많은 이들에게 선동적이고 피상적이라는 인식을 받았다. 나는 음악치료가 새로운 아이디어와 인물이 나타날 때 비슷한 실수를 범하지 않기를 바라는 바이다.

동양과 중세의 기독교 철학과 신비주의를 공부한 지 18개월이 지난 후에, 나는 성격의 통합에 관한 융의 책을 읽기 시작했다. 각 성격에는 두 가지 주요 부분이 있다. 의식과 무의식은 우리 대부분에게 무수한 방식과 방향으로 분할되고 분산되어 있다. 다른 건강한 직업과 마찬가지로 음악의 기능은 분리된 부분을 다시 하나로 모으는 데 도움을 주는 것이다. 음악은 시간과 공간에 대한 인식이 사라지고 개인을 구성하는 다양한 요소가 통합되어 하나가 되는 순간을 제공함으로써 이를 수행한다(Cage, 1993, p. 41).

제 12 장

음악이 멈출 때

음악은 인류의 경험의 깊이를 반영하며 각 개인의 고유성에 접근할 수 있다. 말기
치료에서 음악치료사의 과제는 음악의 독특함과 죽어가는 환자의 독특함을 연결하
는 방법을 찾는 것이다.

-Susan Porchet Munro,

Music Therapy in Palliative/Hospice Care, p. 84

    음악치료의 초월적인 복잡성을 말로나 글로 표현하는 것은 불가능하다. 음악을 이성적으로 이해하려고 하면, 그것은 간접적인 의미로 변하게 되어 본질과 반대되는 변형된 해석이 된다. 그러나 우리에게는 우리의 임상 실제를 명확하게 표현할 수 있는 말과 능력이 필요하다. 음악치료는 정의와 해석의 원리에 기초한다. 우리의 문헌은 설명하고 표현할 필요성에 의해 존속한다. 음악이 왜 치료적인지를 이해할 수 있다면—경험적인 방법론, 반복 실험 및 데이터 분석을 사용한다면—결과를 이해하고 개선할 수 있을 것이라고 믿는다. 음악치료가 의학과의 미래적 연계와 양적 연구의 타당성에 의존한다는 것은 부인할 수 없다. 그러나 이러한 지식과 함께 우리는 음악의 심미적 및 영적인 본질을 기리는 것이 중요하다. 나는 음악의 수수께끼적 미지의 복잡성을 양적으로 파악할 수 없다고 믿는다. 우리는 삶의 미지를 이해하려고 노력할 수 있지만, 결국 둘 다 이성적인 설명을 넘어서는 것이다.

    이것은 이상한 연관성일 수 있지만, 나는 음악과 죽음의 과정이 공통적인 특성을 가지고 있다고 믿는다. 음악은 생명을 주는 힘인 동시에, 죽음의 과정을 정확하게 반영할 수 있으며 이는 이 세상의 성향 때문에 그러하다. 여기에 고민거리가 있다. 음악은 죽음의 본질을 표현할 수 있지만, 음악 자체는 삶을 매개로 한다. 베그비(Begbie, 2000)는 죽어 가는 음의 탄생과 그 쇠퇴 그리고 결론의 일시적인 주기를 연결한다. 이 방정식에는 진정한 힘이 있다. 음악에 오랜 시간을 몰두해 왔고, 죽음의 과정 동안 내담자와 함께 있었던 경험을 한 후, 나는 두 경험에서 유사점을 발견했다. 음악곡들의 시작은 새롭고 연약한 창조적 힘의 탄생을 알리며, 음악이 구조를 풀어 가면서 주제가 제시되고 발전되며, 그리고 재현된다. 음악의 수명주기는 인간 존재의 수명주기와 비슷하다. 음악치료사는 음악적 표현에 들어가는 경험을 알 수 있지만, 죽음의 경험에 대해서는 추측만 할 수 있을 뿐이다. 이 장에서는 죽음에 가까운 내담자와의 직접적인 임상 경험에서 이러한 만남을 이해하고 표현하려 한다. 그것은 이 수수께끼 같은 작업에 대한 일련의 명상 같은 것이다.

　음악가가 죽어 가는 사람들과 함께 일하는 것은 특별한 조합이다. 나는 완화치료(Palliative care) 분야에서 음악치료사로 일하면서 내가 이곳에 이르게 된, 개인적인 경로에 대해 자주 생각해 보았다. 어떻게 이런 일이 일어났으며, 창조에 있어서는 자유롭지만, 반대로 전문적으로는 엄격한 작업 방식을 찾는데 도움이 되는 기술은 무엇이었을까? 한편으로는 자연스러워 보였지만, 또 다른 한편으로는 삶의 갈림길에 있는 내담자에게 시미즈를 제공하기 위해 음악을 가장 잘 활용하는 방법에 대한 준비가 부족하다는 느낌도 있었다. 내 음악적 그리고 개인적 경험이 성숙해지고, 시간이 지남에 따라서 내 반응은 더욱 세밀하고 정확해졌다. 완화치료 업무를 마친 지 약 5년이 지난 지금도 나는 여전히 강렬했던 것들을 기억하고, 모든 음악치료의 매 순간을 정확하고 생생하게 재현할 수 있다. 내가 배운 가장 중요한 교훈 중 하나는 겸손이었다. 삶과 죽음에 대한 겸손, 죽어 가는 사람의 삶에서 내가 해야 할 역할이 있다고 생각하는 것에 대한, 음악의 비언어적인 의사소통의 힘에 대한, 음악가인 나 자신에 대한, 그리고 나를 끊임없이 보살펴 주고 붙잡아 주는 동료 전문가에 대한 겸손이 그것이었다. 내가 지금 깨닫고 있는 그 모른다는 느낌을 붙잡는 것이 중요했고, 이는 결과적으로 가장 역동적인 음악적 반응을 촉진하곤 했다.

그렇다면 심미학은 어떨까? 음악의 심미학적 특성과 치료적 관계, 그리고 죽음이 근접한 사람들과의 음악을 어떻게 이해해야 할까? 음악의 심미학과 죽음의 관련성을 언급하는 것은 이상한 일일 수 있지만, 삶을 떠나는 내담자와 함께할 때 음악이 자연스럽게 이러한 이동을 용이하게 할 수 있다는 느낌이 있다. 음악은 중재자가 되어, 이 과정의 신비를 포용하는 감정의 순수성이 된다. 여기서 음악은 이 세상의 것이 아니며, 이 세상의 것이 되어서도 안 된다. 음악 치료사의 과제는 삶에서 죽음으로의 이동을 예고할 수 있는 음악을 발견하고, 죽음에 대한 창조적인 반응을 제공하는 것이다. 이때 내담자가 요청하거나, 혹은 너무 아프거나 의식이 없는 경우에는 내담자에게 중요하다고 알려진 음악을 선택하여 미리 녹음되거나 미리 작곡된 음악이 자주 사용된다. 조용히, 또는 배경 음악으로 재생되는 경우가 많다. 그러나 내가 여기서 탐구하는 것은 창조적인 음악적 반응이다. 미리 녹음되거나 미리 구성된 음악과 달리, 유연하고 살아 있는 음악인 것이다. 여기서 즉흥연주는 핵심이다. 관계와 음악과 죽음의 심미학이 하나가 된다. 각각은 각기 다른 것의 확장이다. 매 순간, 악구, 음, 시선, 몸짓, 그리고 뉘앙스를 음악의 본질로 담아내게 된다.

예측할 수 없는 죽음과 즉흥연주

베그비(2000)는 즉흥연주, 자유 및 시간에 대한 논의에서 다음과 같은 견해를 제시한다.

> ······ 즉흥연주는 광범위한 제약과 관련하여 자유를 가능하게 함으로써 모든 제약, 즉 세계의 시간성과 관련하여 자유를 가능하게 할 수 있다(p. 201).

세계의 시간성, 우리의 존재와 즉흥연주와의 관계를 이해하는 것은 거대한 개념이다. 즉흥연주가 어떤 방식으로든 인간 존재의 거대함과 그 소멸을 반영할 수 있을까? 예상치 못한 것의 구현으로써의 즉흥연주는 우리 존재의 제한된 현실을 표현하는 창구일 수 있다. 나는 직접 그들의 시간성에 직면한 내담자들과 함께 있으면서, 반복해서 즉흥연주가 인간의 불완전성의 핵심에 닿는다는 것을 발견했다. 나는 삶의 일시적인 본질에 대한 우리의 인식이 즉흥연주를 통해 정확하게 반영될 수 있다고 믿는다. 즉흥연주에 예술적 내용과 인간 존재 내에서의 더 큰 위치를 식별할 수 있는 잠재력을 부여하는 것은 제약과 자유 사이의 균형이다. "이것은 시간과 함께 평화롭게 살아가는 법을 배우는 데 있어서, 즉흥연주가 독특한 기여물이자, 인간의 자유론에 대한 신학에 관한 것"이다(Begbie, 2000, p. 203).

의식이 없는 내담자와의 연주는 미묘하면서도 균형 잡힌 치료적 수수께끼다. 많은 경우에 의식이 없는 내담자와의 작업은 이미 진행 중인 치료과정의 연장선에서 이루어졌다. 나는 내담자가 의식을 잃으면 병동에서 계속 음악을 들을 수 있는지 사전에 논의한다. 그들이 동의했다면 나는 우리의 작업, 관계, 그리고 당시 그들이 어땠는지에 대한 나의 인식을 반영한 음악을 즉흥적으로 만들며, 현대적인 원형 악기인 소리 나는 그릇(음향 악기)인 사운딩 보울(Sounding Bowl)에서의 호흡과 내 목소리에 맞춰 즉흥적으로 음악을 만들 것이라고 설명했다. 이 치료과정의 확상은 항상 강렬하고 즉각적이있다. 일부 내담자는 음악에 작은 신체적 움직임으로 반응했고, 어떤 내담자는 나의 존재를 인정하기 위해 눈을 떴으며, 그리고 어떤 내담자는 정적인 상태였다. 항상 발생하는 것은 그들의 숨결 패턴이 더 얕고 편안해졌다는 것이었다. 연주는 그들의 숨결에 맞는 간단한 구절과 함께 더 자유롭고 활기찬 섹션 사이를 오가곤 했다. 나는 음악치료를 경험하지 않은 내담자들과도 유사한 방식으로 작업했다. 가족, 친구, 간호인력 또는 의사로부터 의뢰가 왔다. 의뢰한 이유는 대부분 환자가 각성됐기 때문이었다. 나의 물리적 태도와 음악적 대응은 항상 단순하고 그들의 숨결과 직접적으로 연결되어 있었다. 다시 한번, 환자들의 숨결 패턴은 거의 항상 느긋해지고 그들은 시각적으로 더 차분해졌다.

또 다른 즉흥연주 활용은 이완 과정에서 이루어졌다. 호스피스의 한 자원봉사자가 매주 이완 세션을 진행했는데, 그녀는 세션에 라이브 음악을 도입해 볼 것을 제안했다. 이 제안에 따라 나는 이완 세션의 주제 내용과 참여자들의 분위기에 맞춰 즉흥연주를 진행했다. 이러한 결합은 강력한 효과를 가져왔으며, 호스피스에서 내가 하는 중요한 활동 중 하나가 되었다. 또한 병동에서 개별 이완 세션도 진행했다.

그렇다면 음악과 그의 심미적인 힘은 무엇일까? 내담자가 능동적으로 음악에 참여하지 않는 상황에서 음악의 예측하지 못한 본질은 어떻게 인식될까? 죽음에 가까운 내담자와 함께 음악을 사용할 때, 치료사는 모든 음과 음악 내에서의 위치를 인식해야 한다. 모든 음표, 멜로디 윤곽 및 화성 진행은 세션의 전반적인 구조에서 중요해진다. 음악 자체의 내용이 더 작아질 수도 있지만, 음악적 요소들은 한층 더 투명하고 집약되어야 한다. 기다리고 주의하는 것이 가장 중요하며, 호흡 소리를 소리와 음악으로 들여야 한다. 듣는 것 이상으로, 그 순간, 음악적 관계, 그리고 삶에서 멀어지는 움직임을 포착하는 더욱 깊은 차원에서 들어야 한다. 음악은 삶에서 죽음으로 이동하는 시간성을 반영하는 매개 과정이 된다. 다음 사례 연구들은 깊이 있고 임상적인 수준에서 듣는 것에 대한 내용을 다룬다. 이것들은 유연성과 명확한 음악적 표현, 그리고 죽음의 본질에 대한 창조적인 반응의 필요성을 강조한다. 두 사례 모두 물리치료사인 질(Gill)과 함께 진행된 작업을 포함한다. 우리는 치료사와 협력 치료사가 되어 내담자들이 복합적인 음악적, 그리고 신체적 요구에 대한 균형을 찾을 수 있도록 도와주었다.

사례 연구–데이비드

다음은 통합 암 치료에서의 음악치료 사용에 관한 장에서 발췌한 것이다

(Lee, 2001).

 이 사례 연구에서는 암으로 죽어 가는 21세 남성 데이비드와의 작업을 살펴본다. 호스피스에서 음악치료사로서 나의 작업은 물리치료사인 질과 함께 수행되었다. 이 간학문적인 협력은 데이비드의 신체적, 그리고 정서적 요구에서 직접적으로 나왔다. 데이비드가 죽은 후, 질과 나는 우리의 작업에 대한 분석을 위해 만났다. 세션은 녹음되고 복사되었으며, 그녀의 의견은 해당 회의에서 직접 나왔다.

 데이비드가 생을 마감하기 직전 두 주 동안 세션이 진행되었다. 그는 종양이 빠르게 성장하여 호스피스에 입원했다. 데이비드는 또한 척수 압박의 이차적 합병증을 가지고 있었다. 데이비드가 도착했을 때 그는 겁에 질려 있었고, 많은 통증을 호소했다. 데이비드는 기타를 연주하고 음악적인 역량이 있는 것으로 알려져 있어 음악치료로 의뢰되었다. 첫 만남 때, 그는 음악에 대해 이야기하고 그와 그의 여자친구가 결성한 그룹에 관해 얘기하기를 간절히 원했다. 우리는 그의 즐겨 찾는 밴드와 병으로 인해 음악이 점점 중요해지고 있다는 것을 얘기 나누었다. 그는 자유롭게 움직일 수는 없었지만, 침대에 앉아 있을 수 있었다. 그에게는 삶에 대한 감각과 긴박감이 있었다. 우리는 첫 번째 세션을 그의 방에서 진행하기로 합의했고, 나는 기타를 가져올 것을 약속했다. 이 만남과 다음 만남 사이에 데이비드는 상태가 급속히 악화되어 통증클리닉에 입원했다. 병원으로 돌아온 후, 나는 약속대로 기타를 들고 세션에 참석했다. 그러나 그의 방에 들어가자마자, 음악을 만드는 것은 불가능할 것이라는 것을 깨달았다. 그는 등을 대고 누워 있었다. 그의 고통이 너무 심했기 때문에 그는 나의 존재를 조금만 인식하는 듯했다. 우리는 침묵 속에 앉아 있었고, 시간은 우리를 각자 둘러싼 채로 멈춰 있었다. 그의 상황의 심각성을 설명할 단어가 없는 것 같았다. 나는 결국 용기를 내어 이렇게 말했다. "생각할 시간이 너무 많아서 힘들겠죠?" 데이비드가 내 말을 곰곰이 생각하는 동안 시간이 다시 정지

되었다. 내 말에 나는 어리석은 기분이 들었다. 한참의 침묵 끝에 나는 자리에서 일어나 떠나려고 했다. 이때 질이 방으로 들어왔다. 그녀 역시 데이비드가 경험하는 절망적인 신체적, 그리고 감정적 고통을 보았다. 질은 즉각적이고 통찰력 있게 터치와 음악을 이용한 이완 작업을 시도해 볼 수 있다고 제안했다. 데이비드는 동의한다는 뜻으로 고개를 끄떡였다. 데이비드가 사망한 후, 나는 질과의 회고 세션에서 첫 번째 세션에서 느낀 어색함을 설명하려고 했다. 함께 작업하자는 질의 제안은 나에게 자유를 주었다. 지금까지 나는 데이비드와 함께 침묵 속에 앉아 있었다. 처음에는 침묵이 편안했지만, 시간이 지남에 따라 "무엇을 말해야 할까?", "어떻게 시작해야 할까?", "이렇게 어린 남자의 죽음과, 그 죽음을 인식하는 것을 어떻게 받아들여야 할까?"라는 생각이 들었다. 나는 마침내 말을 꺼냈지만, 내 말의 엄청난 크기가 어색할 것이라는 것을 알았다. 우리 사이의 침묵을 믿었지만, 다른 측면에서는 그것이 나를 강력하게 압도했다. 질은 "데이비드는 겁에 질린 젊은 남자였다. 그는 항상 등을 대고 누워 있었다. 그는 일어서서 자신의 상황을 직면할 수 없었다." 그녀는 우리가 하는 일의 깊이를 생각하는 듯 잠시 말을 멈췄다. "우리는 그 사람이 받아들일 수 있게 해 줬어요."

세션 형식은 휴식과 접촉, 그리고 현대적인 원형 악기인 소리 나는 그릇(음향 악기)인 사운딩 보울에서의 즉흥적인 음악으로 이루어졌다. 음악은 질의 손의 움직임을 균형 있게 만들어 주었으며, 데이비드의 기분과 그것에 이어 발생한 삼각관계를 포착하려고 노력했다. 신체적, 그리고 음악적 반응은 데이비드에게 긴장을 풀고 긴장을 해소할 수 있는 기회를 제공하기 위해 임상적으로 평가되었으며, 또한 그의 두려움과 감정을 대변할 수 있는 비언어적 관계에 진입할 수 있도록 했다.

질은 치료과정에 대해 다음과 같이 언급했다. "음악이 시작되고 나서 접촉을 했을 때, 긴장이 풀리는 것을 느낄 수 있었다. 우리 셋은 하나가 되었다. 그것은 마치 꿈의 선을 따르는 것과 같았다." 우리는 데이비드에게 하루에 두 번의 세션을 제공했으며, 하나는 아침에, 다른 하나는 늦은 오후에 진행되었다.

우리의 관계는 매회 깊어졌다. 말은 거의 없었다. 그러나 세 번째 세션에서 데이비드는 눈을 떴고 자신을 이기고 말했다. "이 모든 게 아방가르드 같아요. 너무 깨달음을 얻었어요." 우리는 이 말에 대한 설명을 제시할 수 없었다. 우리는 그것들을 그의 깊은 내면에서 나온 진술로 받아들였다. 질은 우리의 관계 형성이 빨라지고 신뢰가 깃드는 순간에 대해 길게 이야기했다. "그가 무슨 말을 하려는 듯 입술을 움직일 때가 많았습니다. 이때부터 각 세션이 하나로 이어지는 것 같았습니다. 예비적인 준비가 필요 없었어요. 그의 얼굴은 눈에 띄게 아름다워졌습니다. 그는 긴장과 고통의 모든 흔적을 지웠고, 마치 그는 떠나기로 결심했다가 다시 돌아온 것 같았어요. 그가 이 말을 한 후, 나는 그가 이제 완전히 놓아 버릴 준비가 되었다고 확신합니다."

질은 그녀의 관점에서 우리 작업의 효과를 더욱 구체적으로 설명한다. "우리가 데이비드와 함께했던 것은 명확했고, 어떤 식으로든 모호하거나 정의되지 않은 과정이 아니었어요. 우리는 명확한 목적을 가지고 있었고, 우리가 무엇을 하고 있는지, 그리고 왜 하고 있는지 알았습니다. 음악이 시작되면서 그를 만지는 제 접근 방식이 변하는 것을 알았습니다. 초기 세션에서는 그가 더욱 활기차게 돌아왔다가 다시 멀어졌습니다. 나는 당신의 음악이 그 경험과 얼마나 잘 어울리는지 매료되었습니다. 음악은 그의 힘과 관련이 있는 것처럼 보였습니다. 영적으로 음악을 인식하고 있었습니다. 마치 아름다운 거품 속에 있는 것 같았습니다. 그러나 우리는 여전히 현실을 떠나지 않고 현재에 머물러야 했습니다. 이 순간들 동안 우리는 일체감과 동맹을 경험할 수 있었습니다. 우리는 엄청난 영광을 누렸습니다. 불편함이 아니라 마법 같은 경험이었습니다." 나는 "삶과 죽음 사이의 한 층에 손을 뻗어 향하는 것처럼 말이지요?"라고 답했고, 질은 내 생각을 인정했다. "완전체를 만들어 낸 일체감이었습니다. 우리는 지성과 감정을 함께하게 할 수 있었습니다. 그것은 의사소통 이상의 것이었고, 결합이었고, 마음의 일체감이었습니다. 누군가 다른 사람의 공간으로 들어갈 수 있도록 허락하는 것과 동시에, 다른 사람들이 당신의 공간으로 들어오도록 허용하는 것입니다. 나는 우리의 작업이 그가 필요로 하는 것이라고 느꼈습니다. 그것은 그에게 해방이었습니다. 그는 침대에서 멀리 떨어질 수 있었습니다. 데이비드는 고통과 침대에 묶여 있었습니다. 이 경험을 통해 그는 멀리 떠나 날아갈 수 있었습니다. 나에게 이것은 호스피스에서 일하면서 내가 겪은 가장 심오한 경험 중 하나였습니다. 그 자리에 있게 된 것은 엄청난 영광이었습니다. 주는 것과 받는 것이었습니다. 당신이 변화를 만들 수 있다는 만족감, 이것은 완전히 관대하고 기부하는 것입니다. 그것은 특별한 거품이 되었고 그는 항상 '나는 당신을 기다리고 있었습니다.'라고 말하곤 했습니다. 우리 둘 다 마지막 세션에서 그를 다시 볼 수 없다는 것을 알고 있었습니다. 우리는 그가 죽는 것을 원하지 않았고, 우리는 이러한 경험이 계속되기를 원했습니다."

질의 이러한 통찰력 있고, 성찰적인 의견은 우리가 모두 엄청난 경험을 할 수 있도록 도와주었다. 세션이 진행됨에 따라 데이비드의 육체적, 그리고 영적 존재는 점점 더 멀어져 갔다. 아마도 우리는 데이비드와의 작업이 어떤 영향을 미쳤는지 결코 알지 못할 수도 있다. 그러나 우리는 데이비드가 우리 두 사람의 삶에 남긴 영향을 알고 있다. 그가 우리에게 준 선물은 이 전환기에 우리를 그의 삶에 들어오게 해 준 것이다. 시간이 지나도 우리 관계의 강도는 줄어들지 않았다. 나는 우리의 아름다운 거품을 계속해서 선명하게 기억한다. 그것은 나의 삶을 풍요롭게 하며, 데이비드의 영혼이 직업적으로나 개인적으로 내 안에 살아 있도록 해 준다(pp. 149-151).

사례 연구-리사

리사(Lisa)의 불굴의 본성을 너무나 잘 기억한다. 존중과 전문적 및 개인적 대응의 명확성을 요구하는 순수함이 있었다. 리사는 30대 중반 여성으로 유방암 진단을 받았다. 그녀에게 음악의 힘은 마치 가장 정신적이면서도 실용적인 만남인 것처럼 황홀한 것이었다. 그녀가 사망하기 전 우리가 만난 세 차례의 경험은 내 경력에서 가장 어려운 경험이자 뚜렷한 경험이었으며, 그녀의 존재의 힘은 오늘까지도 나와 함께 남아 있다.

리사는 병동에서 의뢰되었다. 크리스마스 휴가에서 돌아온 후 첫 번째 날이었다. 계속되는 내담자로 인해 하루가 가득 찼으며, 나는 나중에 리사를 만나서 다음 날 세션을 준비하기로 했다. 그날 오후 그녀의 방에 들어갔을 때, 리사는 바로 나를 향해 머리를 돌리고 나를 뚫어지게 바라보았다. 그녀는 침대에서 일어나 앉아 있었는데, 그 정적한 모습에 나는 얼어붙었다. 리사는 분명히 매우 아픈 상태였지만, 그녀의 얼굴은 생동감 넘치고 빛이 났다. 나는 무엇을 말해야 할지 알 수 없었다. 그녀는 침묵을 깨고 내게 침대 옆 의자에 앉으라고 손짓했다. 리사는 즉시 매우 강렬하고 개인적인 수준에서 이야기하기 시작했다. 그녀는 임박한 죽음에 대한 자신의 손실과 절망감을 공유했다. 대화 중 리사는 가끔 그녀의 찌르는 듯한 고통 때문에 잠시 멈췄다. 그녀의 고통스러운 현실은 우리의 숨을 멈출 것처럼 만들었다. 리사는 명백히 육체적이고 정신적 고통을 겪고 있었다. 나는 그녀의 말에 경청하고 가끔씩 그녀의 말에 대한 공감을 표시했다. 듣는 시간이 길어지고 있을 때, 우리의 대화를 다시 음악에 참여할 수 있는 가능성으로 이끌었다. 음악치료실이 병동 근처에 있었지만, 그곳에서 세션을 하는 것은 비현실적이라는 결론에 도달했고, 우리가 다시 만나면, 음악치료실에서 세션을 가질 수 없을 것 같으므로 침실에서 음악 체험 세션을 만들어 보기로 했다. 리사는 음악과 미술을 결합하는 데 관심을 보였으며, 그녀가 호스피스에 가져온 미술 재료와 종이를 보여 주었다. 우리는 다음 날 즉흥적 음악과 미술을 결합해 보기로 결정했다. 내가 떠날 준비를 하며 다시 일어서자마자, 리사는 다시 내 눈을 바라보며 다음 만남 전에 나와 이야기할 필요가 있을 때를 대비해 내 집 전화번호를 요청했다. 내담자가 내담자/치료사 관계의 경계를 깨려고 그렇게 명확하고 고의적으로 시도한 것을 경험한 것이 그때가 처음이었다. 이것은 명확한 도전이었고, 나의 대응은 공포와 분노의 감정이 혼재되어 있었다. 나는 그녀의 요구에 동의할 수 없었음을 알고 있었다. 우리가 지난 1시간 동안 너무나 조심스럽게 발전시켜 왔던 치료 관계가 무너지기 시작했다. 나는 부모님께서 대중 앞에서 말할 때, 천천히 그리고 분명하게 말하라고 가르쳐 주셨던 것을 기억하며 깊게 숨을 들이쉬고, 단순히 그녀의 요청에 응할 수 없다고 말했다. 리사의 눈은 마치 내가 그녀를 배신한 것처럼 벌겋게 달아올랐다. 그녀는 우리의 대화가 매우 중요했으며, 그러므로 그녀의 인생에서 가장 어려운 이 시기에 우리 동맹을 계속 유지하는 것이 그녀의 의무라고 말했다. 나는 그렇다면 우리 관계를 계속할 수 없다고 대답했다. 겉으로는 평온했지만, 속으로는 녹아내리고 있었다. 내가 떠나려고 일어섰을 때 리사는 마지못해 이것을 추구하지 않기로 동의했고, 우리는 다음 날 세션 시간을 지키기로 합의했다. 우리는 해결되지 않은, 불확실한 방식으로 첫 만남을 마쳤다.

나는 리사의 방을 나온 후에 즉시 임상 간호사 매니저인 트리시(Trish)를 찾았다. 트리시는 그런 긴급한 상황에서 내 멘토가 되었는데, 그녀의 경험은 그녀의 지혜가 필요한 모든 사람들에게 빛이 났다. 리사와의 이 만남을 떠나기 전에 이를 이해하는 것이 중요하다고 생각했다. 내가 이렇게 궁핍하고 변덕스러운 고객을 대상으로 하는 음악치료사로서의 역할에 대한 나의 불확실성을 탐색할 때 트리시는 깊이 경청했다. 한편으로는 리사와 연결되었다는 느낌이 들었지만, 다른 한편으로는 그녀가 나를 치료사로서의 범위를 벗어난 역할로 몰아넣고 있다는 점에서 혼란스러웠다. 우리가 음악을 만들지는 않았지만, 이를 탐색할 수 있는 매개체가 될 것이라는 확신을 가졌다. 트리시는 내 걱정에 주의를 기울이고, 다른 간호 스태프들도 리사가 필요로 하는 것을 발견했다고 말했다. 내가 그녀를 만나지 말아야 할 이유를 많이 생각할 수 있었지만, 다음 날의 세션을 존중해야 할 것으로 참가 이유가 명확해졌다. 우리의 회의를 마치면서 트리시는 내 불확실한 감정이 그렇게 요구하는 내담자와의 관계 형성 과정에서 자연스러운 일부임을 인정하는 데 도움을 주었다. 또한 그녀는 다음 날 내가 필요하면 언제든지 그녀를 찾을 수 있다고 확신시켜 주었다.

다음 날 리사의 방에 들어갈 때 불확실한 감정이었다. 휴대용 키보드와 작은 타악기 일부를 가져갔다. 리사의 침대 옆에 내 위치를 정하고 위치했다. 그녀는 내 손을 꽉 잡고 대화를 이어나가며 시간이 멈춘 것처럼 계속 유지했다. 그녀의 말의 강도는 더욱 심오해졌다. 그녀는 환상과 꿈, 자신이 알고 있던 사람들에 대해, 그리고 새롭고 다른 의식 수준으로 끌어당겨지는 느낌에 대해 이 야기했다. 이 말에는 내가 감히 깨뜨릴 수 없는 진정성이 담겨 있었다. 잠시 후, 음악과 미술을 연결하자고 제안하자 잠시 멈칫했지만, 이때 갑자기 그녀의 고통이 다시 찾아왔다. 방에는 혼돈이 생겼고, 그녀는 나에게 간호사를 불러 달라고 요청했다. 리사의 고통으로 인해 그녀는 저절로 울부짖게 되었고, 우리 세션을 계속하는 것은 별 의미가 없어 보였다. 간호사들은 리사에 대한 의료적 처치(드레싱)을 바꾸기로 결정하고, 나중에 올 수 있는지 물었다. 이제는 음악을 소개하는 것이 불가능하다고 느꼈다.

나중에 물리치료사인 질과 대화하면서 우리는 리사와 우리 작업에 대한 나의 실망감을 논의했다. 질은 자신도 전날 그녀를 봤으며, 리사를 침대에서 벗어나게 하는 것이 도움이 될 것이라고 느꼈다고 말했다. 질은 우리가 그녀를 함께 만나서 그녀를 감동하게 할 수 있다면 잠재적으로 음악치료실에서 세션을 가질 수 있다고 제안했다. 나는 이 방향의 변화로 인해 어떤 일이 일어날지 불안하긴 했지만, 이 제안에 안도감을 느꼈다. 우리가 병동 쪽으로 걸어가는 동안 방에서 그녀의 울음소리가 들렸다. 리사의 사운드는 극도로 고통스러울 정도로 경이로운 특성을 갖고 있었다. 드레싱은 완료되었지만, 그녀는 여전히 고통받고 있는 것이 분명했다. 질은 들어와 리사가 그녀를 침대에서 이러나 이동할 의향이 있는지, 잠재적으로 우리는 음악치료실로 이동할 것인데, 동의하냐고 물었다. 나는 리사가 "아니요"라고 말하기를 은밀히 바랐지만, 그녀는 고개를 끄덕이며 동의했다. 다음 30분은 질이 리사를 침대에서 일으켜 세워서 휠체어에 앉히는 것을 도우려고 시도하는 고통스러운 일련의 사건이었다. 나는 우리가 음악치료실에 가면 도대체 무엇을 할지 궁금해하며 무기력하게 서 있었다. 질은 휠체어에 탄 리사를 병동에서 복도를 따라 음악치료실로 천천히 밀었다. 치료실 안에서는 고통이 더욱 심해졌고, 리사는 계속해서 울부짖었다. 질은 리사를 피아노 옆으로 옮기고, 바로 옆에 무릎을 꿇고 앉아 손을 잡았다. 이제 내가 중재할 차례였다.

이 순간 나는 뭔가를 해야 한다는 것을 깨달았고, 그렇지 않으면 실패를 인정해야 했다. 확실히 리사는 내가 그만두기에는 너무 많은 고통과 아픔을 겪었다. 우리 사이에는 연결이 있었지만, 확실히 음악적인 연결은 아니었다. 나는 뭔가를 해야 한다는 것을 알았다. 어떤 식으로든 도움이 되거나, 막연하게 치료가 될 수 있는 음악적 경험을 소개할 수 있는 것일까? 리사를 위해 즉흥적으로 연주하는 것이 나의 유일한 선택이었다. 나는 그녀를 위해 연주하고 싶다고 말하고, 즉흥적으로 피아노를 연주하며 그녀의 절망감을 내 목소리로 표현하려고 노력하겠다고 설명했다. 나는 피아노 앞에 앉아 잠시 멈춰서 건반을 내려다보았다. 나는 차분함을 얻으려고 노력한 다음에 연주를 시작했다. 피아노에 손을 얹은 순간부터 가장 놀라운 일이 일어났다. 리사는 온몸을 뒤로 젖히고 울음을 멈추고 속으로 조용히 흐느끼기 시작했다. 이제 그 소리는 육체적인 고통을 겪는 사람의 소리가 아니라, 더욱 큰 슬픔을 느끼는 사람의 소리였다. 나는 그녀의 소리, 그녀의 목소리의 질감, 그녀의 흐느낌의 프레이징 정도, 그리고 우리의 연결에 있어서 음악성을 열심히 들었던 것을 기억한다. 나는 리사가 음악의 흐름과 구조에 영향을 미칠 수 있도록 내 자신의 목적에서 물러나려고 노력했다. 이러한 직관적인 즉흥적 기법은 향후 급성 환자를 대상으로 하는 작업에서 기본이 되었다. 리사의 소리는 더욱 음악적으로 변했다. 음악은 자연스럽게 B단조의 키를 중심으로 발전했다. 아마도 리사에 대한 나의 잠재의식적 반응과 바흐 B단조 미사(제2장 참조)의 영적 강렬함이 그러한 음악적 연결에 영향을 미쳤을 것이다.

첫 번째 즉흥연주는 약 20분 동안 지속되었다([그림 23] 참조). 오프닝 주제에서 전개된 음악은 리사의 노래/울음소리가 커짐에 따라 더욱 생동감 넘치게 되었으며, 마침내 요약되어 음악적으로 완전한 구조를 형성했다. 결국 리사는 고개를 숙였고, 우리는 모두 속으로 오랫동안 침묵을 지켰다. 모든 소리가 멈췄다. 그리고 음악이 멈췄다. 이 침묵의 힘은 불굴의 것이었다. 결국 리사는 고개를 들고 간단히 "더 연주해 보세요"라고 말했다. 두 번째 악장은, 말하자면, 달랐다. 덜 강렬하고 더 체념한 느낌이었다. 음악적으로는 덜 세련됐지만, 감정적으로는 더 빛났다. 이에 따라 나는 크게 안도감을 느꼈다. 이 두 번째 직관적 즉흥연주의 핵심은 D단조와 D장조의 균형을 이루었다. 두 번째 즉흥연주가 끝나고 리사를 그녀의 방으로 다시 데려갈 준비를 하는 동안에 나는 무릎을 꿇고 음악을 허락해 준 그녀에게 감사했다. 그녀는 내 눈을 똑바로 바라보며 이렇게 말했다. "당신의 음악이 정말 좋았다는 말 외에 무슨 말을 해야 할지 모르겠어요." 나는 리사 그리고 질과 함께 그녀의 방으로 걸어갔고, 조용히 떠났습니다. 리사는 다음날 사망했다.

리사가 죽은 뒤를 생각해 보면 왠지 불완전한 느낌이 들었다. 많은 숙고 끝에 나는 리사와의 관계에 대해 즉석에서 개인적인 반응을 보일 시간을 갖기로 했다([그림 24] 참조). 비록 그녀가 죽었음에도 불구하고, 이러한 성찰적 즉흥연주는 매우 중요했다. 그것은 비록 짧지만 강렬한 만남에서의 그 강렬함을 내부적으로 되돌아볼 수 있는 기회이자, 나의 '놓아주기' 방식이었다. 음악적으로 나는 우리 작업에 개인적인 코다를 추가해야 했다. 성찰적 즉흥연주는 내담자가 사망한 후, 내 작업의 기본적 부분이 되었으며, 완화치료에서 진행 중인 작업의 일부인 많은 강렬한 관계를 개별적으로 숙고하는 시간이었다.

음악과 죽음

완화치료에서 영역에서 음악치료사로서의 8년간의 작업은 다음과 같은 지배적인 원칙에 기반을 두고 진행됐다.

- 음악이 삶과 죽음을 반영한다는 점
- 삶을 위협하는 질병에 직면할 때, 비언어적 소통이 중요할 수 있다는 점
- 창조성이 생명의 본질을 나타낸다는 점
- 음악은 영적이며, 그러므로 삶과 죽음의 현실을 초월할 수 있다는 점
- 완화치료에서 음악은 위협적이지 않고 유연해야 한다는 점
- 즉흥연주는 삶과 죽음의 변화하는 본질을 반영할 수 있다는 점

[그림 23]

Example 2

[그림 24]

　이 기간에 나의 음악치료 철학은 극적으로 변화하였고, 심미학적 음악치료의 발전에 깊은 영향을 끼쳤다. 수용과 존중은 완화치료와 심미학적 음악치료에 영향을 준 두 가지 중요한 요소였다. 제기된 질문은 다음과 같다. "치료사는 언제 치료적 도전을 하여야 할까?", "치료사는 내담자 옆에 머무르고 기다려야 할까?", "음악치료사가 내담자를 위한 치료적 조치의 방향을 결정할 권한이 있다면 그것은 무엇인가?" 치료 이론은 대부분 목적, 목표 그리고 성장 가능성에 기반을 두고 있다. 죽음 과정에서는 항상 성장 가능성이 있지만, 그럼에도 불구하고, "완화치료에서 음악치료사는 정량적인 변화를 기대해야 할까?"라는 질문이 생긴다. 나는 치료사가 기다리고 성찰할 수 있다면, 내담자는 도전과 성장을 위해 자신만의 고유한 이정표가 나타나도록 할 수가 있다고 믿는다. 이러한 이정표가 무시되거나 강요되면 내담자의 즉각적인 요구가 간과될 수 있다.

　그렇다면 완화치료에서 심미학적 음악치료의 철학은 무엇일까? 살아 있는 것과 죽음이라는 서로 다른 원형을 연결할 수 있는 접근법을 만들 수 있는 것일까? 죽음과 함께 음악을 사용하는 것은 아마도 치료에서 음악의 가장 예민한 사용일 것이다. 모든 음표, 모든 구절, 그리고 모든 음악적 표현은 가장 중요한 의미를 가져야 한다. 후속 세션의 기대는 종종 비현실적이므로, 치료사는 모든 경험과 음악적 만남을 소중히 여겨야 한다. 음악적 순간에 살아 있는 것은 알려진 것과 알려지지 않은 것이 어우러진 현실이다. 개인의 정체성을 명확하게 유지하는 것은 수수께끼 같으며, 특히 음악과 같이 과장된 감정적 매체를 사용할 때 더욱 그렇다. 또한 이러한 작업의 성격은 치료사가 포용적일 필요가 있으나, 자칫하면 그 과정에서 내담자와 치료사 모두에게 타성에 젖을 수 있는 위험이 있다.

　음악과 죽음은 나의 전문적인 삶을 여러 각도에서 채워 주었다. 완화치료 음악치료에 처음 왔을 때는 마치 삶에 대한 내 가치관을 반영하는 거울을 마주하는 것과 같았다. 나는 종종 불안과 의심을 느끼곤 했지만, 그러한 감정 위에 굳건한 믿음이 자리 잡고 있었다. 바로 음악은 인생의 마지막을 맞이하는 사람들에게 중요한 역할을 할 수 있다는 것이었다. 지금도 이러한 만남 속에서 음악이 담고 있는 정확한 감정을 표현하려고 한다면 쉽지 않을 것이다. 나는 음악과 죽음의 신비롭고 무형적인 본질이 이러한 작업의 중요한 증거라고 믿는다. 이러한 작업을 마치면서 나는 무엇을 얻게 되었을까? 무엇을 주었고, 또 무엇을 받았을까? 치료 순간의 명확성과 의도와 함께 (내가 인식하는) 실패를 어떻게 균형을 맞추었을까? 완화치료 음악치료사로서 성공한다는 것은 무엇을 의미할까? 우리는 감정적 성공을 어떻게 측정할까?

완화치료에 종사하는 모든 치료사들은 자신이 함께 일했던 환자들을 기억하는 것이 매우 중요하다. 환자가 사망하면 치료사는 큰 영향을 받고 격렬한 애도감을 경험할 수 있다. 음악치료는 표현과 상상력을 기반으로 하기 때문에, 환자/내담자와 치료사가 함께 보낸 시간의 실제보다 관계의 강도가 더 클수 있다. 나는 단지 몇 번의 만남만으로도 환자를 깊이 알고 이해하게 되는 경우가 많았다. 그러나 나의 상실감은 항상 깊고 강렬했다. 12월 1일, 세계 에이즈의 날을 촉매제로 사용하여 내가 함께 일했던 사망한 환자들을 추모하면서 시간이 지날수록 기억의 정확성이 더 높아진다는 것을 알게 되었다. 그들 각자의 존재적 명확함은 내 삶의 일부가 되었고, 인간 본성과 관계의 매력적인 본질을 끊임없이 상기시켜 준다.

제 13 장

물병자리 시대로의 전환:
현악 사중주를 통한 심미학적 음악치료

연주가 진행될 때, 우리 넷이 모두 함께 마법의 영역으로 들어가서 우리의 악보와 악기 사이 어딘가에서 전달자, 전령, 그리고 선교사가 된다. 예를 들어, Opus 130의 cavatina를 연주할 때, 우리는 베토벤의 세계로 들어가기 위해 손을 잡고, 서로와 우리의 목표인 공연의 책임을 선명하게 인식하면서도 거의 몽롱한 상태로, 거의 자다가 걷는 듯이 음악의 영적 영역으로 빠져든다. 이 경험은 너무 개인적이어서 이야기하기 어렵지만, 우리의 모든 관계에 영향을 미친다…….

–Arnold Steinhardt, by Four:
A String Quartet in Pursuit of Harmony(1998)

이 책을 통해 나는 음악치료의 심미학적 특성을 탐구하고, 임상 실습의 실체를 음악 중심적인 관점에서 함께 살펴보고자 했다. 이 장에서 설명하는 작업은 다른 어떤 것보다도 더 강하게 임상적 및 음악적 형식 사이의 결속을 위한 노력을 보여 준다. 혁신한다는 것은 우리가 사실이라고 생각하는 것을 논쟁하고 그것을 수수께끼가 되도록 하는 것이다. 지난 50년 동안 음악치료는 광범위한 이론과 지식을 습득했다. 미래의 연구는 이러한 결과가 다음 천년기(밀레니엄)에 제기되는 현대적 문제에 어떻게 영향을 미치는지를 결정할 것이다. 전제적인 증거, 또는 질적이고 인본주의적인 사고에 초점을 맞추어야 하는지가 아니라, 우리의 이해와 타인을 위한 실제 임상의 입증을 위해 이러한 논의의 질과 성격을 어떻게 개선할 것인가가 과제이다. 심미학적 음악치료에서 주장하는 것처럼, 음악 중심적인 관점은 이러한 성장의 한 부분일 뿐이지만, 그럼에도 불구하고 이것은 근본적인 것이다. 미래에 관련 전문가들과 음악치료의 신뢰성을 확보하려면, 우리 자신의 내적 분석과 개방성이 필요하다. 우리는 음악 분야로부터 존경을 받기 위해서는 우리의 음악적 개입에 관한 질적인 기여를 입증할 준비가 되어 있어야 한다. 음악가들과 함께 일하는 것은 이러한 과정에서 자연스럽고 자유로운 발전이다. 잠재적으로 어려울 수도 있지만, 이 작업은 음악 자체로부터 정보를 얻은 미래의 실습을 위한 열린 문을 제공할 수 있다. 이러한 작업의 도전에 직면한다는 것은 우리의 음악적, 그리고 치료적 지평을 넓히고 그 과정에서 획기적인 새로운 음악치료 모델을 발견하는 것을 의미한다.

음악가에 의한 음악치료는 임상 실습이나 문헌에서 거의 인정받지 못했다. 레이첼 버니(Ansdell, 1995)는 플루트 교사인 제인(Jane)과 함께 한 그녀의 작업에 대한 설명을 통해 이러한 작업의 가능성을 강력하게 증언하고 있다. 제인은 음악치료 경험에 대해 다음과 같이 말한다.

> 음악의 모든 가능성들은 창조적으로 사용되고 우리 안으로 보내질 때 자체 조절 시스템처럼 작동한다. 내 노래, 음악 만들기가 정말 변했고, 내가 듣는 방식도 변했다(p. 185).

제인은 손목 문제라는 현실적인 증상 때문에 음악치료를 받게 되었다. 하지만 음악 속에 몰입하게 되면서 신체적 증상은 사라지고 즉흥연주, 특히 노래 부르기에 대한 참여 자체가 치료가 되었다. 제인의 증언은 이러한 작업의 효과를 명확하게 보여 주지만, 실제 음악 제작의 활력을 가장 분명하게 드러내는 것은 오디오 녹음 자료이다. 첫 번째 오디오 예시(참고: 함께 제공되는 CD, Music for Life, Ansdell, 1995, 트랙 21 참조)를 들어보면 음악적 관계의 힘과 통합력에 깊은 인상을 받게 된다. 여기에 포함된 즉흥연주 부분은 발전하는 관계 속에 녹아 있는 심미적 경험이다. 치료사로서 레이첼의 정확한 임상적 청취, 간단하면서도 지시적인 피아노 반주, 그리고 제인의 보컬 프레이즈 해석은 서사적인 규모의 음악적이고 치료적인 창작 듀엣을 만들어 낸다. 이 사례는 다른 영역의 임상 실습보다 음악가와의 임상적 즉흥연주가 더욱 명확하게 음악적 순간의 즉시성에 의존한다는 것을 보여 준다. 외부적 해석은 과정을 알려 주는데 도움이 되지만, 의심할 여지없이 치료 자체는 음악 그 자체이다.

나는 『Music at the Edge』(Lee, 1996)의 마지막 장, '음악치료에서 내담자로서의 음악가'라는 부분에서 다음과 같이 기술했다: 음악가들은 종종 다른 사람들의 음악을 훈련받은 대로 연주하면서 자발성을 잃어버리는 경우가 많다.

> 즉흥연주는 음악가의 진정한 음악적 자기(Musical self)를 직관적으로 표현할 수 있게 해 준다. 치료사에게는 종종 음악적인 능력에 대한 실질적인 테스트가 될 수 있다. 치료사는 음악가와 함께 일할 때 자신의 즉흥연주 기술에 자신감을 가져야 한다. 이것이 음악치료사가 거장 수준이어야 한다는 의미는 아니다. 뛰어난 음악 기술을 가진 음악가와 함께 일하는 것도 가능하다. 중요한 것은 그들의 음악적 기여에 귀 기울이는 것이다. 전체적인 음악 구조만 고려하는 것으로는 충분하지 않다. 치료사는 음악적 관계 속에서 가장 미묘한 표현의 섬세함까지 고려해야 한다(p. 153).

치료사에게 주어지는 핵심적인 과제는 음악적인 헌신을 제공하는 것이다. 프랜시스를 만났을 때의 나의 반응을 생생하게 기억한다. 그가 음악가라는 것을 알게 되었을 때, 도망치고 싶은 충동이 들었다. 음악가와 함께 즉흥연주하는 것은 벅찬 작업처럼 보일 수 있다. 이러한 작업의 음악적 요구가 크다는 것은 의심의 여지가 없다. 그러나 우리가 도전을 감수할 준비가 되어 있으며, 더욱 높은 음악적 기준을 향해 노력한다면 이 작업에 대한 보상은 훨씬 더 커질 수 있다.

루이즈 몬텔로는 음악가를 위한 음악치료(Music Therapy for Musicians: MTM) 방법론을 개발했다(Montello, 2000, 2001). 그녀는 초기에는 프로 음악가들이

짙어지는 스트레스를 고려하기 위해 호흡 기법을 사용했다(Montello, 1995). 기술은 호흡, 유도된 명상, 그리고 임상적 즉흥연주를 통해 공연 스트레스와 반복성 손상 문제를 고려하면서 더욱 탐구되었다. 즉흥연주는 "억압되거나 분리되었을 수 있는 감정을 표현하기 위해 신체적 증상의 에너지를 음악적으로 표현"하는 특정 도구로 사용된다(Montello, 1996, p. 5). MTM 방법론의 연구를 통해 특정 음악치료 기술이 공연 불안을 줄이는 데만 그치지 않고, 음악성을 높이는 데에도 도움이 됨을 발견했다.

배경

2000년 여름에는 영국을 방문하여 가족과 친구들을 만나고, 음악치료사로서 15년 동안의 업적을 곰곰이 돌아보았다. 캐나다에 남을 결정을 내린 후, 과거의 성취를 되짚고, 앞으로의 계획을 세웠다. 이제 어떤 새로운 작업 방향을 탐색할 것이며, 음악가, 작곡가, 그리고 치료사의 역할을 어떻게 더욱 효율적으로 결합할 수 있을까에 대해서 생각했다. 나는 음악적으로나 개인적으로나 갈림길에 서 있는 느낌이 들었다. 2년 동안 음악 학부에서 일하면서 나는 음악치료 프로그램의 운영과 교육뿐만 아니라, 작곡, 연주, 음악학의 학제간 연결에도 몰두하게 되었다. 이러한 전문적 제휴는 나의 음악적 발전뿐만 아니라, 임상적 즉흥연주의 요소를 이해하는 통찰력에도 중요한 영향을 미쳤다.

현악사중주는 언제나 나를 매혹시킨 매체였다. 이 가장 개인적인 음악적 협연 형태에서 이루어지는 음악적, 그리고 인적 상호작용의 미묘함과 깊은 유대감에 끊임없는 호기심과 경외감을 느낀다. 윌프리드 로리에 대학교(Wilfrid Laurier University)는 펜데레츠키 현악 사중주단(Penderecki String Quartet)을 (음대 교수들이 연주자로 구성된) 레지던트 사중주로 두고 있다는 특권을 누리고 있다. 그들의 연주회를 정기적으로 듣는 동안, 나는 그들의 연주에서 매혹적인 패턴을 듣고 보고 질문을 던지게 되었다. 현악 사중주 레퍼토리의 종종 친밀한 작품들을 연주하는 데 필요한 미묘한 의사소통을 전달하기 위해 그들은 어떤 복잡한 음악적 그리고 신체적 제스처를 사용했을까? 연주자들 사이에 어떤 개인적인 역동성이 존재했을까? 그리고 이것이 음악치료에서 내담자 간의 역동성과 어떤 관련이 있을까? 음악치료사는 그룹 음악치료와 같은 방식으로 현악사중주와 함께 일할 수 있을까?

이러한 질문을 더 많이 숙고할수록, 나는 펜데레츠키 현악사중주단과 함께 작업할 수 있는 잠재력에 더욱 몰입하게 되었다. 한편으로는 이것이 임상 실제의 자연스러운 진화인 것으로 보였지만, 또 다른 한편으로는 이것이 모두 음악치료로 분류될 수 있을까 하는 의문이 들었다. 윌프리드 로리에 대학교로 돌아온 후, 나는 파일럿 프로젝트에 함께 참여할 의향이 있는지 사중주단에게 물어보기로 결정했다. 나는 이것이 여름 동안 나에게 떠오른 아이디어라는 것 외에는 거의 설명하지 않았으며, 그들이 우리 사이의 전문적인 협업에 관심이 있는지 궁금했다. 그들은 바쁜 교육 및 콘서트 일정으로 인해 일련의 연속적인 세션을 준비하는 것에는 어려움이 있을 수 있음을 고지했지만, 결국에는 이에 동의했다. 여기에 설명된 작업은 지금까지 진행된 두 번의 세션을 기반으로 한다.

(협업) 세션

청취 가이드

세션 1을 설명하는 텍스트를 읽고, 오디오 추출 내용을 들어 보세요⋯⋯. 세션 2를 설명하는 텍스트를 읽고 추출 내용을 들어 보세요⋯⋯. 인터뷰 내용을 읽고 두 가지 즉흥연주를 모두 다시 들어보기를 권고합니다.

첫 번째 세션

우리의 첫 번째 세션을 준비하면서 여러 가지 우려가 있었다. 어떻게 명확하게 내 아이디어를 설명할 수 있을까? 어떻게 음악치료사의 역할을 맡을 수 있을까? 나와 세션에 대한 그들의 기대는 무엇일까? 그들의 연주 잠재력을 충족시키기에 나는 음악적으로 유능한가? 그들도 내가 느끼는 것처럼 긴장했을까? 그룹 세션을 준비하는 방식과 동일하게 장소를 조성했지만, 내가 앞으로의 세션에서는 타악기를 사용하지 않기로 했다(참고: 처음 두 세션은 현악기만 사용했다. 하지만 미래 세션에 타악기를 도입하는 것에 대해 논의했다). 클리닉에 들어서자 사중주단은 조용히 악기를 준비하고 조율했다. 내가 긴장된 목소리로 한 시작의 말은 간결했다. 이것은 음악치료 틀 안에서 음악가들이 함께 즉흥연주하는 가설에 근거한 아이디어의 형성 단계에 있다고 설명했다. 또한, 나는 그들의 연주를 포용하고 반영하는 것이 나의 역할이라고 덧붙였다. 중요한 것은 그들이 즉흥연주를 먼저 시작해야 하며, 음악의 방향은 그들에게 달려 있다고 설명했다.

이어진 침묵은 개시되는 바이올린 악절에 의해 깨어졌으며, 곧 다른 사중주 구성원들도 합류했다. 나는 그들의 연주의 질감을 집중적으로 듣고 어떤 종류의 조성 중심을 정해야 하는지 찾아보려 했다. 깊게 숨을 들이마시고, 나는 적당히 모호한 음정인 장7도(G와 F#)로 시작하여 그들의 음악의 장에 들어갔다. 음악은 즉시 스스로의 삶을 불어넣었다. 구조적으로 음악적 개입은 HIV와 에이즈와 함께 사는 내담자들과의 개발 과정에서 익숙해진 긴 음악적 개입과 크게 다르지 않았다. 일곱 개의 섹션은 짧은 쉬는 휴식 시점을 두고 나뉘있다. 각 섹션을 소개할수록 더 창조적이었다. 나는 나를 숨쉬기 힘들게 만드는 음악적 해방의 경험에 휩싸였다. 즉흥연주가 끝나자 길고 긴 침묵이 흘렀다.

사중주는 내가 겪은 것만큼 흥미를 느끼고, 그 경험에 대해 이야기하기를 열망하는 것 같았다. 악보에서 벗어나 연주하고 음악적인 기대치 없이 연주하는 기회는 그들이 흔히 경험하지 못하는 역동성이었다. 우리는 작업을 계속한다면 어떤 일이 일어날지, 초점은 무엇이며, 음악치료를 통해 그들이 사중주로서 어떻게 도움을 받을 수 있을지 이야기했다. 많은 논의 후, 두 가지 주요 질문이 나왔다. 임상적 즉흥연주는 세션 외의 사중주의 콘서트 연주에 영향을 미칠 수 있을까? 사중주 멤버 간의 상호 관계는 음악적 대화를 통해 어떻게 탐구될 수 있을까? 우리는 이번 학기 후반에 또 다른 세션을 마련하기로 했다.

　돌이켜보니 뭔가 특별한 일이 일어났다는 것을 알았다. 녹음된 테이프를 다시 듣고 왜 이 음악적 경험이 그토록 강렬했었는지 밝히려고 했다. 다른 영역의 임상 작업에서 경험했던 것보다 음악에 대한 심미적 인식과 형성된 인간적 연결이 훨씬 더 정확한 것 같았다. 이 작업은 음악치료에 어떤 영향을 미칠 수 있을까? 거대한 협곡을 바라보는 느낌이 들었다. 만약 이것이 음악치료였다면, 내가 지금까지 경험했던 가장 순수한 형태의 음악, 소통, 그리고 인간적 상태일지도 모른다. 이 맥락에서 치료적 관계와 과정의 경계는 어디에 있을까? 음악은 순수한 표현과 관계로서 어떻게 균형을 이루고 있을까? 나는 이번 세션에서 일어난 일이 매우 중요하거나 전혀 관련이 없는 것 중 하나라고 판단했다. 작곡가, 피아니스트, 그리고 치료사로서 내 역할은 무엇일까? 이렇게 훌륭한 음악가들과 함께 음악적으로 함께 하고, 포용하고, 반영하는 것은 어려운 작업이다. 음악적으로 개입하고 도전해야 할까? 이러한 질문과 다른 질문들은 다음 세션이 시작될 때까지 계속해서 내 생각을 괴롭혔다.

두 번째 세션

　두 번째 세션은 여러 가지 점에서 첫 번째 세션과 달랐다. 첫째, 더 뛰어난 녹음 품질을 얻을 수 있도록 장소를 모린 포레스터 홀(Maureen Forrester Hall)로 변경하기로 했다. 둘째, CBC 라디오 프로듀서인 헬 몬터규(Hele Montague)가 다가와 앞으로 방송될 음악치료 프로그램에 우리의 작업을 포함시키는 것을 제안했다. 우리는 세션 직후 헬이 우리에게 직접 인터뷰를 하는 것에 동의했다. 이 세션에는 두 개의 즉흥연주가 포함되었다. 사중주는 첫 번째 즉흥연주에서 바이올린(제러미와 예지)과 비올라(크리스틴)가 무대를 자유롭게 움직일 수 있고, 첼리스트(폴)는 내가 있는 무대 오른쪽 중앙에 즉시 앉을 수 있도록 요청했다. 피아노 덮개가 열렸고 즉흥연주하는 동안 구성원들은 때때로 피아노의 사운딩 보드를 향해 연주했으며, 나는 서스테인 페달을 아래로 유지하여 소리를 낼 수 있었다. 즉흥연주의 시작은 본질적으로 탐색적이었다.

[오디오 자료 8: 세션 2, 즉흥연주 1]

Arch_Track 08

- 첼로는 느리고 명확한 로맨틱한 레가토 주제를 예고하며 하강하는 글리산도를 연주한다.
- 음악은 탱고 스타일이 되며, 선명한 프레이즈와 개방적인 질감의 연주가 특징이다. 리듬이 형성되고 연주자 간에 주고받는다.
- 짧은 경과구는 음악이 새로운 방향을 찾을 수 있도록 해 준다.
- 빠르고 끊임없는 당김음 섹션이 전개된다. 음악은 강약과 감정적 강도가 쌓인다. 빠른 반복되는 프레이즈가 다음 섹션으로 이어진다.
- 로맨틱한 선율 음악이 천천히 형성된다. 숨막힐 정도로 집중된 청취와 뛰어난 실내악 음악 연주 감각이 발전된다.
- 음악은 고음 상승 바이올린 프레이즈로 절정에 달한다.
- 경과구가 진행된다.
- 마지막 섹션은 당김음이 이어지고, 리듬적이다.
- 음악은 코다(coda)로 향하며 리듬은 덜 강렬해진다.
- 즉흥연주가 종료된다.

두 번째 즉흥연주에서 사중주는 다시금 위치 변경을 요청했다. 이번에는 피아노를 중심으로 모두 동일하게 앉을 것을 요청했다. 둘러싸인 느낌은 강력했으며, 내 연주에 큰 영향을 미쳤다. 음악은 오프닝 바이올린 레(D) 단음에서 전개되었다. 이 단음은 전체적인 음악적 창작을 담고 있으며, 즉흥연주 전체에 걸쳐 구조적인 주요 음으로 떠다니고 있다. 이 즉흥연주에서 느껴지는 관계의 강렬함과 극적인/감정적인 조용함은 음악적이고 감정적인 형태의 힘을 증명한다. 나는 이것이 음악가를 위한 음악치료의 명확한 예라고 생각한다.

[오디오 자료 9: 세션 2, 즉흥연주 2]

Arch_Track 09

- 바이올린의 D 음으로 강렬한 침묵이 깨어진다. 작고 투명한 음의 질감들이 작은 주제들과 얽혀 있다. 소리가 오고 가며, 예민한 청취의 느낌이 있다.
- 음악은 더 많은 방향성과 힘을 얻는다.
- 절정이 도래한다.
- 음악은 더 가벼워지고 질감 면에서 개방된다.
- 두 번째 거대한 절정이 음악을 감정적으로 극에 이르게 한다.
- 음악이 분해되고 비올라가 새로운 멜로디를 이끈다.
- 음악은 작고 투명한 채로 계속된다.
- 세 번째 순식간의 절정이 다시 조용한 내면의 음악으로 이끈다.
- 음악은 점점 작아진다.
- 즉흥연주가 침묵을 지키면 끝나게 된다.

즉흥연주 뒤에 우리는 잠시 침묵 속에 앉아 있다가 라디오 인터뷰를 위해 방으로 이동했다.

인터뷰

HM: 헬 몬태그(면접자), CL: 콜린 리(음악치료사), JK: 저지 카플란(바이올린), JB: 제러미 벨(바이올린), CV: 크리스틴 블랙(비올라), PP: 폴 펄퍼드(첼로)

HM: 펜데레츠키 현악사중주단의 구성원들에게 처음 접근할 때, 무엇을 말했나요?

CL: 사중주단과 함께 일하는 아이디어가 꽤 자연스럽게 나왔습니다. 이전에 음악가와 음악치료사로서 함께 일한 적이 있었기 때문에, 어떤 면에서는 자연스러운 연장이었습니다. 펜데레츠키를 듣고 그들이 음악을 만드는 방식에 대해 생각했습니다. 그들이 음악적으로 상호작용하는 방식과 대인적으로 어떻게 상호작용하는지에 관해서 말이죠. 사중주단이 음악치료사인 나와 함께 자유롭게 연주하고 탐험할 기회를 줄 수 있다면 흥미로울 것 같았습니다. 간단한 아이디어처럼 보였지만 동시에 잠재적으로 많은 것을 담고 있다는 점을 알고 있었습니다.

HM: 어떻게 설명을 했나요?

CL: 열린 마음으로 이야기했습니다. 그저 아이디어일 뿐이라고 말씀드렸습니다. 이 아이디어 자체 외에 이론적 또는 임상적으로 어떤 가정도 하지 않았습니다. 저는 지금도 두 번째 세션을 마치고 난 후에도, 우리가 처음 단계에 있다고 생각합니다. 과연 우리가 하는 것이 무엇인지, 음악치료인가, 단순히 함께 즉흥연주하는 것인가에 대한 질문이 들고, 우리가 실제로 무엇을 하고 있는지 생각하기 시작했습니다. 첫 번째 세션에서 우리는 모두 이에 대해 긴 논의를 했습니다. 우리 작업의 목표는 무엇이어야 할까요? 저는 이것이 아직도 형성 중이라고 생각합니다. 질적 연구원으로서 저는 작업이 자체적인 수준과 방향을 찾을 수 있도록 열려 있기를 원했습니다.

HM: (PP에게) 왜 이 프로젝트가 흥미롭다고 생각하셨나요?

PP: 저는 우리와 같은 그룹을 위한 연주를 즉흥으로 하는 개념이, 정확성과 올바른 연주, 그리고 일관성에 높은 가치를 두는 그룹에게는 다소 두려운 것으로 생각했습니다. 본질적으로 이러한 요소들을 통제하는 것을 잃게 됩니다. 무슨 일이 일어날지 전혀 알 수 없습니다. 상황에 따라 계속 반응해야 합니다. 어떤 계획이라도 없는 상황에서도 즉흥적으로는 어떤 계획이 있는 것으로 가정됩니다. 우리는 모두 서양 음악에 대한 동일한 교육을 받았습니다. 개인적으로 저에게는 도전이었습니다. 무엇이 일어날지 궁금했고, 그리고 사중주가 할 수 있는지 궁금했습니다.

CV: 나는 콜린과 함께 일하고 싶었습니다. 그는 잘 알려진 음악치료사일 뿐 아니라, 훌륭한 사람이기도 합니다. 그의 음악가로서의 에너지를 느꼈습니다. 그룹으로서 그와 함께 일한다면 우리가 혜택을 받을 수 있을 것이라고 생각했습니다. 나 또한 무엇이 나타날지에 대해 개방적이었습니다. 정확하지 않은 것에 참여하는 아이디어는 현재에 있고, 신선하고, 우리에 의해 창조되는 것이며, 그리고 그런 다음 사라집니다. 나는 그것을 좋아했습니다.

JB: 나에게는 즉시 치료적으로 느껴졌습니다. 우리는 방어적이거나 경쟁적인 마음가짐을 가지고 있을 수 없습니다. 그것은 우리 네 사람 중에서 음악을 통해 더 순수한 방식으로 의사소통하는 것 같았습니다. 감정적으로 정화되는 측면에서 그룹으로서 소리를 내는 것과 같았습니다. 당신은 자신의 성격을 드러내고, 다른 사람들을 음악의 흐름에 참여시키려고 노력합니다. 이것은 유럽 바로크 첼리스트인 안너 빌스마(Anner Bylsma)의 한 코멘트를 떠올리게 합니다. 그는 마스터 클래스에서 아침에 20분 동안 즉흥연주를 하라고 말했는데, 그것은 우리의 목소리를 기르고, 음악에 대한 감정적인 반응과 연결을 얻기 위한 것입니다. 나는 이것이 훌륭한 아이디어라고 생각합니다. 이것은 매우 기본적인 연습이지만 정말 훌륭하다고 생각합니다.

JK: 음악의 다양한 각도를 탐구하는 것은 음악가로서 매우 중요합니다. 즉흥연주는 항상 그 중요한 부분이었습니다. 바이올린에서는 즉흥연주를 그리 많이 하지 않지만, 피아노에서는 상당히 많이 즉흥연주하고, 그리고 어렸을 때는 오르간을 연주하고 즉흥연주를 하곤 했었습니다. 즉흥연주는 항상 나를 자유롭게 해 주었고, 매우 계획적이고 심오한 방식으로 동료들과 수년 동안 일한 후에 나는 그들이 창조적인 즉흥연주자라는 것을 결코 알지 못했다는 것을 깨달았습니다. 저는 그것을 탐구하는 데 정말 흥미가 있었습니다. 완벽하게 그리고 특정한 방식으로 모든 것을 완성하기 위해 많은 시간을 보낸 후, 스타일의 차이와 음정의 완벽함 등을 극복하면 즉흥연주를 할 수 있습니다. 서로의 프레이즈와 사운드에 반응하는 다양한 반응과 감정적 내용을 보는 것은 정말 흥미로웠습니다. 우리는 함께 많은 작업을 했습니다. 때때로 즉흥연주를 요청받는 새로운 음악에서는 때때로 우리의 직접적인 감정적 반응을 들을 수 있습니다. 알다시피, 저는 완전히 놓을 수는 없습니다. 즉흥연주를 하다 보면 '아, 이 사람을 따라가고 싶다', '이 사람을 따라가?!', 이처럼 '이 사람을 따라가고 싶다'는 생각이 들 때가 있었는데, 별생각 없이도 본능이 저를 그쪽으로 밀어붙이더라고요. 내가 직접 했을 때는 그런 일이 실제로 일어나지 않았을 것입니다. 그래서 우리의 다른 즉흥연주처럼 특별한 계획을 세우는 것이 아니라, 이 각도를 완전히 열어 두지만, 항상 리허설과 우리가 배워 온 음악, 그리고 콜린과 함께하는 습관으로 돌아갑니다. 나는 그가 우리의 응답을 어떻게 읽을지 듣고 싶었고, 나중에 그것에 대해 그와 이야기하고 싶었습니다.

HM: 세션에서 무엇이 일어나나요? 그 세션이 어떤 구조를 가지고 있나요?

CL: 저는 항상 사중주가 연주를 시작할 때까지 기다려서 음악적 방향이 그들에게 열려 있게 만들어요. 첫 번째 세션에서 우리는 연주를 하고 꽤 오랜 시간을 이야기했어요. 오늘 아침에는 두 번의 즉흥연주를 했고, 이번이 우리가 그 경험에 대해 이야기한 첫 번째 시간입니다.

HM: 언제 연주를 시작할 시간인지 어떻게 알아요?

JK: 두 번째 즉흥연주를 시작했을, 때 모두가 조용해졌어요. 첫 번째 즉흥연주에서는 악기를 가지고 이리저리 다니면서 실험했기 때문에 리더십은 거의 그것에 의해 공유되었어요. 두 번째 즉흥연주를 시작할 때 우리는 "앉아서 어떻게 느껴지는지 보자"고 했어요. 테이프가 시작될 때 아무도 제스처를 보이지 않았고, 아무도 소리를 내지 않았어요. 저는 처음 바이올린처럼 앉아 있었어요. (사중주에서 제러미와 저는 바이올린 위치를 바꿔가며 연주할 때가 있어요.) 그러다가 갑자기 "와, 누군가 신호를 줘야겠다"라는 생각이 들었어요. 저는 음 한 개를 연주했고, 모두가 함께 연주하기 시작했어요. 첫 소리가 곡이 되니까, 이러한 시작은 흥미로웠어요.

CL: 즉흥연주의 시작에는 긴장이 있을 수 있어요. 누가 시작할까요? 만약 아무도 주도권을 가져가지 않으면 긴장을 느끼게 될 수 있어요. 이것은 물론 치료적 과정의 일부예요. 때로는 시작하는 침묵이 아무도 연주하기 싫어지는 지점까지 이를 수 있고, 그러면 긴장이 시작될 수 있어요. 놀라운 것은 여러 가지 수준의 침묵이 있다는 거죠. 제게는 시작하는 침묵이 정말 정화되는 느낌이었어요.

JK: 정말 그렇죠. 제 느낌은 내가 무엇을 하든지, 이것이 전체 즉흥연주의 첫 부분과 그 방향을 시작하게 할 것이라는 거예요. 그것은 진짜 책임이에요.

JB: 첫 번째 즉흥연주에서의 긴장감은 상당히 활발한 활동을 포함했기 때문이었습니다. 처음에는 많은 에너지가 있었고, 그리고 두 번째 즉흥연주에서는 우리가 모두 어떻게 이를 다르게 만들 수 있을까 고민했던 것 같아요. 어디를 탐구할 수 있을까요? 저희는 많이 물러서야 했고, 그게 바로 두 번째 즉흥연주의 느낌이었습니다: 차분함.

CV: 첫 번째 즉흥연주에서 폴과 콜린을 제외하고 우리는 걸어다녔어요. 그들은 땅에 붙어 있었습니다. 그리고 두 번째 즉흥연주에서 우리는 모두 앉아서 피아노 주위에 앉았어요. 어떤 면에서 우리는 서로를 마주 보고 있었는데, 그 안에는 어떤 취약성이 있었어요. 우리는 모두 눈을 감았지만, 여전히 사람들의 존재를 느낄 수 있었어요.

PP: 이 침묵은 존 케이지의 4'32"의 첫 공연이 어땠을지를 생각나게 합니다. 누군가 피아노 앞에 앉아 연주를 준비하고는 실제로는 연주하지 않는 경우죠. 그 작품은 침묵과 관객의 침묵에 대한 반응이 됩니다. 놀랍게도 이것이 청중에게 치료적일까요?

CL: 아마도 그럴 수 있을 것 같아요.

PP: 침묵은 연주와 똑같이 즉흥연주의 일부입니다.

HM: 스트라빈스키는 음악은 해결책을 찾아가는 긴장의 연속이라고 말했습니다. 이에 동의하시나요?

JB: 분명히 긴장과 이완, 그 범위는 상황, 즉 상황에 따라 매우 다를 수 있습니다. 즉흥연주에는 기본적인 내러티브가 있고 그것이 일반적으로 작용한다고 생각합니다. 특히, 오늘의 첫 번째 즉흥연주에서는 더욱 그렇습니다. 우리가 여기까지 가려면 어떻게든 다른 것과 균형을 맞춰야 한다는 느낌이 많이 들었습니다. 우리가 서양 클래식 음악의 서사로 익숙해서인지는 모르겠지만, 우리는 그게 예의 바르다고 생각해요. 나는 두 번째 즉흥연주가 더 공간감이 있다고 생각했습니다. 즉, Feldmanesque가 더 많고 목표 지향적이지 않았습니다[참고: 4인조가 모턴 펠드먼(Morton Feldman)의 음악을 연주했으며 그가 누구인지 설명].

PP: 저 사람은 내가 함께 즉흥적으로 연주하고 싶지 않은 사람입니다. Morton Feldman!

HM: 음악적으로 더 근본적인 질문: 모든 사람이 고전적으로 훈련을 받았고, 고전적인 음악 감각을 가지고 있지만, 음악 감각이 무엇인가요? 음악에 대한 당신의 감각은 무엇인가요? 그리고 두 번째 후속 질문은, 콜린과 함께 작업할 때 이것이 어떻게 변화되거나, 바뀌거나, 다시 확신받게 되는지? 역사적인 것, 그리고 배운 것은 여기서 큰 이슈가 됩니다. 치료를 위해 함께 즉흥연주 하는 것은 무엇일까요? 이 경험이 음악 감각을 재평가하게 만드는가요, 음악이 어떻게 될 수 있는지에 대한 것을요?

PP: 서양 음악의 매력 중 하나는 서로 다른 작곡가의 음악이 그들이 살았던 세계를 반영한다는 개념입니다. 바흐의 음악은 그가 살았던 세계의 청각적 표현이며, 마찬가지로 스트라빈스키의 음악도 그가 살았던 세계의 청각적 표현입니다. 21세기에 접어들면서 기술이 음악 창작에 미치는 영향을 목격하기 시작했습니다. 다른 시대의 음악을 연주하도록 훈련받는다는 것은 흥미로운 일입니다. 우리는 매일 생활에서 경험하지 못하는 세계를 음악적으로 재현하게 되죠. 일종의 시간여행과도 같습니다. 모차르트를 연주할 때 우리는 기계가 없는 시대에 놓이게 됩니다. 당시 가장 큰 소음은 아마도 대장간 두드리는 소리, 거친 돌길 위를 달리는 말발굽 소리, 그리고 천둥소리 정도였을 것입니다. 자연의 소리가 지배적인 환경이었을 거예요. 즉흥연주를 할 때는 모차르트나 베토벤, 브람스의 화음이나 제스처를 사용하더라도, 우리가 사는 세상을 완전히 배제할 수 없습니다. 매일 우리에게 영향을 미치는 것들을 뒤로 남겨 놓을 수는 없는 것입니다. 제레미가 말했던 치료적 효과에 대해 말씀드리자면, 저에게도 마찬가지입니다. 일상의 먼지가 음악 속으로 약간 드러납니다. 우리는 어떤 면에서는 오늘날 토론토 거리를 걷는 것보다 훨씬 더 온화했던 다른 시간, 다른 장소로 데려가 줄지도 모르는 이러한 제스처들로 스스로를 위로합니다.

JB: 전문적인 현악 사중주에 속해 있으면 특정 작품을 연주하도록 요청받고 연주회 날짜가 정해지면, 아침에 일어나도 선택의 여지가 없습니다. 무슨 일이 일어나든지 공연은 계속되어야 하죠. 그날 아침에 일어나 쇼스타코비치를 연주하고 싶지 않을 수도 있습니다. 즉흥연주의 장점은 완전한 통제권을 가질 수 있다는 점입니다. 물론 완전한 통제는 아니지만요. 우리는 동료들에게 예의를 갖추어 좀 더 부드럽게 즉흥연주를 특정 방향으로 이끌어 가도록 권유할 수 있습니다. 첫 번째 즉흥연주에서 저는 활기차고 리드미컬한 섹션을 원했습니다. 잠깐 그런 부분이 필요하다고 느꼈고, 제 동료들도 그렇게 했고 흥미로웠습니다. 저에게 음악은 이와 같은 것입니다. 운동 에너지와 진동을 느끼고 싶고, 가장 즉각적으로 우리를 사로잡는 방식으로 서로 연결되기를 바랍니다. 음악에서 가장 흥미로운 것은 바로 이러한 연결감을 느낄 때입니다. 현악 사중주에서도 이런 순간을 엿볼 수 있지만, 때로는 다른 것에 집중해야 할 때도 있습니다. 앙상블에 집중해야 하죠. 이런 느낌은 덧없을 수도 있습니다. 하지만 이것 역시 즉흥연주의 또 다른 매력입니다.

HM: (CV에게) 임상연주에서 연주를 이끌어 본 적이 있나요?

CV: 이번 세션의 첫 번째 임상 연주를 이끌었습니다. 제가 비올라 연주자로서 그런 측면이 조금 이상하게 느껴집니다. 이상하게 들릴 수 있지만 가끔 연주를 이끌곤 합니다. 분명히 고집스러운 면이 있고 때로는 강하게 주장하기도 합니다. 그러나 즉흥연주 중에 여러 차례 나는 무대 왼쪽에 머물고 싶다는 느낌이 들었습니다. 관객을 바라본다면 나는 여기에 앉아 있습니다. 나는 계속해서 폴에게 끌려다니는 느낌이었습니다. 나는 이제 뭔가에 대해 이것을 털어놓고 싶습니다. 거의 나 자신을 거기 있지 않도록 강요해야 했지만 네, 나는 이끌었습니다. 내가 음악이 무엇인지 말해 보고 싶은데, 잠시만요. 음악을 생각할 때 나는 보편성, 음악이 모든 문화에서 존재하는 보편성을 생각합니다. 우리가 모두 스스로를 표현하는 데 필요한 원시적이고 본능적인 본성. 즉흥연주의 몇 가지 측면은 내가 어릴 때 음악의 소리와 경험에 몰두했던 때를 생각나게 합니다. 나는 자유롭고 어린아이처럼 느낍니다.

JK: 음악에 대한 넓은 시각에 대해 몇 마디를 꺼내 보겠습니다. 나에게 음악은 언어와 같은 의사소통 도구입니다. 나는 나와 관객 사이의 의사소통 역할을 맡고 있습니다. 우리는 작품의 해석을 관객에게 전달하여 작곡가가 전하고자 하는 바를 이해할 수 있도록 노력합니다. 즉흥연주를 할 수 있게 되면 거의 내가 나의 일기를 쓰는 것 같았습니다. 우리는 종종 치료 세션을 말하는 곳으로 생각합니다. 거기서 누군가가 듣고 있습니다. 나는 콜린이 거기에 있었던 것이 나에게 개인적인 순간이었다고 느꼈습니다. 그는 대화 상대로서가 아니라 취약한 자세로 내 안에 있는 것을 말할 수 있도록 해 준 사람으로서 있었습니다. (콜린에게) 나는 당신이 어떻게 생각하는지에 대해 조금 듣고 싶습니다. 내게는 확실히 뭔가를 놓고 나서 나만의 어휘로 말할 수 있는 순간이 있었습니다.

CL: 나는 나와 함께 일하는 사람들과 너무 깊게 공감하지 않도록 해야 합니다. 어떤 면에서는 분리되어 반영해야 합니다. 그렇게 말한 후에, 두 번째 즉흥연주에서는 우리 사이에 친밀감의 쇄도를 느꼈고, 매우 감동받았습니다. 우리 다섯 명이 완전히 함께 있는 것처럼 느꼈습니다. 그때 나는 방어적인 태도를 내려놓았습니다. 이것은 어떻게 음악치료를 인식하는지 바꾸었습니다. 나의 다른 일과 같이 될 수 없었습니다. 우리의 작업에 가정으로 가득 찬 채로 임하고 싶지 않았습니다. 나는 열려 있어야 한다는 강한 필요성을 느꼈고, 음악과 인간으로서의 우리에 대한 질문, 즉 우리가 함께 작업하면서 어떤 식으로든 음악과 관련된 4중주단의 인식을 바꿀 수 있다면 이 경험들은 성공이었을 것입니다. 나도 이것이 내 인식을 바꿀 것이라고 확신합니다. 음악의 보편성에 대해 잠시 돌아가 보면, 나는 왜 음악치료사이자 음악치료의 음악에 대해 열광하는지를 고민하게 됩니다. 저는 음악치료가 음악의 심미학적 특성을 제거하는 위험에 처해 있다고 생각합니다. 그렇기에 그런 일이 일어나지 않도록 역동적으로 행동해야 한다고 강하게 느낍니다. 사중주와 함께 작업하는 것이 그것을 가장 잘 보여 주는 사례입니다. 사중주와 함께 작업하는 것은 치료적이면서도 심미적이며, 따라서 음악치료사로서 이것은 저에게 가장 흥미진진한 경험 중 하나였습니다. 말을 할 수 없고, 몸이 심각하게 손상된 심각한 장애인 내담자와 작업할 수 있지만, 음악 안에서는 우리가 평등할 수 있습니다. 그것이 음악치료가 이룰 수 있는 것에 대해 열정적인 이유입니다. 얼마나 아프고 장애가 있든 간에 누군가와 함께 음악을 경험할 수 있습니다. 두 번째 즉흥연주에서 우리는 평등하다고 느꼈습니다. 오직 그 이유 때문에 우리가 함께 한 것이 명백히 음악치료임을 느낍니다.

JK: 네, 우리는 테이프로부터 특정한 음악적 효과를 찾지 않았어요. 그냥…… 우리가 한 대로, 느낀 대로 했고, 그게 거의 다입니다. 항상 음악을 연주할 때, 심지어 재즈에서도 다양한 상황에서 임상 연주할 때 특정한 음악적 효과와 예술적인 제시를 찾을 거예요. 그런 것 같진 않았어요. 그냥 우리만을 위한 것이었어요.

HM: 여러분이 하는 것이 재즈 즉흥연주 그룹과 어떻게 다른가요?

JB: 이전 댓글을 보충하자면, 저지는 우리가 그릴 수 있는 '어휘'가 있다고 말했어요. 사실, 때로는 Schafer 사중주 중 하나처럼 들리는 순간이 있었습니다. 베베른과 같은 음색적인 순간도 있었고, 그리고 드뷔시 같은 다른 순간도 있었습니다. 그것은 우리 자신의 레퍼토리를 풍부하게 만드는 것으로서, 우리가 전문적으로 하는 레퍼토리를 확장하고 있는 것 같아요.

HM: (콜린에게) 음악치료에서 심미적 요소가 사라지는 것에 대해 이야기했어요. 그것에 대해 설명해 주시고 왜 심미적 요소가 음악치료에서 중요한지에 대해 언급할 수 있나요?

CL: 저는 미국 작곡가 폴 노르도프와 그의 동료 클라이브 로빈스가 시작한 노르도프-로빈스 음악치료 접근법으로 훈련 받았습니다. 저에게 작곡가라는 것은 음악치료사로서의 사고방식의 근본적인 부분입니다. 저는 음악적 상호 관계의 깃발을 높이 휘두르고 싶습니다. 우리가 함께 음악적으로 즉흥연주할 때 무슨 일이 발생합니까? 음악 자체의 어떤 특성이 그것을 그렇게 강력하게 만드나요? 우리는 이것에 대해 끝없이 이야기할 수 있지만, 말을 통해 경험을 정확하게 표현할 수는 없다고 생각합니다. 실제로 음악적 경험을 수치화하고 창조성을 숫자로 바꿀 수도 있지만, 그것이 무슨 의미가 있을까요? 그것은 효과가 있다는 것 외에 우리에게 무엇을 말해 줄까요? 어떻게 효과가 있는지는 훨씬 더 어렵고 중요한 질문입니다.

HM: 두 번의 세션을 진행했습니다. 사중주 그룹으로서 진행 상황은 어떻습니까? 변화하거나, 발전하거나, 어떤 식으로든 변화되기 시작하는 것이 있습니까? 아니면 말하기에는 너무 이른가요?

PP: 저는 제 경험만 이야기할 수 있습니다. 저에게 중요한 것은 기대치를 갖지 않는 것입니다. 변화나 성장, 혹은 침체에 대한 기대도, 좋거나 나쁘거나 무관심할지에 대한 기대도 갖지 않습니다. 단지 그 순간에 최대한 집중하고 그 순간에 이끌려 가는 것입니다. 특정 시점에 말할 것이 없다고 느끼면 무언가를 만들어 내지 말고, 말할 것이 있다고 느낄 때까지 연주를 멈추는 것이죠. 결론적으로 당신의 질문에 대한 답은 '아니요' 입니다. 이 경험이 매혹적이면서 사람들에 대해 배우는 것 같지만, 말로 표현할 수 없는 방식이라고 생각합니다. 음악은 언어적인 영역이 아니라 다른 영역에 존재합니다.

CL: 우리가 하는 일에 심층적인 언어적 심리치료적 의미가 있기를 원하는지는 확실하지 않습니다. 우리가 해낸 것이 의미가 있어야 하지만, 지금 당장 있는 모습 그대로면 충분합니다. 현재 상황보다 더 많은 것을 만들어 내고 싶지는 않습니다.

CV: 저희 그룹 과정에 있어 흥미로운 점은 우리의 역할에 대한 요약을 하는 것입니다. 음악적으로가 아니라, 대인관계 측면에서 우리 과정의 다양한 측면을 표현하고 있다고 생각합니다. 음악 심리치료사가 무엇을 말할지 궁금합니다. 그러면 아마 우리는 '아니요'라고 말하고, 다른 그룹들이 그렇듯이 그녀와 논쟁을 벌일지도 모릅니다.

PP: 전형적인 비올라 연주자다운 견해네요!

CV: 아니에요, 그런 게 아니고 단지 우리의 역동성 요약을 보고 싶을 뿐입니다.

JB: 대인 관계적인 측면에서 일어나고 있는 일과 일어난 일을 평가한다면, 즉흥연주를 할 때 우리 네 명은 모두 평등하기를 원하는 욕구를 항상 느껍니다. 누구도 영웅이 되거나 수동적인 역할을 하려고 하지 않습니다. 누군가가 리드를 하거나, 잠시 물러나는 순간들이 있을지도 모릅니다. 제가 주목하는 것은 우리가 집단으로서 매우 계층 구조가 없는 방식으로 함께 모여 하나의 것을 창작하려고 노력하고 있다는 점입니다. 우리는 일하는 동안 항상 이런 기회를 얻을 수 있는 것은 아니므로, 정말 훌륭한 일이라고 생각합니다.

JK: 함께 즉흥연주할 수 있는 기회를 갖는다는 것은 제게 동료들과 함께 있을 수 있었고, 그들이 제가 매우 개인적인 것을 표현할 수 있었다는 것을 알 수 있다는 것을 의미합니다. 저는 음악 속에서 매우 개인적으로 되려고 노력했고, 여러분 모두 그랬다고 생각합니다. 이런 경험 자체, 우리가 실제로 해냈다는 것, 그리고 이 방에 들어와 그렇게 하는 것을 두려워하지 않고 그저 우리 자신이 되는 것—이것이 앞으로 어떤 도움이 될지도 모릅니다. 무대에서도 매우 다른 방식으로 즉흥연주라는 느낌을 사용해야 합니다. 즉흥연주라는 단어 대신 자발성이라고 말해야겠죠. 무대에서 조금 더 이런 것을 달성하기 위한 또 다른 단계라고 생각합니다. 우리 모두 기대치나 판단 없이 이 경험을 할 수 있었습니다. 저는 이것이 매우 가치 있는 경험이라고 생각합니다.

HM: 작곡이 치료행위라는 질문입니다. 폴, 모든 작곡가는 자신들의 연대와 시대에 따라 작곡한다고 말씀하셨는데, 즉흥연주는 작곡입니까? 그리고 그렇다면 슈베르트나 듀크 엘링턴(Duke Ellington)이 했던 것도 일종의 치료였을까요?

JB: 무언가를 쓰고, 출판하고, 그리고 판매하는 것은 서로 아는 사람들이 참여하고 방 밖으로 나가지 않는 것과는 매우 다른 종류의 선물이라고 생각합니다.

CV: 저는 그것을 소곡이라 부르고 싶습니다. 작곡이라고는 하지 않겠습니다. 어쩐지 작곡이란 용어는 악보 작성과 기록을 내포하는 것 같습니다. 재즈곡에는 멜로디가 있고, 그 멜로디나 '헤드'를 기반으로 하여 코드 진행에 따라 즉흥연주를 합니다. 그래서 그 의미에서는 소곡이 아닙니다. 저는 재즈 수업에서 즉흥연주를 해 본 적이 있고, 우리가 지금 하고 있는 것과 비슷했지만, 그 안에는 좀 더 재즈스러운 리프(Riff)와 릭(Lick)이 있었습니다. 오늘 우리가 한 것은 소곡이었다고 생각합니다. 그것은 소리였고, 음악이었으며 표현이었고, 그리고 실제로 일어났습니다. 우리는 그것을 증명할 테이프까지 가지고 있습니다!

PP: 우리가 하고 있던 것은 연주의 요소를 가지고 있었습니다. 작품이 창조될 때, 누군가 그것을 연주하고 다른 사람들이 듣고, 들을 것이라는 감각이나 적어도 희망, 기대가 있다고 생각합니다. 우리가 지금까지 하고 있던 것의 기본 요소 중 하나는 우리가 다른 누군가를 위해 하고 있던 것이 아니라, 우리 자신을 위해 하고 있었고, 그것이 연주가 아니기 때문에, 그것은 상호작용 이외의 어떤 것도 아닙니다. 우리가 우리 자신의 악기를 사용해 상호작용한다는 사실이 그것을 정의합니다. 우리가 의사소통하고 있다는 것이 아니라, 우리가 어떻게 의사소통하고 있는지에 의해 정의됩니다.

JB: 후세(Posterity)를 위해 한 일은 없습니다.

CL: 작곡을 '형식'이라는 의미로 사용한다면, 그것은 작곡이었습니다. 하지만 완성되어 기록된 어떤 것이라는 의미에서의 작곡은 아닙니다. 제 생각에 어떤 즉흥연주에 있어 중요한 것은 그것이 형식을 가지고 있다는 것, 즉 전체 경험에 대해 형식과 구조가 있다는 감각입니다.

PP: 우리가 임의로 발견할 수도 있는 구조에 매우 인간적이고 지적인 개념을 부과하는 것입니다. 바람이나 바다의 소리를 녹음하고, 우리의 인간적 태도로 구조를 찾아 그것을 작곡이라고 말할 수 있습니다. 그래서 우리는 외부 구조를 부과하고 있지만, 실제로는 구조가 필요하지 않을 수도 있습니다. 저는 우리가 한 것이 구조를 가지고 있다는 데 동의하지만, 반드시 그런 용어로 볼 필요는 없다고 생각합니다.

CL: 나는 음악치료사의 음악적인 역할은 형식과 구조를 제공하는 것이라고 생각합니다. 그래서 저지가 두 번째 즉흥연주에서 시작 음 'D'를 연주할 때 말한 것을 다시 생각해 보면, 나는 항상 음악 전체에 떠오르는 조성을 보는데 그것은 이번 경우에는 저지의 시작 음 'D'였습니다. 나는 반주로 'A'를 연주했던 것 같아요. 'D'는 음악에 형식과 연속성을 줄 수 있는 잠재력이 있었습니다. 그래서 그것이 즉흥적이고 순간적이기는 하지만, 나는 지적으로도 생각하고 있었습니다.

PP: 네, 이해했습니다.

이 인터뷰는 여러 면에서 흥미로운 것이다. 변화 중인 작업의 느낌이 있다. 두 번의 세션 이후에 사중주는 미래의 작업을 위한 헌신적인 것이다. 우리 중, 아무도 우리의 생각에 고정되어 있지 않다는 것은 모든 가능성이 여전히 열려 있다는 것을 의미한다. 음악적 사례는 사중주뿐만 아니라, 음악치료 전반에 대한 음악가와의 협력의 잠재력을 보여 준다. 크리스틴(비올라)의 질문에 대한 반성으로, 어떻게 정신 분석가가 그들의 작업을 볼 수 있을지에 대한 생각을 하면서, 나는 변화하는 과정에 대한 그룹 음악 심리치료사의 의견을 청취하기로 했다. 다음 해석은 심리치료적 관점을 제공하고 담론에 더욱 풍부함을 더한다.

그룹 음악 심리치료사(하이디 아호넨-에리카이넨)의 관점

그룹 분석가이자 음악 심리치료사로서, 나는 비지시적 즉흥연주가 강력한 기법이 될 수 있으며, 다양한 음악적 이미지들이 무의식으로 향하는 길잡이가 될 수 있다는 것을 경험했다. 음악 그 자체가 바로 치료이다. 그럼에도 불구하고, 연주자들의 마음속에서 많은 일들이 일어날 수 있다. 개별 그룹 구성원들은 서로 다른 소리를 내며 함께 음악을 만든다. 각 악기는 그룹의 독특한 소리를 만들기 위해 필요하다. 하지만 음악적 표현에 있어서는 전형적인 것처럼, 종종 말로 표현할 수 있는 것을 넘어서게 된다. 그것은 우리의 말을 넘어선 것이다.

나는 그룹 분석적 관점에서 인터뷰를 읽는 것에 관심이 있었고, 펜데레츠키 현악 사중주와의 두 세션 동안 그룹 분석적 음악치료(Ahonen-Eerikaninen, 1999)에 공통적인 요소들이 나타났는지 조사하고자 했다. 그룹 분석적 음악치료는 개인의 내면세계와 정신역동에 대한 통찰을 제공한다. 즉, 그룹 구성원 간의 상호작용과 그룹 매트릭스, 즉 그룹 전체 사이의 상호작용적 영역을 의미한다. 음악은 그룹 매트릭스의 다양한 수준에서 움직일 때 자신만의 역할을 가지게 된다. 사회적 상호작용의 수준에서, 전이의 수준에서, 투사적 수준에서, 그리고 집단 무의식의 수준에서(Foulkes, 1964; Kreeger, 1991; Salminen, 1997). 이러한 그룹 매트릭스의 수준은 음악치료 과정에서 판별될 수 있으며, 펜데레츠키 현악 사중주와의 작업에서도 발견될 수 있다.

사회적 상호작용의 수준

그룹 구성원 간의 상호작용은 음악의 비언어적 언어를 통해 달성될 수 있다. 음악의 역할에는 자신과 타인에 대한 이야기를 전달하는 수단이 포함된다. 음악에서는 말하지 않고도 메시지를 보내고 받을 수 있다. 동시에, 감정적 수준에서 이해되고, 받아들여짐을 경험할 수 있다. 사회적 상호작용의 수준은 그룹 음악치료에서 제시되며, 이 아이디어는 두 번의 즉흥연주 후 인터뷰에서 자극되었다.

- "저에게 있어 음악은 커다란 의미에서 소통의 도구, 언어와 같습니다."
- "즉흥연주를 할 수 있었던 것은 마치 내 자신의 일기를 쓸 수 있는 것처럼 느껴졌어요."
- "다른 응답과 감정적 콘텐츠를 보는 것이 흥미로웠습니다."
- "다른 사람들을 음악의 흐름에 참여시키려고 노력합니다."
- "어떤 종류의 계획도 없이 계속해서 대응해야 합니다."

전이 수준

음악은 연주자를 그/그녀의 과거로 데려가고, 삶의 상황을 대표하거나, 그리고 음악을 통해 반영된 유사한 기분을 가진 사람들을 묘사할 수 있다. 예를 들어, 음악은 우리가 알고 있는 상황이나 사람을 상기시킬 수 있다. 음악은 또한 이전 삶의 상황과 '비슷하게' 느껴질 수도 있다. 일상적 방어 수준의 그룹 구성원은 그/그녀의 일상생활에서와 같은 운영 전략과 감정 패턴에 따라 행동한다. 그룹의 단계와 감정의 전이(transference)에 따라 이러한 전략이 움직이고 보호 조치를 취할 수 있다. 사중주의 즉흥연주는 연주자들의 관계의 순수한 표현이었다. "우리가 즉흥연주를 할 때, 우리 넷이 모두 동등하길 원하는 욕구를 항상 느낍니다. 아무도 영웅이 되려 하거나, 수동적이 되려 하지 않습니다……." 자유 즉흥연주 중에는, 소리가 여러 전이 형태를 만들 수 있는데, 그룹이 자신의 감정과 생각을 위치시킬 수 있다. "모차르트, 베토벤, 브람스의 화음이나 제스처를 사용할 때조차, 당신의 세계를 떠날 수 있는 방법은 없습니다. 당신의 일상생활에 영향을 미치는 것들을 뒤로 하고 떠날 수 있는 방법은 없습니다."

투사적 수준

그룹 구성원은 음악이 '나'를 대표한다고 느낄 수 있다. "이것이 내 모습입니다.", "이 음악은 나처럼 들립니다." 우리는 우리 자신의 원시적 환상과 내면의 세계, 예를 들어: 희망, 두려움, 다양한 종류의 내면적 인물 및 부분 대상들을 음악, 다른 그룹 구성원들, 그리고 전체 그룹의 특징에 투사할 수 있다 (Foulkes, 1964; Salminen, 1997). 투사적(projective) 동일시는, 또한 음악적 이미지에서도 나타난다.

- "당신은 당신의 개성을 드러낼 수 있습니다."

- "당신은 이러한 제스처로 스스로를 달래고, 이러한 제스처로 다른 시대나 장소로 데려갈 수 있습니다. 그것은 오늘 토론토 거리를 걷는 것보다 훨씬 온화한 시간이었습니다."
- "즉흥연주에서 나는 자유롭고 어린아이 같이 느꼈습니다."
- "가장 직접적으로 당신을 사로잡는 방식으로 진동을 느끼고 싶어 합니다."
- "당신은 항상 잘 연결되어 있습니다."

집단 무의식의 수준

나는 그룹 분석적 모델에서 음악치료사로 일하면서, 음악을 통해 떠오르는 심상과 상징이 잠재적으로 의미가 있는 개인적 대상임을 믿는다. 이들은 다음 날 아침에 생각해 볼 수 있는 꿈과 같다. "어째서 어젯밤에 그런 꿈을 꾸었을까?" 모든 사람은 자신과 그들의 내적 및 외적 세계에 대한 특정한 정신적 이미지를 가지고 있다. 즉흥의 목적은 자신의 내부 심상 지도를 확장하고, 새로운 대안을 찾고, 문제 해결을 활성화하며, 그리고 새로운 시각과 가능성을 찾는 것이다. 목적은 또한 잠재의식의 내용을 끌어내고, 새로운 감정과 정신적 통합에 직면하는 것일 수도 있다. 즉흥연주 중에 현악 사중주의 감정과 이미지를 공유하는 것은 흥미로웠을 것이다. 집단 무의식(Collective unconscious)의 수준이 그룹 구성원들의 음악적 이미지에서 명백해지는 경우가 많기 때문이다. 집단적 상징은 인류 초기의 꿈, 환상, 그리고 두려움에서 유래한다(Salminen, 1997). 즉흥연주 중에는 유사한 주제를 중심으로 그룹의 연합이 생기는 것이 일반적이다.

콜린이 이 작업에 대한 심리치료적 관점에 관하여 몇 가지 써달라고 요청했을 때, 나는 먼저 음악을 듣기로 결정했다. 사무실 문을 닫고 가장 밝은 불을 끄고, 의자에 편안하게 앉은 자세를 취하고 눈을 감고 음악의 세계로 들어갈 준비를 했다. 나는 아름다운 '여행'을 했고, 많은 다양한 감정과 이미지들을 경험했다. 이러한 이미지 중 일부는, 예를 들어 자연을 언급하는 것들은 원형적이었다.

침묵

지상의 평화

깊은 물의 잔잔한 표면

하지만 나는 혼자가 아니다.

우리 모두 기다린다.

기다림이 풍경을 채운다.

이미 오고 있는가?

나는 준비되어 있다.

물의 표면이 유리처럼 밝다.

혹은 이것은 단지 반영일까?

슬픔?

모든 것을 느리게 하는 느린 슬픔인가?

이제 시작된다.

물의 표면이 움직인다.

거기 무언가 있다.

그것은 그 순간을 기다린다……

맞다!

그것이다!

거기 있다! 불꽃놀이. 오로라. 화산. 우주의 정상!

그것은 충만하다! 그리고 파문을 일으킨다! 그리고 너무나 충만하다. 자유롭다!

나는 듣는다.

나는 너를 만난다.

나는 공유한다.

우리는 함께 있다.

우리는 혼자다. 우리는 동등하다.

음악을 듣고 내 이미지와 감정을 쓴 후에, 나는 인터뷰를 읽었다. 그들이 연주에 대해 비슷한 감정을 가지고 있었다는 것을 알게 되어 놀라웠다. 동등함에 대한 나의 느낌도 사중주의 한 구성원에 의해 표현되었다. 우리 모두 긴장 해소와 자유에서 어느 정도 카타르시스를 경험했다. 예를 들어, 사중주는 과정을 '제어를 잃는 것'이라고 표현하며, '무슨 일이 일어날지 결코 모른다' 그리고 '경계를 내려놓을 수 있다' 그리고 '감정적으로 정화되는 것'이라고 말함으로써 설명했다. 스트라빈스키의 '음악은 해결을 찾는 일련의 긴장의 연속이다'라는 생각은 내 음악 이미지에서도 강조되었다.

치료사의 역할

그룹에서 치료사의 역할은 중요했다. 치료사의 즉흥연주는 치료적 개입으로 가득 차 있었다. 그는 그룹 구성원들을 지원했고(화음, 주제, 역동성), 그들이 드러낸 다른 음악적 아이디어를 반영했다. 그는 또한 그룹의 음악적 쉬는 순간도 존중했다. 그룹 구성원 중 한 명은 "침묵은 연주하는 것만큼 즉흥연주의 중요한 부분이다"라고 말했다. 치료사가 그룹을 이끌려고 하지 않고 오히려 그들이 즉흥연주의 방향을 선택하도록 하는 것이 중요했다. 치료사의 음악은 잡아주고 수용하는 것이었다. 그는 음악적 개입을 통해 개별 그룹 구성원의 감정과 그룹 전체의 음악을 반영했다. 그는 지지적이었고 그룹 구성원들이 자유롭게 자신을 표현하도록 허락했다. 나는 치료사가 치료적 분위기가 발전하도록 허용하는 보호 조건을 만들었다고 생각한다. "저는 콜린이 거기에 있다고 느꼈어요……. 매우 개인적이면서 반드시 상호작용하는 사람으로서가 아니라, 저를 취약하게 만들고, 내 안에 있는 것을 말할 수 있게 해 주는 사람으로서 거기에 있었습니다."

마무리 생각

실내악은 음악적 관계의 가장 친밀한 형태 중 하나이다. 그룹들은 종종 많은 해 동안 밀접하게 협력하며, 음악과 동료 구성원들에 대한 그들의 헌신이 있기에 '결혼'의 의미가 있다. 음악치료에서의 지속적인 그룹과 마찬가지로, 그룹이 번성하고 생존하려면 해결해야 할 투쟁과 긴장이 나타나게 된다. 훌륭한 그룹의 연주와 평범한 그룹의 연주를 구분 짓는 요소는 무엇일까? 이것은 신비로운 연주를 탄생시키는 음표의 조합 이상이다. 뛰어난 실내악은 음악적 민감성과 각 연주자의 개성적 반응에 대한 이해의 결합이다. 음악가들이 대인 관계의 중요성을 항상 인정하지는 않지만, 그것이 동등하게 중요한 역할을 한다는 것에는 의심의 여지가 없다. 음악치료에도 동일한 문제가 발생한다. 어떻게 하면 그룹이 치료적인 연주 방식을 촉진할 수 있을까? 그룹 구성원과 내담자 간의 관계, 그에 따른 음악적 대화, 각 그룹 구성원의 음악적 개입, 그리고 이를 반영하고 도전하는 치료사의 전문 지식이 과정의 잠재력을 가져오게 된다. 예술적이든 치료적이든, 동료 음악가들과 함께 민감하고 개방적인 방식으로 연주하기 위해서는 각 구성원이 여러 수준에서 심도 있게 듣는 것이 필요하다. 즉흥연주에서 펜데레츠키 실내악 감각이 더욱 예민해졌던 것은 미리 작곡된 음악을 통해서는 불가능한 수준에서 서로 듣고 반응할 수 있었기 때문이라고 나는 생각한다. 그들은 음악적 정밀함의 엄격함을 극복하고 그들의 관계를 진정으로 반영하는 음악에 들어갈 수 있었다. 이는 실내악과 그룹 음악치료 과정이 많은 공통 요소를 가지고 있음을 보여 준다. 그들은 음악적 정밀함의 엄격함을 통과하고 그들의 관계의 진정한 반영이었던 음악속으로 들어갈 수 있었다. 이것은 실내악과 그룹 음악치료 과정이 많은 공통 요소를 가지고 있음을 방증하는 것이다.

심미학적 음악치료의 발전은 음악과 임상 형식이 공통의 기초를 가지고 있다는 가정에 기반한다. 음악가들과의 음악치료는 음악과 치료를 결합한 본질적인 정수이며, 이는 가장 순수하고 진실된 형태의 심미학적 음악치료의 예시이다. 활동적인 음악치료사로서 나는 수년 동안 작곡가와 음악치료사 사이의 균형을 찾고, 치료 및 음악 분야 모두에서 존경받을 수 있는 작업 방식을 받아들이려고 노력했다. 이것은 진정으로 음악 중심적인 접근 방식으로 이어지는 연결이다. 심미학적 음악치료의 실증적이고 과학적인 근거에 대한 강조에 대한 흥미로운 반응은 음악에 대한 인간적 접촉에 대한 깊은 믿음에서 비롯된다. 예술적이고 창조적으로 되는 것은 자유롭고 완전한 것이다. 현악 사중주와 함께 하는 음악치료는 다른 현명한 아이디어들의 잠재력을 증명하는 임상 실습에 대한 새로운 접근 방식을 제공할 수 있다. 이러한 새로운 발전에 열려 있다는 것은 우리 작업의 무한한 가능성을 기뻐하는 것이다. 이 장에서 제기된 질문과 접근 방식은 완벽하지는 않지만, 부끄러움 없이 그리고 강렬하게 음악적이라고 믿는다. 펜데레츠키 현악 사중주와 함께 하는 이 작업은 많은 문을 열어준다고 나는 생각한다. 그 너머에 무엇이 있는지는 나도 확실히는 모르겠다.

제 14 장

작곡가의 관점에서

시인, 화가 또는 음악가의 업무 중 일부는 우리의 아름답고 우아한 감각을 새롭게 하는 것입니다. 내가 작곡하는 음악에서 내 세대의 일부 사람들이 그들의 내면의 삶에서 상쾌함을 발견할 수 있는 소리를 만들 수 있다면, 나는 제대로 내 일을 하고 있는 것입니다.

–Michael Tippett, Moving into Aquarius(1959)

음악치료 과정과 매우 유사하게, 작곡은 예측하지 못한 것을 통해 이루어진다. 이것은 딜레마이자 창조성의 잠재적 불꽃이다. 순간순간 흘러나오는 음의 존재를 허용하고 그것에 영향을 받는 것은 음악적 실재의 정신을 담고 있다. 작곡한다는 것은 모든 가능성에 열려 있다는 것이다. 빈 페이지는 개인적인 표현을 탐구하고, 구상할 수 있는 무한한 잠재력을 제공한다. 이것이 모든 예술가에게 주어지는 도전이다. 음악성은 지식에 의해 제한되어서는 안 되며, 작곡은 규칙에 의해 얽매여서는 안 된다. 우리의 내담자들은 삶의 모호성, 질서와 혼돈, 그리고 질병과 생명 사이의 균형을 맞추는 문제에 직면한다. 음악은 이러한 불일치를 바로잡고, 인간의 힘을 제공할 수 있다. 작곡가들은 음악치료에 무엇을 가져다줄 수 있을까? 작곡 과정과 치료과정 사이에 유사점이 있는가? 내담자를 작곡가이자 예술가라고 생각하는 것은 무엇을 의미할까? 내담자는 치료과정의 빈 페이지다. 이는 평등을 가능하게 한다. 이것이 심미학적 음악치료의 본질이다. 치료사와 내담자가 함께 관계의 디자인과 방향을 발견하는 것처럼, 이것은 음악적 잠재력을 통해 반영된다. 작곡가로서의 내 길이 기쁨과 두려움 두 가지에 의해 좌우되는 것처럼, 음악치료사로서의 성장에서도 나는 알려진 것과 결코 알 수 없는 것을 균형 있게 유지해야 한다. 우리가 자유와 구조를 균형 있게 유지할 수 있다면, 임상과 예술 사이의 연결에 대한 우리의 이해는 더욱 명확해질 수 있다.

내가 작곡가로 초기 활동을 할 때, 나는 내 음악적 목소리를 찾는 것에 몰두했다. 수많은 스타일과 예술가의 영향을 받고, 백인 중산층 환경에서 자라면서 나는 개인적인 투쟁을 표현하는 음악을 쓰고 싶었다. 내가 순진했지만, 음악은 소리와 인간의 잠재력을 모두 포용한다는 것을 알고 있었다. 나를 감동하게 한 음악은 또한 세상을 인식하는 방식에도 영향을 미쳤다. 그것은 나에게 현대적 사고 너머를 바라보고, 새로운 음악적 한계를 받아들이도록 영감을 주었다. 나는 존 케이지(John Cage)와 코넬리우스 카듀(Cornelius Cardew)의 실험 음악, 그리고 제럴드 핀지(Gerald Finzi), 벤저민 브리튼(Benjamin Britten), 그리고 특히 마이클 팁펫(Michael Tippett)의 낭만주의 영국 전통의 영향을 받았다. 이와 함께 프랭크 자파(Frank Zappa)와 킹 크림슨(King Crimson)의 아방가르드 록 음악 발전이 있는데, 이는 케이트 부시(Kate Bush)와 해리 채핀(Harry Chapin)의 팝송에 대한 내 사랑과 균형을 이루었다. 작곡 과정은 창조적인 힘과 내 음악적 표현이 독특하다는 불확실함이 함께 느껴지는 것 같았다. 이러한 다양한 영향은 작곡가로서의 나의 성장에 영감을 주기도 하고 당황케도 했다. 나는 내 음악, 그리고 나만의 천상의 음악을 찾고 싶었다. 나는 지금 음악치료사로서 내 내담자에게 제공하려고 하는, 음악 속에 휩쓸리는, 그리고 열정적인 힘의 느낌을 얻고자 했다. 불편하면서도 빛나는 열정의 힘이 결합하여, 창조 과정에 투자하는 사람들에게 오랫동안 지속되는 인상을 남기는 것이다. 나는 음악에서 열정적이기를 원했고, 나에게 더 높은 수준의 음악적 낙원을 찾아줄 작곡가와 음악가를 찾았다. 오늘날까지도 나는 내 내담자와 나 자신을 위해 보다 깊은 수준의 음악적 낙원을 찾고자 한다.

나도 모르는 사이에 자연스럽게 작곡가로서의 성장이 음악치료사가 되는 길로 이어졌다. 많은 음악가들에게는 고급문화 예술을 즐기는 청중을 위한 음악 제공에서 느껴지는 공허함이 있다. 음악은 단지 돈을 낼 수 있는 이들만이 아닌, 더 많은 사람들에게 제공되어야 한다. 나는 더 개인적이고, 직접적인 형태의 음악적 소통을 찾아야 한다는 필요성에 의해 내 길이 활력을 받았다. 서양 클래식 음악은 대체로 엘리트주의적이며, 정보에 밝지 않은 이들을 위한 옹호자가 되지 않는다. 장애가 있는 사람들도 다른 모든 사람들처럼 오케스트라 콘서트나 오페라에서 즐거움을 얻을 수 있다고 생각하는 것이 우선순위로 여겨지지 않는다. 우리는 어디에서 장애인이 콘서트에 적극적으로 참석하도록 권장하는 홍보나 광고를 볼 수 있을까? 서양 콘서트 전통은 엄격한 비문서화된 규칙에 얽매여 있다. 사람들이 이러한 규칙에 따르지 못할 경우, 현상 자체가 해체될 위험이 있다는 우려가 있다. 이것은 잘못된 일이 아닐까? 이러한 문제들을 다루면서 나는 음악치료로 전환하게 되었다. 놀랍게도 음악치료는 정확하고 정의된 음악적 소통에 관한 것이었다. 장애와 질병은 과정의 일부일 뿐이다. 영감과 성장의 원천은 음악 자체에서 제공되었다. 나는 기대와 환희의 감정으로 음악치료에 참여했으며, 시간이 지나도 그 감정은 줄어들지 않았다. 15년의 지속적인 연구를 통해, 심미학적 음악치료를 통해 음악과 임상을 나의 작업에서 통합하는 음악적 인간성의 진실, 그리고 그것에 적합한 균형을 찾았다.

작곡가/음악치료사가 되는 것은 무엇을 의미할까? 작곡 과정이 치료과정에 어떻게 영향을 줄 수 있을까? 내담자에 대한 모든 음악적 진술과 반응은 전체 구조 내에서 구성되어야 하며, 음악적 및 인간적 반응의 미묘함을 주시하고 듣게 된다. 음악적 순간의 미세한 부분은 섬세하게 균형 잡힌 절차이다. 가장 작은 움직임, 제스처, 또는 음악적 반응이 음악의 방향, 세션 자체, 그리고 전체적인 목표를 바꿀 수 있다. 화음의 내부 음정, 가장 미묘한 리듬 패턴, 또는 선율적 변화의 섬세한 변동은 치료 방향에 예민한 영향을 미칠 수 있다. 겉보기에 가장 중요하지 않은 음악적 요소들도 중요해진다. 세션의 전체 구조 위에 균형을 유지하면서 음악적 의식을 분할하는 것은 치료사의 전문성 측면에서는 끔찍할 정도로 정확해야 하지만, 내담자에게는 기적적으로 해방적인 경험이다.

　음악치료사로서의 형성기에 나는 의식적으로 작곡가로서의 자기(Self)와 임상가로서의 자기(self)를 분리하려고 노력했다. '음악치료 언어'는 나를 동료들과 멀어지게 했다. 대화는 항상 심리학적, 의학적, 또는 심리치료적 이론과 관련되어 있었지만, 음악적인 것은 결코 아니었다. 내 관심사가 다른 방향에 있었기 때문에, 나는 가입할 수 없는 전문가 클럽이 있는 것처럼 보였다. 많은 세월 동안 나는 내 작업에서 작곡가를 부인하려고 했다. 임상적이라는 것이 어떤 방식으로든 자유롭게 작곡하거나 예술적이지 않아야 한다고 느꼈다. 그때는 내가 왜 그랬을까? 이것이 당시 영국의 음악치료와 내가 발전시키고 있는 작업에 대해 무엇을 말해 주는 것이었을까? 이전 장에서 강조했듯이, 나는 음악과 음악치료의 관계가 새로운 천년기에 부응하여 변화하고 있다고 믿는다. 치료사들은 인식, 관계, 그리고 음악과의 내면적 연결에 대한 새로운 방향을 예고할 준비가 되어 있다. 심미학적 음악치료는 음악과 임상 실습을 인식하는 새로운 방식을 옹호한다. 이것은 전문직을 도전하여 음악치료에서 음악의 역할을 재평가하도록 한다. 작곡가/음악치료사 또는 연주자/음악치료사가 되는 것은 존재의 개념적인 방식의 그 이상인 것이다. 이는 임상 실습과 예술성 모두에 정보를 제공할 수 있는 이론이다.

　나는 음악치료사가 되기 전에 작곡가로서 로런스(D. H. Lawrence)의 시 'The Final Mystery'를 바탕으로 바리톤 목소리와 피아노를 위한 노래를 작곡했다. 되돌아보면, 내가 임상적 즉흥연주자로 성장하면서 영향을 받은 작곡적 접근 방식을 볼 수 있다. 음악은 네 가지 주제적 아이디어로부터 발전되었다. ① 기본 화음, ② 빠르게 움직이는 고음부 대위법, ③ 2성 인벤션, 그리고 ④ 옥타브. 아이디어들은 제시되고, 발전되며, 전체에 의존하는 구조를 형성하기 위해 상호 연결된다. 주제들은 발전되고 다른 위치로 이동된다. 노래가 발전함에 따라 주제 간의 복잡성은 더욱 미묘해진다. 이것은 임상적 즉흥연주의 과정과 명확히 연결될 수 있다. 치료사는 반복될 수 있고, 정의되며, 기억될 수 있는 주제를 작곡해야 한다. 개방적인 음악 창작을 위한 정교한 작품을 만들기 위해 결합되는 반대 주제(Counter theme)가 만들어진다. 임상적 즉흥연주의 음악적 발전은 두 명의 공동 창조자에게 달려 있고, 상대적으로 작곡은 한 사람의 세련된 산물이라는 사실에도 불구하고 주제, 발전 그리고 재현의 철학은 동일하다. 제9장에서 논의한 것처럼, 음악 형식과 임상 형식 사이에는 명확한 연관성이 있다.

화성 진행([그림 25] 참조)은 노래의 마지막 확장 부분에 안정성을 제공한다. 화음들은 분리된 경험으로 남을 수 있지만, 상호 연관성에 의존하는 음악적 결속을 형성하기 위해서도 사용된다. 나는 기초가 되는 느낌(3번 및 6번 화음)과 동시에 중단된 느낌(5번 및 9번 화음)을 주고 싶었다. 나는 명확한 조성 중심을 제공하는 것을 피하고, 노래는 두 개의 중첩된 7화음을 기반으로 하는 코드(13번 화음)로 끝냈다. 화음 자체는 그 구성에서 예측 가능하지는 않았지만, 분명한 조성의 느낌을 준다. 임상적 즉흥연주에서 화성 진행의 전개는 치료과정에 대한 우리의 이해를 말해 준다. 지나치게 단순화된 화음은 창조성을 백지화할 수 있다. 화음과 그 관계는 인간관계와 다르지 않다. 그것들이 더 풍부하고 정교해질수록 더 깊이 발전하게 된다. 내담자에게 음악적으로 토대가 되는 느낌을 주면서도, 어떤 추정된 조성 중심으로부터 자유롭게 이탈할 기회를 제공하는 것이 중요하다. 화성 진행은 모든 가능성에 열려 있어야 하며, 진부하거나 예측할 수 있는 것을 피해야 한다.

[그림 25]

작곡가/음악치료사로서의 명확한 예는 2번 주제의 대위법적 인벤션([그림 26] 참조)이다. 이는 HIV를 앓는 내담자와의 음악치료 세션에서 직접적인 개입으로 사용되었다. 당시 내담자는 실로폰의 고음부에서 즉흥연주를 하고 있었다. 연주는 빠르게 진행되었지만, 구체적이지 않았다. 내가 음악적으로 만나서 발전시키고 싶었던 동요된 우아한 질감이 있었다. 트릴이 가미된 화려한 음악과 이 주제의 빠르게 움직이는 대위법은 이러한 상황에 딱 맞는 음악으로 느껴졌다. 나는 치료적으로 만들기 위해서, 그리고 음악적인 강도를 높이기 위한 수단으로 주제적 소재를 사용했다. 형식은 4성 인벤션으로 발전했으며, 피아노에서 3개의 성부가, 그리고 실로폰에서 하나의 성부가 연주되었다. 감정적 질감이 성장함에 따라, 음악의 복잡성도 높아졌다. 이 음악은 올바른 선택으로 증명되었으며, 음악적이고 감정적인 자유의 경험을 가능하게 했다. 내담자는 경험에 대한 인상을 이렇게 말했다.

> 음악은 제가 그 당시 느꼈던 것과 같은 느낌이었습니다……. 좌절했습니다. 저는 신경 쓰지 않았습니다. 적대감과 분노를 느꼈습니다. 저는 소리 덩어리를 만들고 올바르게 하려고 애쓰는 모든 감각을 잃어버림으로써 이것을 표현하고 싶었습니다. 음악의 고차원적인 질감은 트릴과 잘 어울렸습니다. 우리 둘 다 고음부의 주제를 탐구했습니다. 심미학적 관점에서 볼 때, 이렇게 자유롭지만, 형식적으로는 질감이 있고 형식이 있는 음악적 표현 방식에 대한 의문이 제기됩니다. 음악의 긴장감은 강렬한 아름다움의 전체적인 구조 속에서 균형을 이루고 있습니다.

세션을 상세한 사정평가 그리고 내담자에 대한 평가를 통해 반영하면서 다른 의미들이 제기되었다. 내담자는 음악이 그의 적대감, '올바르게 하려는' 노력의 부재, 그리고 음악의 압도적인 심미적 내용을 어떻게 표현했는지 설명했다. 심미학적 음악치료는 이러한 이해에 대한 직접적인 반응이다. 분노라는 감정과 대면하는 것이 치료적일 수 있고, 예술적 틀 안에 갇혀 있는 것은 심미학적 음악치료의 본질을 말해 준다. 작곡에서 주제를 직접 가져와 세션에 적용한 것이 이번이 처음이었기 때문에, 이번 음악적 만남의 기억은 생생하다. 내가 연구하고 수년에 걸쳐 발전해 온 것이 바로 이러한 다리를 놓는 것이었다.

2성 인벤션([그림 27] 참조)은 치료사와 내담자 간의 음악적 평등을 제공하는 역동적인 수단이 될 수 있다. 임상 기법으로서 서로 얽힌 멜로디 라인은 복잡하다. 음역, 주제적인 소재의 정교함, 악기의 음색, 그리고 부분 간의 상호 관계는 모두 과정에 영향을 미치게 된다. 치료사로서 반응적이고 반영적인 음악 라인을 찾으며, 치료 방향에 도전할 수 있는 능력을 갖추는 것이 중요하다. 옥타브([그림 28] 참조)도 신중하게 선택되면, 명확한 임상적 결과를 낼 수 있는 특정 음악 자원이 된다. 이 경우 이전 주제와 유사하게 피아노 파트의 옥타브는 2성 인벤션을 기반으로 한다. 옥타브 라인의 상승과 하강은 목소리와 음정의 연관성에 대항하여, 기본적이지만 지지받는 음악적 전체를 제공하고 있다. 종종 내담자는 자유롭게 구성된 음악적 아이디어를 노래하거나 연주한다. 치료사의 책임은 열린, 그리고 합리적인 반응을 찾는 것이다. 옥타브는 토대 만들기와 지지를 제공할 수 있다. 반드시 조성을 암시하는 것은 아니며, 치료적으로 균형을 이룰 수 있는 능력에 관한 것이다. 정확히 선택된 옥타브는 순간의 지속 가능한 가능성과 세션의 계속되는 방향에 대해 열린 음악적 반응의 자유를 허용할 수 있다.

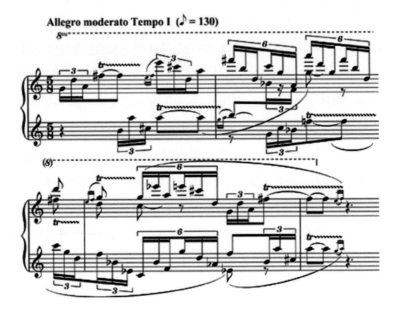

[그림 26]

[그림 27]

[그림 28]

균형과 창작

작곡가이자 음악치료사라는 것은 상상력과 집중력의 독특한 조합이다. 학문 분야를 융합하는 계시는 사고, 아이디어, 그리고 창조성의 결합을 제공한다. 임상적 즉흥연주는 내담자와 치료사가 세상과 그들 자신의 위치에 대한 감각을 재발견할 수 있도록 해 준다. 작곡가로서 나는 청중에게 내면세계에 대한 더 깊은 이해를 제공하는 것을 목표로 한다. 이런 의미에서 작곡과 음악치료는 같다. 음악은 영감의 근원이며, 진정한 치료는 음악적 혁신을 통해 시작된다. 음악가가 될 기회와 능력은 선물이며, 음악치료사가 되는 것은 훨씬 더 큰 선물이다. 음악이라는 독특한 계시를 사람들과 직접 공유하는 것은 완전함을 경험하는 것이다. 예술가로서 나는 시간을 들여 성찰하고 생각한다. 음악치료사로서 나는 종종 세션 전, 후 또는 세션 중에 내담자, 음악, 그리고 내가 계속해서 개선해야 하는 작곡 메커니즘을 반영하면서 깊은 탐구에 빠져든다. 내적 깊은 성찰을 통해 나는 작곡가 및 음악치료사로서의 역할을 더욱 매혹적으로 만들 수 있다.

옥스퍼드의 Sir Michael Sobell House Hospice에서 근무할 당시, 에이즈를 앓고 있는 젊은 작곡가가 나에게 의뢰되었다. 우리의 한 번의 만남은 음악치료사이자 작곡가로서 내 사고방식을 극적으로 변화시켰다. 그의 방에 들어서자, 나는 침대와 측면 캐비닛 위에 흩어져 있는 악보들을 보고 놀랐다. 그의 창조성의 진술은 나의 내면에 즉각적인 감정적 반응을 일으켰다. 나는 상황을 공식적으로 평가해야 하는 치료사로서의 역할과 그의 악보를 보고 작곡에 대해 그와 이야기하고 싶은 개인적인 더 강한 욕구 사이에서 갈등했다. 작곡가로서의 나의 감각이 음악치료사로서의 역할을 앞섰던 것이 사실이다. 왜냐하면 동료 작곡가의 악보를 보는 것은 아드레날린을 분출시켰기 때문이다.

우리가 대화를 시작하고 그가 나와 그의 음악을 공유함에 따라 작곡가이자 음악치료사로서의 내 역할이 합쳐졌다. 그가 병원에 입원하지 않았다면, 우리는 아마도 결코 만나지 못했을 것이라는 사실을 곰곰이 생각했다. 우리가 함께 보낸 시간은 특별히 충만했고, 영감을 주었다. 우리는 그의 작품을 친밀하게 탐구했고, 그리고 그는 내면의 삶을 공유했다. 작곡에 대한 의구심과 창조력에 관한 고민, 고독한 존재에 관한 느낌, 그리고 예술가로서의 기쁨과 고통에 관해 이야기했다. 이 대화를 통해, 우리는 서로를 즉시 그리고 완전히 알게 되었다. 그의 관현악 악보와 실내악을 살펴보면서, 나는 천부적인 재능을 가진 작곡가와 함께 있다는 사실을 숙고했고, 에이즈로 인해 목숨을 잃은 많은 재능 있는 음악가들이 얼마나 있는지에 관하여 생각해 보았다. 그의 음악은 악보에서 뛰어나오는 듯했다. 나는 그의 다채로운 관현악 감각, 복잡한 대위법 사용, 그리고 선구적인 표기법을 볼 수 있고 들을 수 있었다. 그의 음악은 새롭고 신선해 보였다. 그가 대화하며 각 작품을 설명함에 따라, 이 내면적 창조 과정에 대한 우리의 이해는 깊어졌다. 나는 본능적으로 그의 음악을 이해했고, 동료 작곡가이자 인간으로서 그와 공감할 수 있었다. 작품들은 치료적 촉매 역할을 했다. 비록 짧았지만 발전하는 우리 관계에 초점을 맞추고 결속을 다졌다. 나는 많은 질문을 가지고 우리의 세션을 떠났지만, 이것이 새롭게 발전하는 음악 치료 관계의 시작이라는 기대감에 차 있었다. 그러나 우리 세션 후 곧 그가 사망했다는 사실은 실로 충격이었다.

우리 사이의 음악적 연결의 강도로 인해 나는 그의 급성 질환을 알아차리지 못했다. 많은 답변이 이루어지지 않은 질문들과 함께, 우리 세션이 양측에게 어떤 방식으로든 중요했다는 느낌을 들게 한다. 심도 있는 자기 분석 후, 나는 여기서 내 역할이 작곡가이자 음악치료사로서 하나임을 깨달았다. 나는 이두 개를 적극적으로 분리해서는 안 되며, 분리할 수도 없다는 것을 깨달았다. 의식적으로는 이런 일이 일어나지 않았다는 것을 알고 있었지만, 잠재의식적으로는 나의 진행 중인 작업의 모든 단계에서 영향을 준 분열이 있었다. 이는 부분적으로, 음악을 옹호하는 음악치료사로서 오해받을까 봐 두려웠던 것과 관련이 있다. 내가 발전시킨 음악 중심의 음악치료 접근법에 대한 많은 비판들이 나를 취약하게 만들고 상처를 남겼다. 따라서 이 세션과 우리의 작업은 명확하게 의미 있는 계시였으며, 몇 년 후 『Music at the Edge』(Lee, 1996)를 집필하는 데 정점을 찍은 새로운 내면의 힘을 나에게 주었다.

최근에, 전임 교육자가 되면서 작곡과의 연결을 다시 맺을 기회를 얻었다. 이러한 복귀는 작곡가/음악치료사로서의 나의 역할을 더욱 명확하게 해 주었다. 발전된 내용을 보면 다음의 사항들이 포함된다.

- 임상 주제를 바탕으로 한 솔로 피아노 즉흥연주회(이 작업에 대한 자세한 설명은 제15장을 참조 바람)
- 전문 현악 사중주와 함께 하는 음악치료(제13장 참조)
- 임상적 즉흥연주 악보를 오케스트라와 실내악 앙상블을 위해 편곡하는 작업('임상 교향곡 스케치', 제15장)
- 개인적으로 작곡 활동 재개

이러한 발전은 이 책의 준비 그리고 집필과 함께, 심미학적 음악치료의 진정한 의미와 뉘앙스에 의존하며 그것을 집약적으로 보여 준다.

하이든은 이 영감으로 나무와 새, 화음을 포용했다. 리스트는 산과 시냇물, 신의 축복을 묘사했다. 베를리오즈는 창작의 순간에 환각에 빠진 음악가의 모습을 보여 주었다. 바그너는 하나의 예술작품에 전체 현실과 인간의 감정을 묘사하기 위해 노력했다. 드뷔시는 바다 풍경, 조경, 숲 풍경, 그리고 초상화의 전체 갤러리를, 라벨은 동물원을 보여 주었다. 야나체크는 자연의 리듬과 생명의 법칙을 연구했다. 코플랜드는 시간에서 영원으로의 접근의 다양성을 드러냈다. 제나키스는 컴퓨터의 시대를 맞이했다. 이 모든 것과 천국도 이제 우리의 유산이며, 오늘날 이성이 공명에 대처할 수 없다면 모든 것이 허용된다. 우리의 통합된 감성은 음악, 시, 조각, 회화, 그리고 건축 모두에서 가장 풍요로운 시대 중 하나로 만드는 더 넓은 인식의 범위 속에서 꿈틀거릴 수 있다.

-Colin Lee, "Coda: On the Creative"
from 『Music at the Edge』(1996, p. 160)

제 15 장

성찰과 새로운 방향성

음악은 인류를 포괄하지만, 정작 인류는 이해할 수 없는 더 높은 지식 세계로 통하는 유일한 무형의 출입구다.

—Ludwig van Beethoven, Bettina von Arnim 인용, 『괴테에게 보내는 편지』(1810)

　본질적으로 음악과 치료는 연결되어 있다. 음악적인 것은 치료적이며, 음악적 의사소통의 본질을 이해하기 위해서는 음악이 어떻게 그리고 왜 이렇게 열정적인 힘이 되는지를 고려해야 한다. 음악은 고립된 상태에서 존재할 수 없으며, 인간의 반응이 없으면 존속할 수 없다. 음악을 듣는 것은 극도의 감정을 유발할 수 있으며, 창조적인 음악 만들기는 이러한 반응을 점점 더 크게 자극하게 된다. 임상적 즉흥연주의 복잡한 측면을 이해하는 것이 심미학적 음악치료의 중점이자, 이 책에서 진화되고 있는 논쟁의 초점이다. 음악치료가 임상 결과의 구성을 이해하고 정량화하려고 노력함에 따라, 그 창조적인 핵심이 항상 수수께끼로 남아 있음을 결코 잊어서는 안 된다. 바로 이 수수께끼가 음악치료 관계의 힘을 인간 상태와 밀접하게 연결한다. 음악과 감정은 하나이며, 바로 이 결합이 내담자가 자신들의 세계를 이해하는 데 영향을 준다. 음악에서는 조화와 정상성만이 존재할 수 있다. 음악 속에서 내담자는 자유롭고 건강해질 수 있는 힘을 얻으며, 창조성을 통해 치료가 일어난다.

　이 장은 주관적인 내용을 담고 있다. 음악치료의 다양한 측면에 대한 의견을 제시하고, 새로운 천년기에 있어서 전문가들에게 제안한다. 심미학적 음악치료는 작곡가의 시각에서 음악치료의 과정을 이해하기 위한 방법을 판별하려는 개인적인 필요성에서 나왔다. 나는 여러 해 동안 심미학적 음악치료의 개념화를 위해서 고군분투했는데, 그 이유는 이를 노르도프와 로빈스의 연장선으로 간주했기 때문이다. 그러나 완화치료 분야에서의 작업을 통해 음악치료가 작곡 과정과 직접적으로 관련될 수 있다는 것을 깨닫게 되었다. 또한, 미리 작성된 음악을 분석함으로써, 고전 서양 음악 레퍼토리의 주요 작품에서 배우는 잠재적인 연결을 이해하게 되었다. 마치 음악학 및 음악 분석적 사고의 전체 스펙트럼이 음악치료 분야에서 사라진 것처럼 느껴졌다. 나는 절벽 끝에 있는 것처럼 느꼈고, 지금 이 작업의 실타래를 짜는 순간에야 비로써 슬프게도 음악 이론으로부터 임상 실제를 알려 주는 것이 소홀히 돼 왔다는 것을 깨달았다.

이 책의 개념화는 깨달음이었다. 창조적인 작문 과정을 작곡과 유사하게 고려함으로써 나는 나의 생각, 연상 및 신념을 자유롭게 할 수 있었다. 제기된 많은 질문들은 해결해야 하는 퍼즐이 아니라, 넓은 주장과 도전으로 의도되었다. 왜 심미학이 중요하며 의학/경험적 증거와 음악의 예술성이 더 밀접하게 연결될 수 있을까? 심리치료와 음악적 해석 사이에 어떤 연결이 있을까? 전문적 분야로서의 음악치료의 지식은 여전히 초기 단계 수준에 있다. 이 분야는 우리의 생애 동안 음악과 치료 사이의 연관성이 미스터리로 남을 수도 있을 것이라는 사실을 깨닫기 위해서, 개별 구성원이 적극적으로 자각할 필요가 있다. 임상 결과와 음악적 과정의 구성 요소를 완전히 이해하는 것은 다른 사람들의 몫이다. 그러나 음악치료에 있어서, 음악이 본질적으로 치료적인 이유를 명확하게 설명하고 정량화하며, 더불어 이해하기 시작하려면 균형을 찾아야 한다.

이 마지막 장은 다시 심미학적 음악치료의 핵심으로 돌아가 음악을 치료의 기반과 핵심으로 고려한다.

- 음으로서의 음악
- 청취로서의 음악
- 관계로서의 음악

- 학습으로서의 음악
- 결과로서의 음악
- 과정으로서의 음악
- 영감으로서의 음악
- 창조성으로서 음악
- 영적인 것으로서의 음악
- 정밀함으로서의 음악
- 자유로서의 음악
- 내담자를 위한 음악
- 내담자와 함께하는 음악

연구의 심미학

　연구는 음악과 관계의 수수께끼 같은 특성을 이해하려는 시도이다. 현대 음악치료는 어떤 중요한 질문을 던져야 하며, 의료, 심리치료, 그리고 예술 커뮤니티 내에서 정체성을 형성하고 새로운 천년에 우리의 위치를 강화할 수 있는 어떤 방법론이 있는지 고려해야 한다. 음악치료 연구는 많은 도전에 직면해 있다. 전문직으써 해결해야 할 특정한 질문들이 있으며, 양적, 질적, 결과, 그리고 과정 사이의 균형은 어떻게 이루어야 하는가? 연구를 심미적 경험과 비교하는 것은 상태를 있는 그대로 이해하는 것이다. 연구는 본질적으로 객관성을 의미한다. 데이터, 방법론, 가설, 그리고 분석이라는 용어는 모두 객관적이며 과정의 실제를 소외시킨다. 해석하거나 계산할 수 있는 것을 추출함으로써, 분야에 신뢰성을 더할 수 있지만, 음악과 관계의 진정한 감정적 본질을 전달하지는 못한다. 연구를 창조적이고 심미적인 것으로 고려하는 것은 질문하고 알아가는 문을 여는 것이기 때문에 자유로운 것이다.

　연구하는 데 어려움을 겪으면서, 임상 실제에 대한 지속적인 추측과 관련하여 많은 질문이 생겨났다. 본질적으로 예술적인 연구 초점은 과정 이해에 관하여 어떻게 도움이 될 수 있는 것일까? 연구에 마지못해 참여하면서, 내가 수립한 질문들과 관련이 없어 보이는 것들에 관한 정리와 방법론의 늪에 빠지게 되었다. 연구는 내 일상적인 실용적 작업과 거리가 멀어 보이며, 비음악적 방법론이 내 작업에서 점점 근본이 되어 가는 음악 중심 접근에 어떤 영향을 미칠수 있는지 궁금해졌다. 이제 거의 10년이 좀 지난 이 시점에, 나는 임상적 즉흥연주 분석과 관련된 권위 있는 음악학적 경로를 찾기 위해 수많은 실험을 거치고 나서 드디어 균형감을 찾게 되었다. 나는 해당 연구가 다음과 같아야 한다고 믿게 되었다.

- 외적인 생각을 통하여 도입하지 않으며, 임상 실제에서 생성되어야 한다.
- 창조적이어야 하며, 방법론 이론에 구속되지 않아야 한다.
- 가장 친밀한 질문에 답하려는 시도여야 하며, 그 자체로 제약되거나 축소되지 않아야 한다.
- 도전하고 질문하기에 있어서 주저함이 없고, 모든 음악치료사가 접근할수 있어야 한다.
- 전문 분야의 요구와 개별 연구원의 질문 모두에 부응해야 한다.
- 접근하기 쉽고 명확해야 한다.

연구를 명확히 전달하는 데에는 결연함과 선견지명이 필요하다. 일단 발표되면, 연구자는 칭찬과 비판 모두에 자신을 드러내게 된다. 연구와 치료는 종종 대립하는 것처럼 보일 수 있는데, 이는 학자들이 타인을 희생시키며 자신의 결과를 비판하고 추측하기 때문이다. 그러면 새로운 발견들을 드러내는 동시에, 위협할 수 있는 잠재력을 가지게 된다. 음악치료가 지식과 관련된 한계를 지속적으로 밀어붙이려면 열정적인 연구자가 필수적으로 요구된다. 연구자란 편견 없이, 직업에 필요한 질문들과 개인의 강렬한 추측을 진실하고 진정성 있게 이바지할 수 있는 사람인 것이다. 연구는 엘리트주의적이거나 지적 우월감을 가진 이들을 위한 것으로 여겨져서는 안 된다. 그 본질은 열정적이고, 명확한 질문들을 공감하며 명확하게 정의된 방법론을 통해 답하는 것이다. 연구는 치료 자체와 마찬가지로 정직성과 진실성을 요구한다. 모든 질문은 유효하며 모든 음악치료사는 연구에 참여할 권리가 있다.

음악적 천재와 병리학

내담자가 음악적 천재일 수도 있다는 생각은 흥미롭다. 병리학이나 질병에 갇힌 학자는 다음과 같은 질문을 제기한다.

- 천재는 어디서 기인한 것인가?
- 음악의 순수성은 장애로 인해 영향을 받을 수 있는가?
- 장애 음악이라는 것이 있는가?

심미학적 음악치료는 모든 내담자가 무한한 가능성을 가지고 있다는 믿음에 기반한다. 치료사가 이 문을 어떻게 열 수 있는가는 임상 경험과 학습의 '예술'과 관계한다. 모든 내담자가 천재가 될 능력이 있다는 것은 매 치료적 만남이 훌륭하고 영향력 있는 음악을 생산할 수 있는 능력이 있다는 것을 의미한다.

'작곡가'라는 용어는 학습된 역할이며, 학문과 창조성 사이의 균형을 바탕으로 한 직업이다. 작곡가는 사회에서 존경받는 역할을 하며, 현대 문화의 풍요로움에 이바지한다. 그렇다면 내담자가 작곡가인 경우는 어떨까? 그리고 이러한 잠재력이 치료사의 역할에 대한 인식을 어떻게 바꿀 수 있을까? 현재 작곡가의 작품과 같은 의도로 임상적 즉흥연주를 고려한다는 것은 음악치료가 받을 수 있는 예술적인 지위를 주는 것이다. 나는 함께 일했던 몇몇 내담자가 그들의 병리적인 조건이 아니었다면 뛰어난 작곡가나 연주자가 될 수 있었다고 믿는다. 모든 내담자가 뛰어난 음악가가 될 가능성이 있다는 것은 치료사가 각 잠재력을 촉진하기 위해 어떤 대가를 치르더라도 노력해야 함을 의미한다. 그러므로 모든 내담자는 훌륭한 작곡가나 연주자가 될 수 있는 능력을 갖추고 있다.

서양 음악은 작곡가와 연주자와 같은 칭호를 만들어 정상성과 학구적인 것의 권리를 보호하고 있는 것인가? 음악치료사는 음악이 모두에게 열려 있는 본능적 매체라고 믿어야 한다. 하지만 내담자가 도달할 수 있는 음악성의 수준은 어느 정도인 것일까? 우리는 중증 장애를 가진 내담자를 위대한 작곡가와 동일시할 수 없다. 혹은 할 수 있는 것일까? 나는 중증 지적장애가 있는 내담자와의 즉흥연주를 경험했는데, 이는 중요한 음악 작품의 위상 및 내용과 견줄 수 있는 것이었다. 이러한 음악적 위대함의 순간들은 내담자와 치료자의 민감한 음악적 · 임상적 반응과 내담자의 음악적 및 치료적 요구를 반영하여 확인된 것이다. 모든 내담자는 위대한 음악을 창조할 잠재력을 가지고 있으며, 모든 음악치료사는 이 잠재력에 명확하고 통찰력 있게 반응할 준비가 되어 있어야 한다.

대부분의 치료사들은 음악치료에서 내담자가 만든 음악이 유효하고 타당하다는 데 동의할 것이다. 그러나 그것이 예술적으로 뛰어날 수 있다고 제안하는 것은 임상 실습으로 이해되는 범위를 넘어설 수 있다. 왜 그런 것일까? 위대함은 가장 예상치 못한 만남에서 나올 수 있다. 제4장에서 설명된 바와 같이(참조: '음악적 평등', p. 76), 신체적 장애가 있는 내담자의 섬세한 반응은 실제 반응 자체가 내포하는 것보다 훨씬 더 뛰어난 차별화된 특징을 가질 수 있다. 베토벤이 그의 교향곡을 작곡했을 때, 그의 천재성은 어디에서 왔을까? 나는 천재성을 잠재의식 속의 수도꼭지가 열리는 것, 즉 순간의 현실보다 더 위대한 것에 비유한다. 그렇다면 모든 내담자에게 베토벤의 창조적 본질이 있을 가능성이 있을까? 하나의 감각이 약화될 때, 다른 감각이 높아질 수 있다는 전제를 갖고, 장애가 있는 내담자가 음악적 창조성을 증가시키고 발전시킬 수 있다고 제안할 수 있을까? 이러한 잠재력이 육성되고 발전된다면, 그것이 천재성으로 진화할 가능성이 더 있는 것일까? 음악은 감정을 반영하고 번역할 수 있지만,

내가 믿기에 음악 자체는 고통받을 수 없다고 생각한다. 음악은 본질적으로 건강하므로, 내담자의 신체적 존재가 영향을 받을 때, 이는 결국 내담자 페르소나의 건강한 음악적 측면을 드러낼 수 있다. 이러한 논의는 병리 또는 장애가 있는 내담자를 잠재적인 음악 천재라고 생각하는 것이 합리적이라는 결론을 내린다.

위대함은 어떻게 정의되며, 무엇이 음악을 기념하게 만드는가? 나는 다음과 같은 훌륭한 음악 작품을 제안하고 싶다. 나는 위대한 음악곡들이란 다음과 같은 특성을 가진 것이라고 제안한다.

- 평범한 것을 넘어서 만들어진다.
- 신체적 반응을 유발할 수 있다.
- 시간이 지나도 계속해서 감상할 수 있다.
- 강렬한 인간 감정을 반영한다.
- 인류를 반영한다.
- 신비로움의 본질이 있다.

앞의 모든 고려 사항은 음악치료와 관련이 있을 수 있다. 이를 고려할 때, 내담자의 즉흥적인 창조성을 너무 높게 평가하는 것은 위험한 것일까? 임상 과정의 본질을 방해할 정도로 음악적 결과를 높이는 것은 중요하지 않다. 그러나 내담자가 베토벤과 동등한 지위에 있다고 가정하는 것은 음악치료가 본질적으로 의미하는 것의 핵심이 바뀔 수도 있다.

세션 시작에 대한 생각

음악치료 세션에 참여하는 것은 용기, 선견지명, 그리고 끈기가 필요하다. 음악치료사들은 음악이 치유, 정서적 해방, 그리고 목표 달성에 도움이 된다고 믿는다. 예술적 영감과 임상적 평가 사이의 다양한 균형은 모든 철학적 및 이론적 접근의 기반이 된다. 심리치료적, 의학적, 교육적, 인본주의적, 그리고 행동적 관점은 모두 창조성과 즉흥성에 기반한 개입이라는 공통점을 가지고 있다. 음악은 이 모든 것을 관통하며, 치료사의 성장을 위해 필요한 치료적 힘의 정확한 본질을 결정하는 것 또한 음악이다.

치료사는 즉흥적인 심미학적 음악치료 세션의 발전을 경험함에 따라서, 어떤 감각과 생각을 갖게 될까? 또 이에 따른 어떤 감각과 생각이 균형 잡히고 일관된 작업을 만들어 내는 데 공모하게 될까? 세션의 음악적 및 치료적 구조를 개발하는 것은 도전으로 가득 차 있다. 순간적인 창작의 발현은 목표 및 평가의 특수성과 어떻게 연관될까? 치료사가 언제 통제권을 행사하며, 그리고 자율적인 음악 제작의 계층 구조 없는 성격을 위해 언제 양보해야 하는 걸까? 즉흥연주에서의 균형과 지속적인 변화는 치료사가 여러 수준에서 주의를 기울여야 함을 의미한다. 구조를 만들고 활동으로 이끈 다음, 자유와 비구조화된 연주의 가능성을 향한 음악적 규범성을 양보하는 것은 창조의 순간과 평가를 통해 지속적인 재평가가 필요한 복잡한 연속과정이다. 임상적 즉흥연주자에게 요구되는 것은 때때로 극복하기 어려워 보일 수 있다. 다양한 음악적 및 비음악적 예시를 인식하고, 이해하며, 그리고 조화시킨 다음 이를 음악적·치료적 대화에 통합하는 것은 실로 복잡한 과정이다. 심미학적 음악치료에서 임상적 즉흥연주의 다층적 복잡성을 완전히 이해하는 것은 인간 존재, 음악, 그리고 둘 사이의 관계의 본질을 이해하는 것을 의미한다. 음악을 치료에 사용하는 것에 대한 평생의 헌신이 바로 이 작업의 순수한 점이면서도 정확한 독창성을 만드는 것이다.

즉흥적인 음악치료 세션에 들어가면서 느끼는 가능성과 불확실성은 작품이 창작되기 전 빈 악보지를 바라보는 작곡가의 그것과 다르지 않다. 끝없는 잠재력은 해방감과 동시에 위압감을 줄 수도 있다. 작곡가가 음악적 시작의 영감을 기다리고 주목하는 것처럼, 치료사도 의사소통이 되고 동기를 부여하는 대화를 기다려야 한다. 시작함으로써, 작곡가는 개발될 재료에 대한 경계를 설정한다. 마찬가지로, 치료사는 내담자의 필요한 부분을 드러내고, 개발 중인 대화의 기초로 사용할 수 있는 주제를 찾아야 한다. 내담자와 치료사가 알려지지 않은 세계로 발걸음을 내디딜 때, 음악과 관계의 세계가 드러나게 된다. 음악치료실에 내담자가 들어오기를 기다리는 동안, 한 사람의 생각은 음악적이고 인간적인 기대로 가득 차게 된다. 세션은 어떻게 시작될까? 내담자가 치료실에 들어올 때, 어떻게 자신을 표현할까? 내담자는 연주하고 관계의 시작에 들어갈 힘을 찾을 수 있을까? 음악은 어디로 발전할 수 있으며, 치료사인 나는 내담자의 창조성을 충분히 확장할 수 있을까? 바로 그 기대감이 내담자가 자신의 의도를 확립하고, 치료사에게 심미학적 음악치료의 핵심이 되는 영감을 주는 것이다. 세션을 기다리는 것은 영적인 창문을 열어젖히는 것과 같아서, 모든 것이 가능하고 이용할 수 있다는 느낌이다. 음악과 관계의 전체 폭에 접근할 수 있게 만드는 것은, 예술적 노력이 사회에서 강력한 힘을 가지는 이유라고 나는 굳게 믿는다. 음악이 치료적 맥락으로 번역될 때, 예술 자체의 본질을 정의하고 또 재정의하게 된다.

음악치료에서 음악의 미래: 내부로부터의 이론

심미학적 음악치료의 탄생과 발전은 음악적 및 치료적 갈림길에 서 있었던 것에 대한 반응이었다. 세션에서 중요한 음악적 사건들이 일어났음을 알고도 이를 평가할 근거가 없어 점점 더 좌절감을 느끼게 되었다. '예술'로서의 음악과 인간적 연결로서의 음악 사이의 균형을 찾는 것은 끊임없이 변화하는 고민거리였다. 음악치료에 대한 심미학적 접근 방식을 정의함으로써, 과정에 중요한 요소로서 음악적 구조를 인정하는 길을 열었다. 연주자와 작곡가의 역할을 재정의함으로써 비임상적인 의도를 제거하기보다는 '예술'과 '과학' 실제의 균형을 위한 새로운 가능성을 제공하게 됐다.

이러한 맥락에서 음악치료 세션에서 가져온 주제를 바탕으로 연주회를 하는 것이 자연스럽게 떠올랐다. 예술과 임상적 즉흥연주를 연결하는 것은 음악 치료사로서 예술적 뿌리로 돌아가야 한다는 필요에서 비롯되었다. 이러한 연주회는 현재 음악가이자 음악치료사로서 나의 전문적인 삶에 통합되었다. 특정 주제는 치료적 경험에 대한 일반적인 느낌과 감명, 그리고 균형을 이루고 있다. 즉흥연주가 발전함에 따라서, 예술적, 그리고 임상적 영향은 변화하여 내담자에 대한 인상이 나의 잠재의식에 반영된 음악을 만들어 낸다. 주제를 채보하고 완전히 익히면 즉흥연주가 진행됨에 따라 서로 섞이도록 한다. 연주하는 동안 나는 경험의 실제에서 한발 물러서서 내담자와 그들이 나에게 미친 인상과 감명이 음악의 방향을 결정하도록 한다. 나는 내담자 그룹을 중심으로 즉흥연주를 하거나, 한 명의 개인에게 초점을 맞출 것이다. 즉흥연주 시간은 10분에서 50분까지 다양하다.

다음 내용은 Wilfrid Laurier University의 Maureen Forrester Hall에서 어느 저녁에 녹음된 일련의 즉흥연주에서 발췌한 것이다. 이는 내가 임상 주제를 바탕으로 한 '예술적' 즉흥연주를 처음 시도한 것이다. 이 즉흥연주는 리사와의 작업(제12장 참조)을 반영한 것이다. 중심되는 D단조 주제는 우리 관계의 강렬함과 그녀의 존재가 내 삶에 미친 깊은 영향을 묘사하고 있다. 조성 간의 이동은 우리의 짧은 관계에서의 복합적인 균형을 더욱 잘 보여 주고 있다. 이것은 상실을 반영하면서 내 감정이 분출하는 것에 관한 것이다.

[오디오 자료 10: 피아노 솔로 즉흥연주]

Arch_Track 10

미셸 포르나시(Michele Forinash) 박사의 발표 도중, 위 녹음을 듣고 낸 반응은 내담자들이 잠재적으로 음악치료를 경험하는 방식과 관련하여 특정 질문을 제기하고 있다.

　　즉흥연주를 듣고 정말 이상한 경험을 했습니다. 말하려 해도 말이 안 나오
고, 말라 버린 것 같았습니다. 너무 많은 감각과 느낌이 동시에 왔습니다. 매우
강렬하고 복합적이며 모순되지만, 그러한 경험을 하는 것은 좋았습니다. 마치
한번에 여러 수준의 경험이 일어나는 것 같았습니다. 모든 감각과 느낌이 소용
돌이치는 바람 속에 있는 것처럼 저 주위를 맴돌았습니다. 이러한 감정과 감각
에 손을 뻗어 만지거나, 그 감정들을 구체적으로 파악하거나 붙잡고 싶은 욕구
나 능력이 전혀 없었습니다. 그것들은 그저 저를 둘러싸고 있었습니다. 매우 강
렬했지만, 이런 경험을 하는 것은 괜찮았습니다.

　　음악이 끝나자, 침묵이 흘렀습니다. 한 청년이 말을 시작했습니다. 거슬리는
소리였습니다. 그의 말이 날카롭고 거칠어서 의미를 파악하기 어려웠습니다.
마치 다른 언어로 말하는 것 같았습니다. 저는 그를 이해하려고 노력하는 것을
멈추고 그가 말하는 소리, 말에서 나는 소리 그 자체만을 들었습니다. 고통스럽
고 방향 감각을 잃게 했습니다. 제가 다시 대화하는 사람들과 연결될 수 있게까
지는 15분이 더 걸렸습니다.

　강렬한 즉흥연주 경험에 들어가는 것은 정서적, 그리고 신체적으로 방향 감
각을 잃게 할 수 있다. 논리적 사고는 종종 저버려지고, 진정한 치료는 종종 이
러한 경험을 통해 일어난다. 이러한 순간 치료사의 책임은 여기-지금(Here
and now)의 의식적 논리에 머무르는 것이다. 포르나시 박사의 반응은 음악이
일관적인 사고를 포기하게 만들고, 음악이 끝난 후 사람을 방황하게 만들 수
있다는 것을 보여 준다. 그녀의 의견은 치료사가 음악의 강렬한 과정에 민감해
야 하고, 내담자가 음악과 세션 자체로부터 이탈할 수 있도록 시간을 허용해야
한다는 필요성을 강조한다.
　현대 음악치료는 어떤 새로운 방향을 택할 수 있을까? 어떤 새로운 길이 열

려 있을까? 기존의 임상 실제 규범에 도전하는 논란의 여지가 있는 아이디어가 있을까? 음악치료의 미래는 이 분야가 아는 것이 거의 없으며, 이해해야 할 것이 많다는 믿음에 기반을 두어야 한다. 과학적, 인본주의적, 음악학적, 또는 심리치료 모델을 사용하든 간에, 이 분야는 그 과정의 복잡성을 밝혀내기 시작했을 뿐이다. 이제 내부적인 음악치료 이론, 외부 사고에 의존하지 않고 음악, 창조성 및 음악치료 고유의 치료적 초점에 대한 이해에서 비롯된 이론을 고려할 때가 도래하지 않았을까? 이러한 이론은 어떻게 발전할 수 있고, 그리고 어디에서 시작될 수 있는 걸까? 심미학적 음악치료는 음악치료에서 음악을 이해하는 것을 균형 있게 처리하려는 시도이다. 이것은 나의 작곡가/음악치료사로서의 고난과 도전에 대한 대답이기도 하다. 그리고 그 답변은 주로 임상적 즉흥연주에서 음악의 본질에 대해 깊은 관심을 갖고 있는 치료사를 대상으로 한다. 음악 중심의 음악치료 이론은 음악의 구조에서 일차적인 주도권을 잡고 이를 음악적 대화에서 직접 임상적 맥락에 배치하기 때문에 적대적인 것으로 간주될 수 있다. 음악치료 이론을 달성하기 위해서는 의학과 심리치료와 동등한 비중을 두고 먼저 음악 중심 접근 방식을 고려해야 한다. 이것이 일어날 때까지 연구는 불균형할 것이다. 음악치료가 과정의 본질을 이해할 수 없다면, 결과 자체는 얼마나 타당한 것일까? 음악을 기념하는 것은 의사소통, 관계, 그리고 예술적 노력을 기념하는 것이다. 음악치료는 의식적인 논리를 초월하여 인간의 상태에 심각한 영향을 미치는 감정의 영역에 들어갈 수 있는 능력을 가지고 있다. 음악치료사들도 내부로부터 이론의 잠재력에 대한 감각을 초월하고, 마음을 열 수 있기를 바라는 바이다.

코다: 임상적 교향곡 스케치([그림 29] 참조)

이 책을 쓰는 동안 나는 글쓰기를 작곡하는 것처럼 생각했다. 주제와 대주제를 발견하고, 그리고 협화와 불협화의 균형을 맞추는 것이었다. 내가 바라는 결과는 제한이 없고, 그리고 자유로운 음악치료에 대한 시각을 제공하는 것이다. 작곡가, 임상가, 치료사, 그리고 교수로서 심미학적 음악치료를 공식화하는 것은 영감이 되었다. 글쓰기가 발전하고 내 접근 방식을 정의하기 시작하면서 나는 새롭고 논란의 여지가 있는 사고의 가능성에 끊임없이 놀랐다.

　나는 한 내담자와의 세 가지 개별 즉흥연주에서 가져온 세 악장으로 구성된 임상 교향곡의 개시 악절로 이 책을 끝맺고 싶다. 세 악장 모두 컴퓨터를 통해 정확하게 악보로 옮겨졌다. 임상 음악을 클래식 음악의 영역으로 끌어들임으로써, 음악치료가 현대적 경향의 영향력 있는 부분으로 존중받기 시작할 수 있기를 바란다. 이 장의 앞부분에서 논의한 것처럼, 내담자가 훌륭한 음악가가 될 수 있는 잠재력을 가지고 있다는 것이 이러한 확신의 초석이다. 이 임상 교향곡을 편곡하는 것보다 작곡가와 음악치료사의 역할을 결합하는 것이 가장 중요하다. 최종 작품의 모습과 사운드가 어떻게 될지는 아직 두고 볼 일이다. 그러나 이 예시에서 분명한 것은 예술적인 것과 임상적인 것 사이의 영감을 주는 다리의 역할이라는 것이다. 이 다리는 계속해서 내 생각, 행동, 그리고 연구를 소모할 것이다. 나는 음악의 치료적 특성을 진정으로 느낄 수 있는 균형을 찾으려고 노력하면서 계속해서 음악에 대한 지식을 활용한다. 음악은 음악치료와 동일시되며, 내가 매 세션에 참여하는 것은 음악가로서 무엇보다도 중요하다. 음악을 신뢰한다면, 치료과정도 신뢰할 수 있다. 음악을 이해하면 치료적 관계도 이해할 수 있다. 마지막으로, 음악을 알면 내담자와의 발전하는 작업에 음악이 미칠 수 있는 가능한 결과를 알 수 있다. 음악은 나의 삶이자 영감이다. 이것이 바로 내가 계속해서 교육과 임상 실제, 그리고 연구를 실현하는 이유이다. 이 책이 음악 중심 음악치료(Music-centered music therapy)에 조금이나마 이바지하게 된다면, 그 목적은 달성될 것이다.

[그림 29-1]

[그림 29-2]

참고문헌

Addis, L. (1999). *Of Mind and Music*. Ithaca, NY, and London: Cornell University Press.

Adorno, L. (1973). *Philosophy of Modern Music*. Tr. S. Weber & S. Weber. Cambridge, MA: Seabury Press.

Adorno, T. W. (1998). *Beethoven: The Philosophy of Music*. Cambridge, MA: Polity Press.

Agawu, K. (1991). *Playing with Signs: A Semiotic Interpretation of Classical Music*. Princeton, NJ: Princeton University Press.

Ahonen-Eerikäinen, H. (1997). Itsereflektiota omasta musiikkiterapiatyöskentelystä. *Musiikkiterapia*, *1*, 36–43.

Ahonen-Eerikäinen, H. (1999). Ryhmäanalyyttinen musiikkiterapia. (engl. "Group Analytic Music Therapy"). *Musiikkiterapia*, 2/99, 5, 23.

Aigen, K. (1995a). An aesthetic foundation of clinical theory: an underlying basis of creative music therapy. In C. Kenny (Ed.), *Listening, Playing, Creating: Essays on the Power of Sound* (pp. 233-257). Albany: State University of New York.

Aigen, K. (1995b). Philosophical inquiry. In B. Wheeler (Ed.), *Music Therapy Research: Quantitative and Qualitative Perspectives* (pp. 447-484). Gilsum, NH: Barcelona Publishers.

Aigen, K. (1998). *Paths of Development in Nordoff and Robbins Music Therapy*. Gilsum, NH: Barcelona Publishers.

Aigen, K. (1999). Revisiting Edward: An exemplar of tacit knowledge. *Nordic Journal of Music Therapy, 8*(1), 89-95.

Aldridge, D. (1996). *Music Therapy Research and Practice in Medicine*. London, and Bristol, PA: Jessica Kingsley Publishers.

Aldridge, G. (1996). A walk through Paris. The development of melodic expression in music therapy with a breast-cancer patient. *The Arts in Psychotherapy, 23*(3), 207-223.

Aldridge, G. (1999). The implications of melodic expression for music therapy with a breast cancer patient. In Aldridge (Ed.), *Music Therapy in Palliative Care: New Voices*. London, and Philadelphia: Jessica Kingsley Publishers.

Aldridge, G. (2000). Improvisation as an assessment of potential early Alzheimer's disease. In Aldridge (Ed.), *Music Therapy in Dementia Care*. London: Jessica Kingsley.

Ansdell, G. (1995). *Music for Life: Aspects of Creative Music Therapy with Adult Clients*. London: Jessica Kingsley Publishers.

Ansdell, G. (1997). Musical elaborations: what has the New Musicology to say to music therapy? *British Journal of Music Therapy, 11*(2), 36-44.

Ansdell, G. (1999). Keynote presentation. 5th European Music Therapy Congress, Naples.

Ansdell, G. (2000). Will the real Edward kindly stand up? *Nordic Journal of Music Therapy, 9*(1), 90-96.

Ansdell, G. (2001). Musicology: Misunderstood guest at the music therapy feast. The 5th European Music Therapy Congress, Naples.

Arnason, C. (2002). An eclectic approach to the analysis of improvisation in music therapy sessions. *Music Therapy Perspectives, 20*(1), 4-12.

Austin, D. (2001). Peer Supervision in Music Therapy. Forinash (Ed.), *Music Therapy Supervision*. Gilsum, NH: Barcelona Publishers.

Bailey, D. (1992). Improvisation: its nature and practice in music. The British Library National Sound Archive.

Bateson, G. (1980). *Mind and Nature*. London: Fontana.

Begbie, J. (2000). *Theology, Music and Time*. Cambridge, U.K.: Cambridge University Press.

Bergstrom-Nielsen, C. (1999). The music of Edward, session one, as graphic notation. *Nordic Journal of Music Therapy*, 8(1), 96-99.

Bergstrom-Nielsen, C. (1999). Intuitive Music Therapy and Graphic Notation. Music Therapy Monologues. Aalborg University.

Bergstrom-Nielsen, C. (2001). Monologue published from Aalbrourg University, Denmark.

Berliner, P. F. (1994). *Thinking in Jazz: The Infinite Art of Improvisation*. Chicago and London: The University of Chicago Press.

Blacking, J. (1973). *How Musical Is Man?*. Seattle and London: University of Washington Press.

Bonny, H. (1978). Facilitating GIM sessions (GIM monograph 1). Salina, KS: The Bonny Foundation.

Borczon, R. M. (1997). *Music Therapy: Group Vignettes*. Gilsum NH: Barcelona Publishers.

Bradt, J. (1997). Ethical issues in multicultural counselling: Implications for the field of music therapy. *The Arts in Psychotherapy*, 24(2), 137-143.

Bruscia, K. (1998). *Defining Music Therapy* (2nd ed.). Gilsum, NH: Barcelona Publishers.

Bruscia, K. (Ed.) (1998). *The Dynamics of Music Psychotherapy*. Gilsum, NH: Barcelona Publishers.

Bruscia, K. (2001) A qualitative approach to analyzing client improvisations. *Music Therapy Perspectives*, 19(1), 7-21.

Butt, J. (1991). *Bach: Mass in B Minor*. Cambridge, U.K.: Cambridge University Press.

Cage, J. (1959). Lecture: In *die Reihe*. Vol. 5. Reports. Universal Edition.

Cage, J. (1961). *Silence: Lectures and writings by John Cage*. Middleton, CT: Wesleyan University Press.

Cage, J. (1969). *Notations*. West Glover, VT: Something Else Press, Inc.

Cage, J. (1981). *For the Birds: John Cage in conversation with Daniel Charles*. Boston, and London: Marion Boyars.

Cage, J. (1982). *Themes and Variations*. Barry Town, NY: Station Hill Press.

Cage, J. (1983). *X Writings '79–'82*. Middletown, CT: Wesleyan University Press.

Cage, J. (1983). *John Cage Writer: Previously Uncollected Pieces*. New York: Limelight Editions.

Cage, J. (1988). *Mud Book: How to Make Pies and Cakes*. New York: Harry N. Abrams, INC.

Cage, J. & Barnard, G. (1980). *Conversation without Feldman. A Talk Between John Cage & Geoffrey Barnard*. Darlinghurst, NSW, Australia: Black Ram Books.

Carr, I. (1992). Keith Jarrett: *The Man and his Music*. London: Harper Collins Publishers.

Carter, A. (1990). *The Role of the Leitmotif in Music Therapy*. Unpublished Master's thesis. The City University, London.

Chailly, J. (1963). *Tristan et Isolde de Richard Wagner*. Paris: Centre de documentation universitaire.

Cook, N. (1990). *Music, Culture & Imagination*. Oxford, U.K.: Oxford University Press.

Cooper, B. (1990). *Beethoven and the Creative Process*. Oxford, U.K.: Clarendon Press.

Dalhaus, C. (1994). *Ludwig van Beethoven. Approaches to his Music*. Oxford, U.K.: Clarendon Press.

Davies, S. (1994). *Musical Meaning and Expression*. Ithaca, NY, and London: Cornell University Press.

Davis, M., & Troupe, Q. (1991). *Miles: The Autobiography*. New York: Simon and Schuster.

Davis, B., Gfeller, K, & Thaut, M. (1999). *An Introduction to Music Therapy* (2nd ed). Boston: McGraw Hill College.

De Nora, T. (2000). *Music in Everyday Life*. Cambridge, U.K.: Cambridge University

Press.

Dewey, J. (1934). *Art as Experience*. New York: Wideview/Perigee.

Dewey, J. (1958). *Experience and Nature*. New York: Dover.

Ericsson, K. A., & Charness, N. (1994). Expert performance: Its structure and acquisition. *American Psychologist, 49*, 725-747.

Estrella, K. (2001). Multicultural approaches to music therapy supervision. In Forainash (Ed.), *Music Therapy Supervision*. Gilsum, NH: Barcelona Publishers.

Ferrara, L. (1984). Phenomenology as a tool for music analysis. *The Musical Quartley, 70*(1), 355-373.

Ferrara, L. (1991). *Philosophy and the Analysis of Music: Bridges to Musical Sound, Form, and Reference*. New York: Excelsior Music Publishing Co.

Firth, S. (1990). *Performing Rites-on the Value of Popular Music*. Oxford, U.K.: Oxford University Press.

Forinash, M. (2000). Dialogues on the study of Edward. *Nordic Journal of Music Therapy*, 9(1) 83-89.

Forte, A. (1973). *The Structure of Atonal Music*. New Haven, CT: Yale University Press.

Forte, A. (1988). Pitch class set genre and the origin of modern harmonic species. *Journal of Music Theory, 31*, 2.

Foulkes, S. (1964). *Therapeutic Group Analysis*. London: George Allen & Unwin, Ltd.

Foulkes, S & Anthony, E. J. (1990). *Group Psychotherapy*. London: Karnac.

Foulkse, S. H. (1984). *Introduction to Group-Analytic Psychotherapy*. London: Mansfield. Reprints.

Gaston, E. (1968). Man and music. In E. Gaston (Ed.), *Music in Therapy* (pp. 7-29). New York: MacMillan.

Gena, P., & Brent, J. (1982). *A John Cage Reader in celebration of his 70th birthday*. New York, London, Frankfurt: C.F. Peters Corporation.

Gilroy, A. & Lee, C.A. (1995). Juxtapositions in art and music therapy research. In

Gilroy & Lee (Eds.), *Art and Music: Therapy and Research*. Londonand New York: Routledge.

Goertzen, V. (1998). Setting the stage. Clara Schumann's preludes. In Nettl (Ed.), *In the Course of Performance* (pp. 237-260). Chicago and London: The University of Chicago Press.

Hagberg, G. L. (1995). *Art as Language*. Ithaca and London: Cornell University Press.

Hartley, N. (1999). Music therapist's personal reflections on working with those who are living with HIV/AIDS. In Aldridge (Ed.), *Music Therapy in Palliative Care. New Voices*. London and Philadelphia: Jessica Kingsley Publishers.

Hartley, N. (1999). Mary and Steve. Creativity and terminal illness. In Pavlicevic (Ed.), *Music Therapy. Intimate Notes*. London and Philadelphia: Jessica Kingsley Publishers.

Herrick, R. (1891). *The Works of Robert Herrick, Vol. I*. Alfred Pollard (Ed.), London: Lawrence & Bullen.

Higgins, M. H. (1997). Musical idiosyncrasy and perspectival listening. In Robinson (Ed.), *Music and Meaning*. Ithaca and London: Cornell University Press.

Heble, A. (2000). *Landing on the Wrong Note*. New York and London: Routledge.

Hintz, M. (2000). Geriatric music therapy clinical assessment: Assessment of musical skills and related behaviours. *Music Therapy Perspectives, 18*(1), 31-40.

Imeson, S. (1996). *"The time gives it proofe." Paradox in the Late Music of Beethoven*. New York: Peter Lang.

Kartomi, M. (1991). Musical improvisations by children at play. *The World of Music, 33*(3), 53-65.

Keller, H. (1994). *Essays on Music*. Cambridge: Cambridge University Press.

Kendall, W. (1997). Listening with imagination: Is music representational? In Robinson (Ed.), *Music and Meaning*. Ithaca and London: Cornell University Press.

Kenny, C. (1989). *The Field of Play: A Guide for the Theory and Practice of Music Therapy*. Atascadero, CA: Ridgeview Publishing.

Kenny, C. (1996). The story of the field of play. In Langenberg, Aigen & Frommer (Eds.), *Qualitative Music Therapy research*. Gilsum NH: Barcelona Publishers.

Kivy, P. (1990). *Music Alone*. Ithaca and London: Cornell University Press.

Kivy, P. (1991). Is music an art? *Journal of Philosophy*, 88, 553-554.

Kivy, P. (1995). *Authenticities. Philosophical Reflections on Musical Performance*. Ithaca and London: Cornell University Press.

Kostelanetz, R. (1970a). John Cage: some random remarks. In *John Cage: An Anthology*. New York: Da Capo Press.

Kostelanetz, R. (1970b). Influential art. In *John Cage: An Anthology*. New York: Da Capo Press.

Kostelanetz, R. (Ed.) (1970c). *John Cage: An Anthology*. New York: Da Capo Press.

Kramer, L. (1995). *Classical Music & Postmodern Knowledge*. Berkely, CA: University of California Press.

Kreeger (1991). The twice weekly group. In M. Pines (Ed.), *The Practice of Group Analysis*. London: Routledge.

Lecourt, E. (1998). The role of aesthetics in countertransference: A comparison of active versus receptive music therapy. In Bruscia (Ed.), *The Dynamics of Music Psychotherapy*. (pp. 137-159). Gilsum NH: Barcelona Publishers.

Lee, C. A. (1989). Structural analysis of therapeutic improvisatory music. *Journal of British Music Therapy*, 3(2), 11-19.

Lee, C. A. (1990). Structural analysis of post-tonal therapeutic improvisatory music. *Journal of British Music Therapy*, 4(1), 6-20.

Lee, C. A. (1992). *The analysis of therapeutic improvisatory music with people living with the virus HIV and AIDS*. Unpublished Ph.D. thesis. City University, London.

Lee, C. A. (1995). The Analysis of therapeutic improvisatory music. In Gilroy & Lee (Eds.), *Art and Music: Therapy and Research*. London and New York: Routledge.

Lee, C. A. (1996). *Music at the Edge*. New York: Routledge.

Lee, C. A. (2000). A method of analyzing improvisations in music therapy. *Journal* of Music Therapy, 37(2), 147-167.

Lee, C. A. (2001). Music Therapy. In Barraclough (Ed.), *Integrated Cancer Care*. Oxford U.K.: Oxford University Press.

Lee, C. A., & Khare, K. (2001). The supervision of clinical improvisation in aesthetic music therapy: A music-centred approach. In Forinash (Ed.), *Music Therapy Supervision*. Gilsum, NH: Barcelona Publishers.

Lerdahl, F., & Jackendoff, R. (1983). *A Generative Theory of Tonal Music*. Cambridge, MA: M.I.T. Press.

Levinson, J. (1990). *Music, Art & Metaphysics*. Ithaca, NY: Cornell University Press.

Levinson, J. (1997). *Music in the Moment*. Ithaca and London: Cornell University Press.

Lockwood, L. (1992). *Beethoven. Studies in the Creative Process*. Cambridge, MA, and London: Harvard University Press.

McMaster, N. (1995). Listening: A sacred act. In Kenny (Ed.), *Listening, Playing, Creating*. Albany: State University of New York Press.

Magrini. T. (1998). Improvisation and group interaction in Italian lyrical singing. In Nettl (Ed.), *In The Course of Performance* (pp.169-198). Chicago and London: The University of Chicago Press.

Manuel, P. (1998). Improvisation in Latin American dance music. History and style. In Nettl (Ed.), *In the Course of Performance* (pp. 127-147). Chicago and London: The University of Chicago Press.

Marissen, M. (1995). *The Social and religious designs of J. S. Bach's Brandenburg Concertos*. Princeton, NJ: Princeton University Press.

Meyer, L. (1956). *Emotion and Meaning in Music*. Chicago and London: The University of Chicago Press.

Monson, I. (1998) Oh freedom. George Russell, John Coltrane, and modal jazz. In Nettl (Ed.), *In the Course of Performance* (pp. 149-168). Chicago and London: The University of Chicago Press.

Montello, L. (1995). The 5th Annual Meeting of the International Association for Dance, Medicine & Science, Tel Aviv, Israel.

Montello, L. (1996). Artist-in-Residence Program at Berklee College of Music, Boston, MA.

Montello, L. (1997). Health and the Musician International Conference, University of York, England.

Montello, L. (2000). The Second Annual AMTA Conference, St. Louis, MO.

Montello, L. (2002). *Essential Musical Intelligence: Using Music as Your Path to Healing, Creativity, and Radiant Wholeness*. Wheaton, IL: Quest Books.

Moreno, J. (1988). Multicultural music therapy: The world music connection. *Journal of Music Therapy*, *25*(1), 17-27.

Moreno, J. (1995). Ethnomusic therapy: An interdisciplinary approach to music and healing. *The Arts in Psychotherapy*, *22*(4), 329-338.

Moreno, J., Brotons, M., Hairston, M., Hawley, T., Kiel, H., Michel, D., & Rohrbacher, M., (1990). International music therapy: A global perspective. *Music Therapy Perspectives*, *8*, 41-46.

Munro, SO. (1984). *Music Therapy in Palliative / Hospice Care*. St. Louis, MO: Magna Music, Baton Inc.

Nattiez, J-J. (1990). *Music and Discourse: Toward a Semiology of Music*. Princeton, NJ: Princeton University Press.

Nattiez, J-J. (1990). Can one speak of narrativity in music? *Journal of the Royal Musical Association*, *115*, 240-257.

Nattiez, J-J. (Ed.) (1993). *The Boulez-Cage Correspondence*. Cambridge, U.K.: Cambridge University Press.

Nettl, B. (1974). Thoughts on improvisation, a comparative approach. *Musical Quarterly*, *60*, 1-19.

Nettl, B. (Ed.) (1998). *In the Course of Performnace*. Chicago and London: The University of Chicago Press.

Nettl, B. (1998). An art neglected in scholarship. In Nettl (Ed.), *In the Course of Performance* (pp. 1-23). Chicago and London: The University of Chicago Press.

Nettl, B., & Riddle, R. (1998). Taqsim Nahawand revisited. The musicianship of

Jihad Racy. In Nettle (Ed.), *In the Course of Performance* (pp. 369-393). Chicago and London: The University of Chicago Press.

Neugebauer, L. (1999). Meeting Edward-thoughts on case study material at different stages of a professional life. *Nordic Journal of Music Therapy*, 8(2), 200-203.

Nordoff, P., & Robbins, C. (1965). *Music in Therapy for Handicapped Children*. Blauvelt, NY: Ruldoph Steiner Publications.

Nordoff, P., & Robbins, C. (1971). *Music in Therapy for Handicapped Children*. London: Gollancz.

Nordoff, P., & Robbins, C. (1977). *Creative Music Therapy*. New York: Harper & Row.

Nordoff, P., & Robbins, C. (in press). *Creative Music Therapy*. Gilsum NH: Barcelona Publishers.

Nyman, M. (1974). *Experimental Music: Cage and Beyond*. Cambridge U.K.: Cambridge University Press.

O'Shea, J. (1990). *Music and Medicine: Medical Profiles of Great Composers*. London: J. M. Dent.

Overduin, J. (1998). *Improvisation for Organists*. New York, Oxford: Oxford University Press.

Parker, E. (1999). Drawn Inward - Sound and Improvisation. Liner notes from Evan Parker, Electro-Acoustic Ensemble Drawn Inward ECM 1693 547 209-2.

Pavlicevic, M. (1997). *Music Therapy in Context*. London and Philadelphia: Jessica Kingsley Publishers.

Pavlicevic, M. (2000). Improvisation in music therapy: Human communication in sound. *Journal of Music Therapy*, 37(4), 269-285.

Pratt R. R. (1999). 'Music and infant well-being' In R. R. Pratt & D. Grocke (Eds.), *Music, Medicine and Music Therapy: Expanding Horizons Vol. 3*. Victoria: Faculty of Music, The University of Melbourne, Parkville.

Pressing, J. (1978). Towards an understanding of scales in jazz. *Jazzforschung/Jazz Research, 9*, 25-35.

Pressing, J. (1984). Cognitive processes in improvisation. In Crozier & Chapman (Eds.), *Cognitive Processes in the Perception of Art*, 345-363. Amsterdam: North Holland.

Pressing, J. (1987). The micro- and macrostructural design of improvised music. *Music Perception, 5*, 133-172.

Pressing, J. (1988). Improvisation methods and models. In Sloboda (Ed.), *Generative Processes in Music* (pp. 129-178). Oxford: Clarendon Press.

Pressing, J. (1992). *Synthesizer Performance and Real-Time Techniques*. Madison, WI.: A-R Editions; London: Oxford University Press.

Pressing, J. (1997). Some perspectives on performed sound and music in virtual environments. *Presence, 6*, 1-22.

Pressing, J. (1998). Psychological constraints on improvisational expertise and communication. In Nettl (Ed.), *In the Course of Performance* (pp. 47-67). Chicago and London: The University of Chicago Press.

Priestly, M. (1994). *Analytical Music Therapy*. Gilsum NH: Barcelona Publsihers.

Racy, A. (1998). Improvisation, ecstasy, and performance dynamics in Arabic music. In Nettl (Ed.), *In the Course of Performance* (pp. 95-112). Chicago and London: The University of Chicago Press.

Retallack, J. (Ed.) (1996). *Musicage: Cage Muses on Words Art Music*. Middletown, CT: Wesleyan University Press.

Revill, D. (1999). Liner notes. *John Cage: Sonatas and Interludes for Prepared Piano*. Naxos 8. 559042.

Robarts, J. (1999). Clinical and theoretical perspectives on poetic process in music therapy, with reference to Nordoff and Robbins' case study of Edward. *Nordic Journal of Music Therapy, 8*(2), 192-199.

Robbins, C., & Robbins, C. (1998). *Healing Heritage: Paul Nordoff Exploring the Tonal Langauge of Music*. Gilsum NH: Barcelona Publishers.

Rolvsjord, R. (1998). Another story about Edward. *Nordic Journal of Music Therapy, 7*(2), 113-120.

Ruud, E. (1998). *Music Therapy: Improvisation, Communication and Culture*.

Gilsum NH: Barcelona Publishers.

Said, E. (1991). *Musical Elaborations*. London: Vintage.

Salas, J. (1990). Aesthetic experience in music therapy. *Music Therapy: Journal of the American Association for Music Therapy, 9*(1), 1-15.

Salminen, H. (1997). *Ryhmäanalyysin perusteet*. Helsinki: SMjulkaisut.

Scalenghe, R., & Murphy, K. (2000). Music therapy assessment in the managed care environment. *Music Therapy Perspectives, 18*(1), 23-30.

Schenker, H. (1979). *Free Composition (Der Freie Satz)*. (E. Oster, Ed. and trans). New York: Longman (original work published 1935).

Schoenberg, A. (1966). *Harmonielehre*. Vienna: Universal Edition.

Schoenberg, A. (1954). *Structural Functions of Harmony*. New York: Norton.

Schoenberg, A. (1967). *The Fundamentals of Musical Composition*, Gerald Strang, Ed. London: Faber and Faber.

Schoenberg, A. (1984). *Style and Idea*, Leonard Stein, Ed., and Leo Black, Trans. Berkely, CA: University of California Press.

Scientific Commission's Rational. (2001). 5th European Music Therapy Congress, Naples.

Scruton, R. (1997). *The Aesthetics of Music*. Oxford U.K.: Clarendon Press.

Sharpe, R. A. (2000). *Music and Humanism. An Essay in the Aesthetics of Music*. Oxford, U.K.: Oxford University Press.

Slawek, S. (1998). Keeping it going. Terms, practice, and processes of improvisation in Hindustani instrumental music. In Nettl (Ed.), *In the Course of Performance* (pp. 335-368). Chicago and London: The University of Chicago Press.

Sloboda, J. A. (1985). *The musical mind: the cognitive psychology of music*. Oxford U.K.: Oxford University Press.

Smith, C. (1998). A sense of the Possible. Miles Davis and the semiotics of improvised performance. In Nettl (Ed.), *In the Course of Performance* (pp. 261-289).

Smeijsters, H. (1997). *Multiple Perspectives: A Guide to Qualitative Research in Music Therapy*. Gilsum NH: Barcelona Publishers.

Smith, G. (1991). In quest of a new perspective on improvised jazz: A view from the Balkans. *The World of Music, 33,* 29-52.

Spence, C. (1996). *On Watch. Views from the Lighthouse.* London, and New York: Cassell.

Standley, J. (1986). Music research in medical/dental treatment: Meta-analysis and clinical applications. *Journal of Music Therapy, 23*(2), 56-122.

Stauffer, G. (1997). *The Mass in B Minor.* Schirmer Books.

Steele, P. (1988). 'Foreword'. *Journal of British Music Therapy Vol. 2,* p. 3.

Stern, D. (1985). *The interpersonal world of the infant.* London: Academic Press.

Stige, B. (1998). Hypertexts in music therapy. Paper at the 9th World Congress of Music Therapy, Washington, DC.

Sutton, R. (1998). Do Javanese gamelan musicians really improvise? In Nettl (Ed.), *In The Course of Performance* (pp. 69-92). Chicago and London: The University of Chicago Press.

Suzuki, Surnryu (1973). *Zen Mind, Beginner's Mind.* New York: Weather-Hill.

Swain, J. (1997). *Musical Languages.* New York, and London: W. W. Norton & Company.

Tippett, M. (1959). *Moving Into Aquarius.* London: Routledge.

Titon, J. (1992). *Worlds of Music: An Introduction to the Music of World's Peoples* (2nd ed.). New York: McGraw-Hill.

Tovey, D.F. (1935). Essay in musical analysis. *Vocal Music, Vol. 5.* London: Oxford University Press.

Trans-Global Underground (2001). *Yes Boss Food Corner.* Ark 21 Records.

Treitler, L. (1997). Language and the interpretation of music. In Robinson (Ed.), *Music and Meaning.* Ithaca, NY: Cornell University Press.

Turry, A. (1998). Transference and countertransference in Nordoff and Robbins music therapy. In Bruscia (Ed.), *The Dynamics of Music Psychotherapy* (pp. 161-212). Gilsum NH: Barcelona Publishers.

Viswanathan, T., & Cormack, J. (1998). Melodic improvisation in Karnatak music. The manifestation of Raga. In Nettl (Ed.), *In the Course of Performance.*

Chicago and London: The University of Chicago Press.

Waller, D. (1993). *Group Interactive Art Therapy*. London: Routledge.

Walton, K. (1997). Listening with imagination: Is music representation? In Robinson (Ed.), *Music and Meaning*. Ithaca and London: Cornell University Press.

Watson, D. (1994). *The Wordsworth Dictionary of Musical Quotations*. Hertfordshire, Denmark: Wordsworth Reference.

Wheeler, B. (Ed.) (1995). *Music Therapy Research: Quantitative and Qualitative Perspectives*. Gilsum NH: Barcelona Publishers.

Wolpert, R. S.. (1990). Recognition of melody, harmonic accompaniment, and instrumental: Musicians vs. nonmusicians. *Music Perception, 8*(1), 95-106.

Yates, P. (1968). *Twentieth Century Music*. New York: Pantheon Books.

Zuckerkandl, V. (1956). *Sound and symbol. Music and the external world*. Princeton, NJ: Princeton University Press.

저자 소개

Colin Andrew Lee

이 책의 저자인 콜린(Colin Andrew Lee)은 영국 출생으로, 독일의 Nordwestdeutsche Musikakademie에서 피아노를 전공한 후, 런던의 Nordoff-Robbins Music Therapy Centre에서 음악치료 석사학위를 취득했다. 콜린은 HIV/AIDS 감염 내담자들과의 즉흥연주 분석에 대한 박사학위 논문을 AIDS 문제에 직면한 사람들을 위한 센터인 London Lighthouse에서 완성하면서 Music Therapy Charity Research Fellowship을 수상했다. 그는 City University, London에서 박사학위를 받고 Oxford의 Sir Michael Sobell House Hospice에서 임상 작업을 계속한 후, 캐나다 Wilfrid Laurier University 에서 음악치료 교수로 근무하다가 퇴직하였다.

『Music at the Edge: The Music Therapy Experiences of a Musician with AIDS』 (1996 & 2016)를 출간한 후, 자신의 단행본인 『The Architecture of Aesthetic Music Therapy』(2003)의 주제였던 심미학적 음악치료 이론을 창시했다. 최근의 연구 관심 사로는 포스트 미니멀리스트 작곡가의 음악학적 분석과 응용 건강 음악학 연구에 미 치는 영향 등이 있으며, 현재에도 다양한 연구 및 집필 작업을 계속해 나가고 있다.

역자 소개

심성용(Sungyong Shim)
서울대학교 특수교육 박사, PhD
Wilfrid Laurier University 음악치료 석사, MMT
Wilfrid Laurier University 음악치료 우등학사, BMT(Honours)
한국공인음악중재전문가(KCMT)
미국공인음악치료사(MT-BC)
캐나다공인음악치료사(MTA)
대한적십자사 심리사회적지지 강사(PSSI)

전　서울대학교 강사
　　고려대학교 강사
　　연세대학교 강사
　　서울대학교 BK21PLUS 미래교육디자인 연구사업단 박사후연구원(Post-doc)
　　JB Music Therapy Inc. 선임음악치료사(Senior Music Therapist), Calgary, Canada
현　성균관대학교 초빙교수
　　중앙대학교 객원교수
　　경희대학교 강사
　　동국대학교 강사
　　서강대학교 강사
　　한양대학교 강사

심미학적 음악치료의 아키텍처
THE ARCHITECTURE OF AESTHETIC MUSIC THERAPY

2024년 8월 1일 1판 1쇄 인쇄
2024년 8월 8일 1판 1쇄 발행

지은이 • Colin Andrew Lee
옮긴이 • 심성용
펴낸이 • 김진환
펴낸곳 • ㈜ 학지사

　　　　　04031 서울특별시 마포구 양화로 15길 20 마인드월드빌딩
대표전화 • 02-330-5114　　팩스 • 02-324-2345
등록번호 • 제313-2006-000265호

홈페이지 • http://www.hakjisa.co.kr
인스타그램 • https://www.instagram.com/hakjisabook

ISBN 978-89-997-3166-2 93180

정가 23,000원

출판미디어기업 학지사

간호보건의학출판 **학지사메디컬** www.hakjisamd.co.kr
심리검사연구소 **인싸이트** www.inpsyt.co.kr
학술논문서비스 **뉴논문** www.newnonmun.com
교육연수원 **카운피아** www.counpia.com
대학교재전자책플랫폼 **캠퍼스북** www.campusbook.co.kr